IoT，AIで進化する
共創のイノベーション

デジタル
異業種連携
戦略

Digital Cross Industries Innovation

高橋 透 著

中央経済社

本書で取り上げている会社名・製品名は，一般に各社の登録商標または商標です。本書では，™および®を明記していませんが，当該企業，サービス，製品に対してその商標権を侵害する意図は一切ありません。

はじめに

　現在多くの日本企業は，既存の事業領域に集中してビジネス展開しています。そのほとんどは，既存製品・サービスの性能を毎年数パーセント上げ，一方であらゆる観点から徹底的にコストダウンを進めるものです。しかし，性能アップとコストダウンの直線的な発想とその徹底した組織管理は，すでに行き詰まっています。なぜなら，顧客はさらなる性能アップと低価格を毎年要求し，利益を少しでも出そうと働く社員の心身の疲弊は限界に達しているからです。これはBtoB，BtoCといった業態，または業種にかかわらないことだと思います。「本業集中」と「利益創出」を錦の御旗にし，財務数値目標重視の経営や，その実行のためのKPI（Key Performance Indicators）による行き過ぎた管理は，本来の企業が目指すべき理念，ビジョンを見失わせ，新しいことにチャンレジしようとしている社員の意欲を失わせていると思います。過去からの直線上にある仕事とその数値管理は，わかりやすく誰でもできます。またそういった仕事も一生けん命やれば，それなりに充実感があります。しかしその結果，誰も新たな価値の創造にはチャンレジしなくなります。チャレンジすることが理解されないからです。

　筆者は大学の非常勤講師を10年勤めていますが，ここ３年ほど前から学生の大企業離れは加速化しています。学生に話を聞くと「大企業には夢がない」「親からも『大企業よりもベンチャーで力をつけるべき』と言われて自分もそう思う」などといった意見が大半です。学生にとって大企業は，自己の才能を発揮して新たな価値を創造する場ではないと考えられはじめています。

　リーマンショック～東日本大震災と，この10年あまり，機能アップとコストダウンにより必死の思いで既存の事業の深掘りを進めてきた大企業ですが，新たな価値を生み出すための方向転換は難しいのが現実です。では，本当にその

方向転換は不可能なのでしょうか？　筆者はそう思いません。まだ大きなチャンスがいくつもあると考えます。

その1つの答えがデジタル異業種連携戦略です。多くの日本大企業は，既存事業の技術，スキル，販売力などを徹底して磨いています。その技術，スキル，販売力などの経営資産を，他の大企業やベンチャー企業の経営資産と組み合わせ，これまで関わりのなかった新市場に参入するのです。リーマンショック以降は大企業よりもベンチャーが活躍し急成長した時代でした。しかしベンチャーが経営資産を構築するには時間がかかります。あのAmazonも物流網を構築するのに10年以上を要しています。

大企業には優れた経営資産がいくつかあります。その資産を異業種で組み合わせて事業を組み立てれば，ベンチャー企業よりも素早く，効率的に新事業を創造できます。IoT，AIをはじめとするデジタル化が普及していけば，異業種連携戦略はますます行いやすい環境となります。

しかしながら，大企業の異業種アライアンスやジョイントベンチャーでは大きな困難が伴います。具体的には，大企業には，既存事業の文化に染まってしまってイノベーティブな発想が苦手であることや，意思決定スピードの遅さ，リスクテイクのマインドと行動力の低さなどの問題があります。

本書では，IoT，AIなどデジタル化が進み，大企業がアライアンスプロジェクトやジョイントベンチャーなどを立ち上げやすくなった環境で，大企業の保有する人材も含めた優れた経営資産を異業種で連携させる戦略コンセプトとその実践方法を具体的に解説します。本書には，大企業にしかない強さと，その反対の大企業の抱える課題を，異業種連携という異次元の場で変革する方法論も含まれています。それらのほとんどは，筆者が実務やコンサルティングの現場で長年試行錯誤を通じて獲得したノウハウです。

本書は全7章で構成されています。「第1章　デジタル化による既存市場破壊とイノベーションの本質」では，デジタル異業種連携戦略の背景となる，既存市場の危機的状況とその裏返しの既存事業者の成長，革新の機会に関して述

べています。「第2章　デジタル異業種連携戦略とは」では，デジタル異業種連携戦略とは何かと，主な戦略モデルを紹介し，さらにそのマネジメント上の押さえるべきポイントを解説しています。第3章から第5章は「仮説構想段階，戦略計画段階，契約・実行・モニター段階」の3つの段階で，実際のデジタル異業種連携戦略の進め方を7つのフェーズで具体的に説明しています。実際の進め方に関してマニュアルとしてご利用いただけると思います。「第6章　デジタル異業種連携戦略プロジェクトのリスクマネジメント」は，他の戦略と比較して効果は高いが，その分リスクも高いデジタル異業種連携戦略のリスクとそのマネジメント方法に関して，「第7章　デジタル異業種連携戦略の人材育成と個人のキャリア戦略」では，人の育成に焦点を当てました。

　本書の対象は，大企業の経営企画，事業企画などの会社や組織全体の戦略を担う部門の方，研究開発，新事業開発，新製品・新サービス開発部門の方などです。またベンチャー企業で，大企業とアライアンス，ジョイントベンチャーを組成する必要のある方や，コンサルタントや投資ファンドの方などにも参考になると思います。

　本書は，筆者自身がアライアンスやジョイントベンチャーなどで取り組んできたビジネスの実務とコンサルタントとして，多くのクライアント，パートナー企業との試行錯誤の中で学んだ中間成果物です。特に2016年に立ち上げたヘルスケアIoTコンソーシアムでは，コンソーシアム会長でもある東京大学大学院教育学研究科教授の山本義春先生はじめコンソーシアムの皆さまとのプロジェクトを通じ，たくさんの示唆をいただきました。また本書を出版するにあたっては，中央経済社学術書編集部の阪井あゆみ氏には本書全体の構成から文書の添削，校正など大変お世話になりました。この場を借りて皆さまに心からお礼申し上げます。

2019年9月10日

高橋　透

目　　次

はじめに

第1章
デジタル化による既存市場破壊とイノベーションの本質

1┃デジタル化による既存市場破壊の加速化 ……………………………………………… 1

- (1) デジタル化による変化の本質とリアリティを認識できない
  日本企業・1
- (2) デジタル化による破壊的イノベーションの現実・4
- (3) イノベーションの主体はスタートアップ企業や最終需要者へ・9

2┃既存の業界はなぜ破壊されるのか ………………………………………………………… 11

- (1) 「業界縦割」の行き詰まり・11
- (2) 機能やモノだけでは需要を開拓できない時代へ・13
- (3) 既存業界は外部企業の活用が極めて限定的で硬直的・14

3┃IoT，AIなどのデジタル化によるイノベーションの本質 ……………………… 15

- (1) 今の業界の延長線にはないデジタル化の進展・15
- (2) すでに始まっているデジタル異業種連携戦略・19

4┃既存業界の大企業の危機と可能性 ……………………………………………………… 21

- (1) デジタル化では既存業界，企業は極めて不利・21
- (2) デジタル化時代の既存の大企業の強みとは・25
- (3) 既存市場を避け，新しい分野に破壊的に参入する・27
- (4) デジタル異業種連携戦略で破壊的イノベーションを起こす・28

I

第2章
デジタル異業種連携戦略とは

1 | デジタル異業種連携戦略の5つの原則 ────────── 31

  (1) 技術の加速度的進化を認識すること・31

  (2) デジタル化・ネット化で発生する機会を認識すること・32

  (3) 強い経営資産の組み合わせで破壊的価値を創造すること・33

  (4) オープンプラットフォームを構築すること・33

  (5) 独立したガバナンスを構築すること・34

2 | デジタル異業種連携戦略の5つの思考フレーワーク ──── 35

  (1) 社会課題の俯瞰と常識を超えた壮大な夢を持つ・36

  (2) 顧客価値を2倍にする思考・発想・39

  (3) 市場の参加プレイヤーを入れ替える／倍増させる・41

  (4) イノベーティブな個人を探し，関係をつくる・43

  (5) リーンなスタートアップと困難な状況下でのブレークスルー・45

3 | 経営者からみたデジタル異業種連携戦略のメリット ──── 46

4 | デジタル異業種連携戦略の4つのモデル例 ────────── 49

  (1) 戦略モデル①：収益アップ，顧客関係性強化・50

  (2) 戦略モデル②：新規顧客獲得・52

  (3) 戦略モデル③：新製品・サービス展開・54

  (4) 戦略モデル④：破壊的参入・56

5 | 成功するデジタル異業連携戦略のマネジメント ────── 59

  (1) 関係性のパターンとその組織特性を理解する・59

  (2) 進行フェーズの全体を理解する・61

  (3) 必要な10のマネジメント手法・63

第3章
仮説構想段階

1 3段階，7フェーズを実践的に学ぶ 81

2 戦略仮説構想段階とは 82

3 準備フェーズ 83

    (1) 仮説を議論する・83

    (2) 問題意識を確認し理念を明確にする・86

    (3) 必要な企業，組織をリストアップし，選択する・87

    (4) 各フェーズの主な実施項目を決める・89

    (5) 機密保持契約に関する方針を決める・92

    (6) プロジェクト組織をつくる・93

    (7) パートナー候補企業・組織へコンタクトし，打診・交渉する・94

4 アイデアソンフェーズ 99

    (1) 主なアイデアソンのレベルと位置づけ・99

    (2) 異業種アイデアソンを
　　　デジタルトランスフォーメーションに活かす・101

    (3) アイデアソンの進め方の基本・103

    (4) アイデアソンの実施ステップ・107

第4章
戦略計画段階

1 戦略計画段階とは 131

2 事業構想企画フェーズ 132

目 次 III

- ⑴　参加の意向確認と機密保持契約・132
- ⑵　いわば「1つのスタートアップチーム」として事業構想をつくる・136
- ⑶　事業構想企画にかける期間は3カ月（90日）が適切・138
- ⑷　仮説を立てる・140
- ⑸　市場検証・154
- ⑹　戦略の見直し（方向転換の可能性もしくは戦略の継続）・162
- ⑺　内部検証する・165
- ⑻　事業構想書にまとめ，各社の方針を確認する・176

3 事業計画フェーズ　　　　　　　　　　　　　　　　　　　　　188

- ⑴　各社の経営資産のデューデリジェンス・188
- ⑵　財務計画を立てる（投資，経費，利益計画）・197
- ⑶　提携形態を決める（業務提携，資本提携，包括提携）・198
- ⑷　実行組織体制と意思決定権限を決める
  （提携形態によって異なる）・201
- ⑸　最終的なリスク分析をする・204
- ⑹　事業計画書としてまとめる・205
- ⑺　各社で個別に検討し合意形成をする・208

第5章
契約・実行・モニター段階

1 契約・実行・モニター段階とは　　　　　　　　　　　　　　211
2 契約締結フェーズ　　　　　　　　　　　　　　　　　　　　　211

- ⑴　デジタル異業種連携戦略・契約締結の2つのステップ・211
- ⑵　デジタル異業種連携戦略の契約項目と内容の検討・212
- ⑶　条件の合意形成の原則・215

（4）　デジタル異業種連携戦略契約の締結・216

3 ┃ 事業化準備・立ち上げフェーズ ———————————————————— 218

（1）　機関設計・218

（2）　会社を設立する（合弁会社の場合）・220

（3）　組織を設計する・222

（4）　人材を調達，配置する・223

（5）　会社または組織の規定を作成する・223

（6）　業務プロセスを設計する・224

（7）　設備・備品，人材を調達する・225

4 ┃ 事業モニタリングフェーズ ———————————————————————— 226

（1）　スタートアップの組織文化をつくる・226

（2）　月次，四半期，年間の業績を評価する・228

（3）　業績ギャップの原因を突き止め改善プロジェクトを実行する・231

第6章
デジタル異業種連携戦略プロジェクトのリスクマネジメント

1 ┃ デジタル異業種連携戦略の各フェーズにおけるリスク ————— 235

（1）　準備フェーズでのリスク・235

（2）　アイデアソンフェーズでのリスク・236

（3）　事業構想企画フェーズ，事業計画フェーズでのリスク・237

（4）　契約締結フェーズでのリスク・237

（5）　事業化準備・立ち上げフェーズ，
　　　事業モニタリングフェーズでのリスク・238

2 ┃ その他想定されるリスク ———————————————————————— 239

（1）　重要なパートナーが交渉途中やプロジェクトから抜けた場合・239

(2) 自分たちより優れた競合陣営が現れた場合・240

(3) パートナー間の利害が一致せず，合意形成が難しくなった場合・240

(4) パートナーシップ解消におけるリスク・241

第7章 デジタル異業種連携戦略の人材育成と個人のキャリア戦略

1 人材市場で引っ張りだこのデジタル異業種連携戦略の人材 ·················· 243

2 プロジェクトのリーダーに求められるマネジメント知識・スキル ········ 244

3 人材育成の考え方 ························· 249

4 人材育成研修 ··································· 251

(1) デジタル異業種連携戦略プロジェクト・アイデアソン研修・252

(2) デジタル異業種連携戦略プロジェクト研修・253

(3) デジタル異業種連携戦略プロジェクトリーダー研修・253

(4) デジタル異業種連携戦略研修後の人材評価・255

5 異業種連携力を鍛えるための個人のキャリア戦略 ················ 256

(1) 「個人」が大事な時代であることを認識する・256

(2) 個人の知識・スキルのポートフォリオを見える化する・256

(3) 社内外のネットワークを効果的につくる・258

第1章

デジタル化による既存市場破壊と
イノベーションの本質

1 │ デジタル化による既存市場破壊の加速化

(1) デジタル化による変化の本質とリアリティを認識できない日本企業

　IoT（Internet of Things），AI（Artificial Intelligence）などのデジタル化に対する日本企業の認識は，他の先進国と比較して低く，一種の危機感を覚えます。

　2017年3月に独立行政法人情報処理推進機構の「AI白書2017」で行った調査の結果を見ると，会社の組織課題として「AIに関する取組を組織的課題として位置づけているか」を尋ねたところ，「全社重点検討課題，または全社的な検討課題として位置づけている」と答えた日本企業は約27％に留まったのに対し，米国は約59％，ドイツは約37％と大きく開きがあります。

　また，同じ調査で「AIに関する取組を主導する責任者」を尋ねたところ，「役員」と答えたのが米国では約94％，ドイツでは約74％に対し，日本企業は約54％でした。さらに取り組みを進める上での課題に関して，日本企業で最も多かったのは「取り組むための人材が不足している」が50.7％，次に「取り組むための導入効果が不明確」40.7％，3番目に「取り組むためのデータが十分

第1章　デジタル化による既存市場破壊とイノベーションの本質　　1

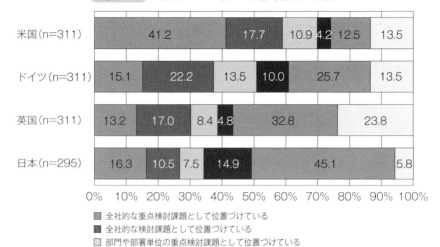

図表1-1　各自のAIに対する組織的課題の位置づけ

(出所) 独立行政法人情報処理推進機構 AI白書編集委員会編「AI白書2017」

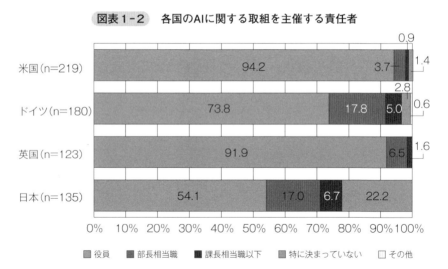

図表1-2　各国のAIに関する取組を主催する責任者

(出所) 独立行政法人情報処理推進機構 AI白書編集委員会編「AI白書2017」

蓄積されていない」が31.7%でした。

　毎日のように耳にする「IoT」「AI」などは，デジタル化を表すトレンドキーワードですが，この情報処理推進機構調査データを見る限り，まだ多くの日本企業のマネジメント層では，「IoT，AIは米国発のバズワードだ」「自分達の業界にまで波及するには時間がかかる」「製造業のデジタル化はそう簡単な話ではない」などとIoT，AIの影響を軽視している人が多いのだと思います。

　では，IoT，AIなどのデジタル化の本質とはどのようなことなのでしょうか。

　IoTやAIなどのデジタル化とは，機器内部の情報がデジタル信号化されるだけでなく，そのデータがインターネット上に乗って情報の交換，処理が行われることです。現在デジタル化で話題になっているのは，その範囲が製品や製品を企画・製造するバリュー・チェーンの範囲に留まらず，エコシステムやビジネスモデルといった社外も含めた範囲に広がっていることです。情報がインターネット上で処理できるものになれば，そのデータがビッグデータとなりAIなどで解析され，新たな知見が生まれます。

　また，デジタル化を加速させる環境も，ものすごいスピードで進化しています。たとえば，クラウドコンピューティングやモバイル機器の発展，SNSはじめ多種多様なアプリ，モノの動きや状態を把握するセンシング技術等は，世界中の企業，大学，研究機関などで日夜開発され実用化されてきています。

　このようなデジタル化の波の本質は3つあると考えています。1つは**業種，業界を超える新たなエコシステム・ビジネスモデルが生まれる**ことです。2つ目は**知識集約型ビジネスを手がけた企業が市場支配する可能性が高い**こと。3つめ目は**ITテクノロジーを使うコストが極限まで下がり限界費用がゼロに近くなる**ことです。

　こういった現実に対し，30代以下の若い世代は，生まれた時からデジタル機器に囲まれて育った「デジタルネイティブ」であるためデジタル化の環境変化に敏感ですが，50歳以上の日本の企業の経営者，管理職の多くは，いまだその変化の本質に気がついていません。若い世代とシニア層との感覚，意識，考え方に大きなギャップが存在しているのではないでしょうか。

第1章　デジタル化による既存市場破壊とイノベーションの本質　　3

(2)　デジタル化による破壊的イノベーションの現実

　今，急速に進んでいるデジタル化は，業界，産業といった既存の枠組みや市場そのものを破壊しながら進展する特性を持ちます。デジタル化で市場を破壊しながら参入する企業を"デジタル・ディスラプター"と呼んでいます。具体的にどのようなデジタル・ディスラプターがあり，どのような新産業を創造しているのでしょうか。ここでは代表的なものとしてフリービジネス，シェアリングエコノミー，仮想通貨を簡単に紹介します。

フリー（無料）ビジネスの定着化

　フリービジネスは，デジタル化以前から，「おまけ」「初回無料」などといったマーケティング，販促手法として存在していましたが，デジタル化が本格的に進むにつれ，そのスケール，経済に与える影響が比べものにならないぐらい大きくなっています。

　すでにわれわれの身近になっている例で言えば，検索サイトGoogle（グーグル）のサービス，Facebook（フェイスブック）やInstagram（インスタグラム），LINE（ライン）などのSNS（ソーシャルネットワーキングサービス），Adobe（アドビ）社が開発したパソコン環境に依存せずにドキュメントを見ることができるPDFなどのアプリケーションプログラムはすべてフリーです。スマートフォンのアプリケーションプログラムにも，無数の無料のものが存在します。「30代以下はフリーエコノミーで育っているので，モノやサービスの消費感覚が40代以上とは全く違う」とも言われ，フリービジネスは若い世代では当たり前になってきました。

　デジタル化によるフリービジネスの実現は，アプリケーションプログラムなどに見られる限界費用ゼロのビジネスモデルがその背景にあります。追加の製品・サービスを提供しても，追加費用が限りなくゼロに近い構造です。ソフトやアプリをいったん開発しインターネット上で提供すれば，新たな出荷があっても追加費用はほとんどゼロです。ならば無料にして膨大な顧客を集め，その

情報を使って第三者から広告料収入を得たり，顧客の追加のオーダーやカスタム化の段階で有料にしたりといった，フリーをベースとしたビジネスモデルが急速に普及しました。

その結果どのようなことが起こったのか，過去を思い出していただければと思います。過去，携帯電話の端末の価格がゼロ円になったこともありました。多くの製品・サービスの中から顧客に適したものを探し提案する業態，たとえば，旅行代理店，株式取引仲介，書籍販売などのエージェント型サービスの多くが検索サイトやECサイトに取って代わられました。知識・情報集約型のビジネスであるシンクタンクや調査会社の仕事も急速に縮小し，顧客は何でもネットで検索するようになりました。多くの既存業界とそこでビジネスを行っていた企業や人が，デジタル化によるフリービジネスの増加によって仕事を奪われました。

IoT，AIの時代が本格的になれば，フリービジネスも次の段階に入ると考えられます。製造業でも，モノの販売ではなくコト，つまりサービスを売る事業への本格転換が必要になっています。サブスクリプションビジネスのように，モノやサービスを売るのではなく，モノやサービスを使用した期間で課金するビジネスが普及してきています。さらにはその使用料も無料にして，付帯で使うモノやサービスで課金するビジネスも出てくると思います。このようにデジタル化によるフリービジネスが定着すれば，企業も産業構造も大きく変化するはずです。

日本でも本格的に普及するシェアリングエコノミー

外国人旅行客の急増，増え続ける空き家問題などを背景に，一般のホテルや旅館などとは別に，旅館業法の下に登録されていない民家や施設を旅行客に貸し出す「民泊」が普及してきています。その先駆けとなったのは米国Airbnb（エアービーアンドビー）です。

住宅宿泊事業法（民泊新法）が2018年6月に施行され，いったんは登録施設が激減しましたが，民泊業界は法律を遵守することで，しっかりとした成長を

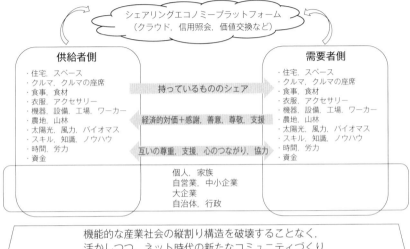

すると予想されています。10年前まで，自分の自宅や持ち家に，知らない外国人旅行客が宿泊するなど予想もしなかったことです。このように自分が持つモノ，資産を他人と共有し互いに経済メリットを得ることを，シェアリングエコノミー（共有経済）と呼んでいます。ビジネスや産業に留まらず，経済システムまで発展すると予想されているため，"シェアリング"だけでなく"エコノミー"が付いています。

シェアリングエコノミーは世界中でありとあらゆるモノに広がっています。自動車業界では米国のUber（ウーバー）などの配車アプリや，日本でもすでに多くの参入企業が生まれているカーシェアビジネスがあります。

モノだけでなく，人の能力や時間のシェアも急増しています。

たとえば，その代表例の家事代行シェアリングサービス"タスカジ"では，掃除や洗濯，アイロンがけ，料理などの家事を，時間のある専業主婦などに代行してもらうサービスです。仕事が忙しく家事との両立が大変な人や，産後や

病気で家事が困難な人，育児中で家事の時間が取れない人などの利用が急増しています。

その他，子育てのシェアリングサービス“アズママ”は，1時間500円で子供を安心して近所の人に預けられるサービスです。保険代金などもすべてカバーされ，また預かってくれる人の身元も確認できます。最近では資格を持ったアズママサポーターが組織化され，プロとして育児の相談，支援，セミナーを行っています。サポーターの収入は大規模小売店舗での子供に関するイベント支援や企業のマーケティングリサーチ，口コミマーケティングなどで，子育てシェアリングからは手数料を取っていません。

このようなシェアリングエコノミーは，インターネット，スマートフォンといったデジタルインフラをベースにしたイノベーションです。モノを購入してくれる顧客がサービス提供者となる産業界にとっては，極めて影響のあるデジタル・ディスラプターと言えます。住宅，自動車などの耐久消費材は，ユーザーがシェアリングを行う前提で製品を企画開発しなければいけない時代に入っています。

また，シェアリングエコノミーの革新性はコストなどの経済インパクトだけではありません。モノ，サービス，時間をシェアすることで，供給者と需要者の人間的繋がりができる可能性をも提供しています。互いの趣味，考え，生き方を交流することで豊かな時間が過ごせるのです。

フィンテックによる既存金融業界の破壊

2018年1月26日，仮想通貨取引所大手のコインチェックは，約580億円分の仮想通貨が外部からの不正アクセスにより流出したと発表し，その後，コインチェックはネット証券のマネックス証券などを運営するマネックスグループに完全買収されました。2014年にもビットコイン交換所のマウントゴックスが約470億円分のビットコインを消失させる事件がありましたが，多くの人はこれらの事件から，仮想通貨市場の急拡大と大きさを実感したのではないでしょうか。仮想通貨の市場規模はすでに金の時価総額の5％にまで達しており，世界

でも重要な資産保有手段になってきています。2017年には日本のメガバンクも仮想通貨に参入を表明しています。

　仮想通貨とはどのようなものなのでしょうか。『仮想通貨』[1]によると，「国家の裏付けがなく，ネットワークを通じて流通する決済手段」と定義しています。SuicaやPASMOなどの電子マネーは流通しませんので，仮想通貨はそれらと区別して考えられます。仮想通貨普及の背景には，ブロックチェーンなどのインターネットの技術イノベーションが存在します。

　仮想通貨に見られるように，今，金融業界では，金融とITを融合させたフィンテック（Fintech）によってさまざまなサービス開発競争が行われています。これまで相当な時間と労力をかけて構築してきた金融システムが，フィンテックによって大きく変わろうとしているのです。

　フィンテックの主な領域は，スマートフォン，Web決済，オンライン融資，個人財務管理（PFM），投資支援，クラウドファンディング，仮想通貨などです。ターゲットとなる顧客は，個人，中小・中堅企業から大企業までにわたります。

　フィンテックのムーブメントは，米国シリコンバレーのスタートアップ企業を起点にし，米国の銀行はじめ世界中の金融機関が既存金融ビジネスを破壊する形で参入し始め，今では日本の大手金融機関も無視できない存在となり，国内外でさまざまなアライアンスが進んでいます。そのエコシステム・ビジネスモデルは，まさにデジタル異業種連携そのものです。日本でもマネーフォワードなどのフィンテックスタートアップ企業が台風の目となっています。

　フィンテックでは，メガバンクはじめ大手金融機関，IBMや富士通，日立などITシステムの大手，楽天，Amazon（アマゾン）などECサイト，グーグルなどの検索サイト，そしてApple（アップル），SUMSUNG（サムソン）などのスマートフォンベンダー，NTTドコモ，ソフトバンクなどの通信キャリアなどさまざまな異業種企業が相互に連携し，同時に競争もしています。

1　岡田仁志ほか（2015）東洋経済新報社

フィンテックを支える情報技術は，大きく３つです。

1つ目はブロックチェーンです。ブロックチェーンとは，簡単に言えば，暗号技術とP2P（ピア・ツー・ピア）ネットワークを応用し，データ改ざんをほぼ不可能にしたデータベース技術です。大手メガバンクのように大規模な中央集中型のデータベースを必要とせず，ネットワークだけでデータが記録されるためスタートアップ企業でも参入できるのです。

2つ目はAI，人工知能です。人工知能とは，ヒトが行う知能機能をコンピュータに行わせるもので，コンピュータに学習を行わせる機械学習や，大量のデータから目的とするものを類推するディープラーニング（深層学習）などがあります。フィンテックの分野では与信審査や貸し手と借り手のマッチング，資産の自動運用などに利用されています。

3つ目は，API（Application Programming Interface）です。APIとは，システムが外部とネットワークするためのインターフェースで，システム間の連携が容易になります。銀行の勘定系システムやインターネットバンキングにAPIをつけ，外部サービスと連携する動きが活発です。たとえば，みずほ銀行は無料対話アプリLINEのAPIを活用して「LINEでかんたん残高照会」を始めました。

(3) イノベーションの主体はスタートアップ企業や最終需要者へ

フリービジネス，シェアリングエコノミー，フィンテックなどデジタル・ディスラプターと呼ばれる破壊的な市場参入者によって，イノベーションの主体は既存の大企業からスタートアップ企業や最終需要者にシフトしつつあります。その主な原因は以下の３つにまとめられます。

① インターネットが当たり前になり，誰もが使える技術になった

1990年代半ばから普及し始めたインターネットが成熟期に入り，クラウドレンタルサーバー，低コスト通信回線，スマートフォンの普及などインターネット環境が世界中で誰でも使えるようになりました。10年前に同じようなビジネ

スを始めようと思えば相当の資金と技術者が必要でした。しかし，時代の進展とともに技術の障壁が低くなり，アイデアさえあれば誰でもスタートアップ企業を起こせ，イノベーションの源となり得るようになったのです。エアービーアンドビーの創業者ブライアン・チェスキーとジョー・ゲビアの2人はサンフランシスコのデザイナー，またウーバーの創業者トラビス・カラニック氏はナイフや教材の販売業者だったと言われています。いずれも新たな技術開発を起点にして生まれたビジネスではありません。すでに存在する技術を徹底利用したビジネスです。

② 大企業ができない規制・法律ギリギリのビジネスを手がけることができる

　ウーバーやエアービーアンドビーのようなシェアリングエコノミーも，決済サービスのPayPal（ペイパル）やクラウドファンディングのKickstarter（キックスターター）などのフィンテックを活用したスタートアップ企業も，成長の歴史は規制当局との戦いの歴史であったと言えます。

　一方，大企業は規制・法律で守られた存在ですから，その規制・法律ギリギリのビジネスはできません。そこがデジタル・ディスラプター的スタートアップ企業ビジネスの狙い目なのです。高い利便性を梃子に多くの利用者を味方につけ，既存ビジネスだけでなく，規制・法律までも破壊していくのです。

　現在では産業規制の観点から，各国が積極的に規制緩和の方向に進んでいます。日本政府も産業競争強化法に基づき，グレーゾーン解消制度および新事業特例制度などを進めています。その点では，既存の大企業も規制・法律の限界を突破したビジネス展開が可能になってきたと言えます。

③ 最終需要者によるイノベーションがより低コストでできるようになった

　成熟した市場では「ユーザーイノベーション」が起こる可能性が高くなります。ユーザーがイノベーションのトリガーであることを最初に提唱したのは，2000年代はじめに『民主化するイノベーションの時代』を著した米国MITの教授，エリック・フォン・ヒッペル氏です。市場が成熟し少数の企業で寡占化

されると，ニッチなユーザーニーズは無視される傾向になります。しかし，イノベーションの着想は常にユーザー視点から始まることに変わりはありません。そこでユーザー自身がイノベーションを起こし，新たな事業を創り出すことを，エリック・フォン・ヒッペル氏は「ユーザーイノベーション」と呼びました。

現在のネット環境では，ユーザー同士がネットで繋がり協力し合うことは容易になりました。そういった環境の中では，自分のために「好きだからやる」「好きだから作る」というユーザーが革新的なものを開発し，他のユーザーに低価格，無料でそれを提供することが実現できます。その場合，イノベーションに投入するコストは企業と比較して極めて低く，その面でも競争力が高いと言えます。

Linuxをはじめ，多くのソフトウエアはすでにユーザーによって開発されています。今では当たり前になったマウンテンバイクなどの趣味性の高い消費材も，ユーザーイノベーションが起点になって開発されたと言われています。このように，ユーザーイノベーションは，インターネット環境の充実，フィンテック，シェアリングなどのトレンドと相まって，ユーザーからの新規参入者を増加させ，既存事業を破壊する大きな潮流をつくっています。

2 │ 既存の業界はなぜ破壊されるのか

(1) 「業界縦割」の行き詰まり

そもそも既存の業界区分は何が起点になっているのでしょうか。それぞれ業界によって異なりますが，大きくは戦前から存在する業界の規制，監督官庁の管理・監視の単位であることに起点があります。鉄鋼業界，セメント業界，自動車業界，コンピュータ業界などのような組織区分は，監督官庁が規制法や業法を運用しやすくするため，生産量，出荷高などの統計調査を行うため，また業界の企業がまとまって政府に要求を出したり交渉したりするためにあるのです。

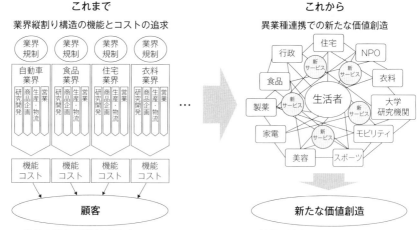

図表 1-4　業界縦割り構造と異業種連携構造の比較

　しかし，こういった区分は顧客には関係ありません。売り手側の論理と言っていいでしょう。そしてほとんどの区分が，古いバリュー・チェーンを基本にしたワンウエイ型，つまり企業から顧客へ一方向でモノや情報が流れる形が基本になっています。

　顧客は必ずしも業界単位の細分化されたカテゴリーで製品やサービスを選んでいる訳ではなく，最終消費者であればライフスタイルや価値観を実現するため，BtoBであればビジネス戦略上の課題を達成させるため，つまり個人価値観，企業戦略といった"価値基準"で利用，購入を決定します。

　読者の皆さんも経験があるはずです。インターネット回線を引こうと思ったら「回線契約は当社ですが，モデムは買ってきてください。セットアップはまた別の会社になりますから……」といったケースが，上述した区分が存在するために生じます。インターネット回線を引くのに半日近く，2つ以上の業者を待たなければならず，不便に感じることでしょう。

ネット時代では過去の業界区分は全く意味がありません。また，ネットを
ベースとしたビジネスのほとんどは双方向，または1回アクセスすると複数の
サービスに自動アクセスできるマルチアクセス型のビジネスモデルであり，そ
のためのプラットフォームが基本になっています。

　スマートフォンを多用する消費者は，双方向やマルチアクセス型のサービス
を経験しているため，古くからの業界単位でしかもワンウエイ型のサービス対
応は，どんどん避けていくでしょう。

　もしみなさんの業界や会社が，古くからの単位を守り，しかもワンウエイ型
だとすると，相当に気をつけなければ，組織もそこで働く個人も成長すること
は難しいと思われます。

(2)　機能やモノだけでは需要を開拓できない時代へ

　自動車，機械，ロボット，化学，素材など，日本が得意とする産業の多くは，
新たな技術を開発し，それを基にモノ＝製品をつくってきました。技術開発と
それによる新たな機能，モノの開発という流れそのものがなくなるわけではあ
りません。しかし，技術開発は内容，成果が明確であるため競合も多くなりが
ちです。さらにその対価も市場原理で決定されます。市場が導入期～成長期な
ら利益は出ますが，成熟すると過当競争になり，利益は出にくくなります。ま
た市場の成熟期では，新興国企業がそこそこの機能で価格を抑えた製品を投入
してくることにより，日本企業のような先行メーカーはイノベーションへの投
資が収益に結びつかない，いわゆる"イノベーションのジレンマ"に陥ります。
ネットでの情報伝達が早くなったためか，製品のライフサイクルが短くなり，
成熟期までの到達期間が短くなって，技術をベースにした機能のイノベーショ
ンだけでは利益を獲得することが難しくなってきました。

　一方顧客は，先ほども述べたとおり，消費者であれば価値観，企業であれば
戦略といった上位の価値基準で製品やサービスを選択し，ベネフィットを得る
ことを通じて価値を見出すことに重点を置く傾向が強くなってきています。た
とえば，顧客は製品・サービスを選択する際に，機能と価格といった直接的価

第1章　デジタル化による既存市場破壊とイノベーションの本質　　13

値で選択するのではなく，その製品・サービスを使用するプロセス全体のベネフィットとそれに関わるすべてのコスト（提供者に支払うコスト＋使用にあたってのすべての顧客負担）を加味した製品・サービスの価値を重視します。この価値を「ユーザーエクスペリエンス＝顧客経験価値」と呼び，ここ数年重要なマーケティングポイントとされています。破壊的参入者の参入の視点は，この顧客経験価値です。機能中心の製品・サービスで，かつ市場が長期間成熟している業界は，デジタルによる破壊的参入者のターゲットになりやすいと言えるでしょう。ワンストップで複数の製品・サービスをアソートして提供したり，顧客にフィットした製品・サービスをカスタム化してタイミング良く提供したり，顧客の問題解決，いわゆるソリューションで市場を攻略したりといったケースです。わかりやすい例を挙げれば，米国アップルはメーカーですが，個々のデバイスを開発していません。中国，韓国，日本などの，機能とコストに優れたデバイスメーカーからすべてを購入して組立もアウトソーシングし，iPhoneやiPad，AppleWatchなどの製品とサービスを通じて独自の顧客提供価値を創造しています。

　企業は機能とコスト重視だけの開発では収益が上げにくくなってきているということを理解していただけたと思いますが，機能とコスト重視から顧客経験価値重視へと転換させることは容易ではありません。なぜなら，経営者とその会社で働く人の思考を180度変えることになるからです。これまでの企業，組織文化そのものの変革と，その成功体験が求められます。

(3) 既存業界は外部企業の活用が極めて限定的で硬直的

　自動車，機械，ロボット，鉄道システム，コンビニエンスストアなど，世界の中でも強いとされる日本の産業はピラミット構造で，ユーザーとサプライヤーの関係が「お客様と弊社」というように明確な上下関係になっています。自動車産業はその典型で，自動車メーカーを起点に1次サプライヤーであるTier1からTier2，Tier3と序列化されています。モノの流れは基本的に一方通行で，取引の過程で情報の往復はありますが，ダイナミックなネットワークで

はありません。日本の多くの業界は，経済性を究極まで追求した結果，無駄のないピラミット構造ができあがっています。そのような構造は，サプライヤー，顧客ともに互いの経営資産を活用し新たな価値を創造するパートナーと考えることを阻みがちです。すべてのリスクを顧客企業が負って，エンドユーザーからお金を回収し，その一部をサプライヤーに渡すのみの一方的な関係です。

　このような関係からは新しい価値の発想は生まれにくいのは明らかです。「今の仕事に関係ない余計なことを言わない，聴かない」「今の製品を効率よく売って儲ければそれでよい」で終わってしまうのです。

　最も危険なのは，既存事業ならば仕方ないとしても，新規事業開発においても，ユーザー対サプライヤー企業の主従関係でものごとを考える習慣が抜けないことです。これでは新しい価値創造はできません。その傾向は伝統のある大きな会社ほど強いと思います。

　新規参入のスタートアップ企業や外資系企業では，既存ビジネスを破壊し，新たなパートナーシップを上手く結び拡大する企業が現れています。パートナーのヒト，モノ，カネ，設備などの経営資産をうまく活用して関係を築きダイナミックに動いていく企業です。たとえば，楽天やアマゾンなどのECサイトは，プラットフォームを提供し，出店者がリスクを取る形で急成長してきました。金融の分野では，マネーフォワードが銀行はじめ金融機関をパートナーにし，口座情報をワンストップで見えるようにしました。

3 | IoT，AIなどのデジタル化によるイノベーションの本質

(1) 今の業界の延長線にはないデジタル化の進展

　ここでいったんIoTの概念を整理したいと思います。

　IoTでは，これまで入手できなかったモノのセンシングとその情報の分析，フィードバックが行われます。ここでは**図表1-5**にあるとおり，"モノの情報"を，①人間がつくった"人工物からの情報"，②気象や土壌，動植物など

の"自然環境の情報"、③意識するしないにかかわらず発する"人の情報"に
分けていますが、IoTでは、それら"モノの情報"が分野を超えて繋がってい
くことを意味しています。そして、ヒトが介在しない形でモノとモノの情報を
インターネット上で分析し、対象によっては運転、制御などを行うことを目指
しています。つまりそれは、さまざまな異なる分野のデータの融合が起こり、
それらの相関関係から新たな価値やソリューションを見出そうとするムーブメ
ントと言えます。

　したがってIoTでは、業界、企業、カテゴリーなど個別に区切られた単位で
のコントロールから、常に相互に影響し合う、いわゆる"複雑系"で変容して
いくことになり、従来のような管理するマネジメントが通用しなくなる可能性
が高まります。よく日本の経営学者などがIoTに関して、「カンバン生産方式
をデジタル化したものだ」と言ったりしますが、それは狭い範囲での解釈であ
り、IoT化の本質ではありません。

　IoTが普及する背景とIoTそのものによる社会の変容は切り離しにくいので

図表1-5　IoTの概念とは

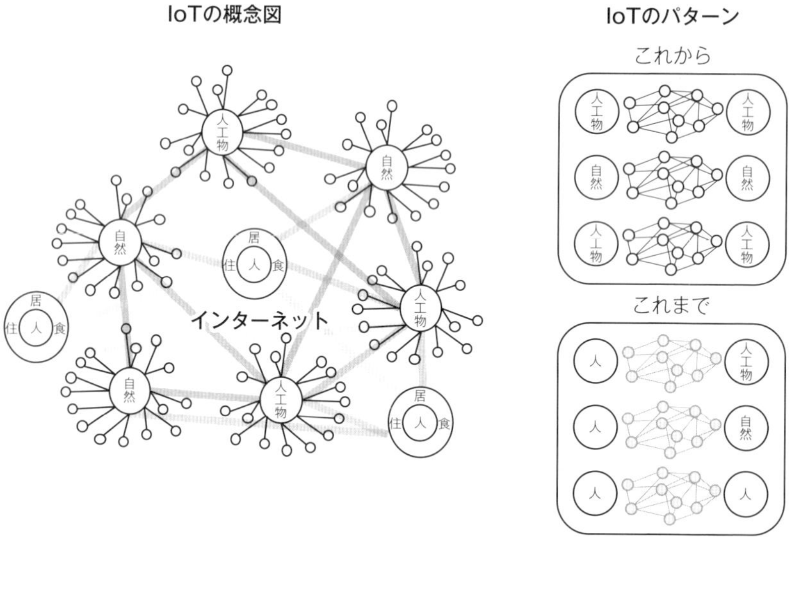

すが，理解する上でその背景を整理すると次の３つになります。

　１つ目は，前述したようにIT技術の普及で活用コストが大幅に低下し，スマートフォン，タブレット，PCなどの端末だけでなく，あらゆるモノも繋げられる可能性が見えてきたことです。

　２つ目は，IT関連のビジネスの成熟化です。ITインフラの低価格化が進み，このままではIT産業自体が行き詰まります。そこで業界こぞってIoTを普及させようという意図を持っていることも大きな背景要因と言えます。

　３つ目は，既存の業界，産業の成長の鈍化です。産業革命以来人間が必要とする機能は，産業という形でさまざまな科学技術をベースに進化してきました。その産業は前述のとおり，社会を機能的に分担しながら成長してきましたが，その多くが市場として成熟してきています。その成熟を打ち破るのがこのIoTです。モノとモノ，つまり異なる業界を繋げて新たな価値を生み出そうとするムーブメントです。

　以上のことからも，IoTやAIなどが普及すれば，今の業界の延長線にはない，IoT，AIなどによるデジタル化社会の新たな進展の姿が見えてくるのではないでしょうか。

　そのIoT，AIなどによるデジタル化社会の新たな進展を**図表１-６**で示しました。まずは，市場競争がハード中心からサービス中心になります。IoT化の動向は，需要者をモノを所有することから解放し利用する方向にリードします。先に述べたシェアリングエコノミーがその典型です。つまりビジネスは，さまざまな機能が組み合わさったサービスを購入する形態に変わっていくのです。「モノをつくりモノを売る，サービスはおまけ」という発想では行き詰まるのは明白です。そしてIoT，AI化が進むと，そのサービスそのものも顧客に合わせて自動で生成されて提供される比率が多くなります。人間を介在させず自動化することで，サービス提供コストが大幅に下がると予想されます。またそのサービスのマネジメントもリアルタイムで行うことが可能になり，高いベネフィットのサービスを低コストで提供できるようになるでしょう。

第１章　デジタル化による既存市場破壊とイノベーションの本質　　17

図表1-6　IoT，AIによるデジタル化社会の進展

> **ハード中心のビジネスからサービスでの価値提供**
> - ソリューション，経験価値重視などのサービスが主体
> - 自動制御運転が可能となりサービス提供コストも下がる
> - デジタル情報入手により，リアルタイムマネジメントが可能になる

> **伝統的業界の垣根を超えた異業種連携へ**
> - ユーザー起点のサービスの開発，提供のためには異業種間連携が必須
> - インターネットでネットワークされ企業，業界を超えた情報交換，融合が可能となる
> - 異なる業界でのビッグデータ解析で新たなサービス，新たな価値開発が可能となる

> **異業種連携によるビジネスプラットフォーム間の競争**
> - 異業種連携による多様なサービスは，経済性を追求していくとプラットフォーム化される
> - 時間の経過でプラットフォーム間の競争が激化する
> - いかに異業種連携で競争力のあるプラットフォームを構築できるかが勝負となる

　モノの機能から顧客の経験価値重視のサービスの競争になることは，異業種間の連携を活発化させることになります。いかに有力な異業種企業と手を組んで魅力的なサービスを需要者に提供できるかが勝負になります。魅力的なサービスの究極とは，需要者が予想もしなかった，しかし需要者にぴったりのサービスを提案し，需要者を驚かせること＝"サプライズ"です。今後は法人も個人も想定を超える"サプライズ"を生み出すことが重要になると考えられます。これは大事な観点です。繰り返しになりますが，需要者のサプライズを生み出すには，魅力的な組み合わせをたくさん持つことと，その組み合わせをAIなどを使って自動的に行うことです。

　異業種連携は大きな会社同士とは限りません。小さな会社，個人のパートナーをいかに増やすかも重要になってきます。取引の種類，パターンが増え，いかにそれを効率的に処理するかといった問題を解決する必要性が出てきます。そこで参加しやすく経済性の高い"共通土台"が必要となります。それが"ビジネスプラットフォーム"と呼ばれるものです。参加しやすく，またそこから生まれるサービスが魅力的なブランドとなっているビジネスプラットフォーム

をいかに構築できるか，ビジネスプラットフォーム同士の競争になるはずです。

(2) すでに始まっているデジタル異業種連携戦略

　さまざまな業界，企業でデジタル異業種連携戦略はすでに始まっています。たとえば，自動運転や電気自動車開発が活発になっている自動車業界では，すでに「クルマ」というモノ概念が薄れ，「モビリティ（移動）」といったサービスでものごとを考えないと生き残れない産業になりつつあります。

　たとえば，トヨタは米国に人工知能技術の研究・開発を行う新会社「Toyota Research Institute, Inc.（TRI）」を設立し，スタンフォード大学，マサチューセッツ工科大学，グーグル等の異業種と連携しながら人工知能に関する研究を進めています。また，2018年に移動，物流，物販など多目的に活用できるモビリティサービス専用次世代電気自動車"e-Palette Concept"を発表し，同車を活用した新たなモビリティサービスを実現するモビリティサービスプラットフォーム（MSPF）の構築を推進するため，初期パートナーとして米国アマゾン，中国配車サービスの最大手滴滴（Didi Chuxing），ピザハット，米国配車サービス最大手ウーバーテクノロジーズなどと提携しました[2]。

　2001年以降，世界中で遠隔運転されている建設機械の遠隔管理システム「コムトラックス」を運用する建設機械メーカー大手のコマツは，最近では新たにNTTドコモなどと共同で，建機クラウドサービス「ランドログ」を設立しサービスを本格化させています。「ランドログ」では，コムトラックスで集めた自社建機のデータに加え，他社の建機の稼働情報や地形の測定データ，工事の設計図などさまざまな情報を一元管理します。建設会社は各種のデータを加工・解析することで，スマートフォンで作業状況を把握したり，人員や資材の配置を最適化したりでき，ユーザーの生産性は飛躍的に向上します[3]。またコマツは，2017年にドローンによる３Ｄマッピングテクノロジーを持つSkycatchとの事業提携・出資を行っています。従来の建設機械メーカーの枠を超え，ビジネ

2　TOYOTA Global News Roomより引用加筆
3　日本経済新聞　2018年5月27日より

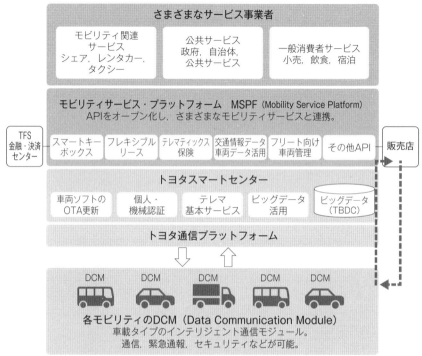

図表1-7　トヨタのモビリティ戦略

TBDC：トヨタビッグデータセンター
API：Application Program Interfaceプログラミングの際に使用できる関数。それらの関数を呼び出すだけで機能を利用できる。
OTA：Over The Air 無線通信を経由して、ソフトウェアの更新を行うこと。
(出所) 2016年10月31日トヨタプレスリリース、「トヨタ自動車、カーシェア等のモビリティサービスに向けたモビリティサービス・プラットフォームの構築を推進」をもとに作成

スプラットフォーム構築のために積極的にデジタル異業種連携戦略を進めているのです。

　日本の鉄道会社や高速道路会社などの社会インフラ系の業界でも、デジタル異業種連携戦略を見据えた動きが活発になってきました。たとえばJR東日本では、公式アプリをインストールしたスマートフォンを持って乗車すると、乗車中の電車の停車駅や目的地までの所要時間、混雑状況、車内の温度までわかるようになっています。その他、Suicaの残高や遅延証明も出してくれます。

すでに電子マネーとして異業種と連携しているSuicaですから，今後はますます本格的なデジタル異業種連携戦略が想定されます。

　大阪メトロは公式アプリ"Otomo！"をリリースし，これまで他社も進めてきた地下鉄乗車に関わる便利な情報提供に加え，クーポンやグルメ情報など異業種と連携したサービスを開始し，デジタル異業種連携戦略を進めています。沿線地域の人口減少や高齢化にともなう運賃収入低下を補う，新たな新事業として注目されています。

　また，2018年に創立100周年を迎えたパナソニックは，次の100年の成長を目指し，家電事業でデジタル異業種連携を積極的に進め，IoTやAIを駆使した新たなサービスを共同開発していくと発表しています。具体的には「大手寝具メーカーの西川産業」と連携し，パナソニックが得意とするIoTやITを使った睡眠ビジネスを展開する計画です。寝具の中にセンサーを組み込み睡眠状態を把握し，より快適な睡眠が得られるよう寝室の温度や湿度，照明の明るさなどを自動調整するというサービスです。その他，高いロボット技術を持つ千葉工業大学と連携してお掃除ロボットの開発や，LINEとの連携でAIスピーカーと家電を連携させる新たなサービスの開発も検討しています。

4 既存業界の大企業の危機と可能性

⑴　デジタル化では既存業界，企業は極めて不利

普及の困難さに直面したGEのインダストリアルインターネット

　伝統的な産業，企業がIoT化することが極めて難しいことを突きつけられる事象が2017年7月に起こりました。産業のIoT化"インダストリアルインターネット"を強力なリーダーシップで牽引してきた米国ゼネラル・エレクトリック（GE）のジェフ・イメルトCEO（最高経営責任者）の退任発表です。

　イメルト氏は産業のデジタル化の流れを捉え，未西海岸に開発拠点GEデジタルを置き，産業向けIoTプラットフォームのベースとなるソフトウエア「プ

第1章　デジタル化による既存市場破壊とイノベーションの本質　21

リデックス」の開発，普及に注力してきました[4]。しかし多くの株主はGEの株価の低迷に不満を持ち，CEO解任に至ったのです。米国投資家が短期志向だからだろう，という声が聞こえそうですが，たとえば，米アマゾンは長く赤字が続きましたが，ほとんどの米国投資家は成長性を重視し，投資し続けました。

　ポートフォリオ経営，選択と集中，リーダーシップ開発など，そして今回の事業のIoT化であるインダストリアルインターネットやそれを加速化させるためのGE独自の改革手法"ファストワーク"の導入・実践など，経営のお手本とまで言われたGEはなぜ株主から評価されなかったのでしょうか。その理由を考えてみたいと思います。

①　そもそも産業のIoT化へのシフトが遅かった

　GEがインダストリアルインターネットを標榜し，本格的に経営変革を始めたのは2014年頃からです。GEのインターネット関連事業進出への期待は，ジャック・ウェルチ元会長の退任間際からありました。しかしGEは，電力，航空機，医療など顧客企業自体の保守性やGE自体がインターネット文化とのギャップが大きいことから，事業のIoT化にあまり手をつけてこなかったと思われます。

　しかし，株主や一般消費者から見れば，世の中の成長企業はアマゾンのほかアップル，グーグル，フェイスブック，Microsoft（マイクロソフト）というIT企業です。彼らの多くは2000年代はじめに事業を始めて急成長してきました。IoTは業種を超えた市場競争の側面がありますので，株主から見れば現在のGEを急成長するIT企業と比較すると，IT化では遅きに失する感が否めず，魅力がないと映ったのも当然と思われます。

②　IoT化に対して顧客の産業自体が保守的である

　2015年あたりから，強力に"インダストリアルインターネット"を推進して

4　日本経済新聞朝刊　7月22日より引用加筆

きたGEですが，上述した通り，GEの主力顧客である電力，航空機，医療など
の産業は社会インフラであり，インターネット化に極めて慎重です。PoC
（Proof of Concept：概念実証実験）でさえも，実施に相当の時間がかかります。
また，各国それぞれの規制，業法，さらには国際標準のコンセンサスの問題な
ど，シェアリングエコノミーやSNSは，純粋にインターネットで構成されてい
るビジネスよりもある種高度で複雑なため，導入まで膨大な時間を要します。

　また，既存事業をIoT化することによる"雇用の削減"に関しても，顧客は
相当敏感であったようです。たとえば，航空ビジネスの飛行機の運転のIoT化
では，パイロットが職を失うことを危惧して組合がIoT化に反対する企業も少
なくなかったと聞きます。

　ビジネスは顧客の考え，行動を無視して進むことはできません。顧客が産業
特性上，保守的であれば，IoT，AIなどのデジタル化は，スタートアップ企業
が手がける白地の市場を創造するWeb系のビジネスよりも遅くなるのは当然
です。

③　既存業界でのプラットフォーム競争は厳しく長期戦である

　伝統的な既存業界の多くは参入障壁が高く，それゆえほとんどの市場は成熟
市場でかつ限られた企業によって寡占化されています。顧客から見れば，使用
している製品・サービスを変更するコスト，つまりスイッチングコストは高く，
一度導入したらよほどのことがない限りサプライヤーを変えません。そのよう
な業界でIoT，AIなどの大胆なデジタル化やそれによる共通基盤化，プラット
フォーム化などを進めるとなると，企画検討期間は必然的に長期化します。
Web系のビジネスであれば，顧客のスイッチングコストはそれほど高くなく，
顧客は比較的簡単に意思決定します。競争は厳しくても競争期間は短期です。

　伝統的な既存業界がこのようなデジタル化によるプラットフォーム競争を行
うことになれば，開発費，プロモーション費などに膨大な支出を要し，企業体
力を消耗しかねません。その上，既存業界では，顧客は新規増分の支出を簡単
に認めたがりません。IoT，AIなどのデジタル化は既存事業にとって極めて厳

第1章　デジタル化による既存市場破壊とイノベーションの本質　　23

しい競争なのです。

既存業界にとっては破壊的参入者への後追いは難しい

　ウーバーなどに代表される配車アプリサービスは，既存のタクシー業界の市場を破壊する形で参入してきました。エアービーアンドビーなどの民泊サイトは，ホテル業界の市場を破壊し成長しています。両者のようなスタートアップ企業は，デジタル化を武器にした破壊的参入を仕掛けてきます。既存産業はこの破壊的参入に対し，極めて劣勢にあります。なぜなら，破壊的参入は既存業界にとって実行不可能な戦略を打ってくるからです。具体的には以下のようなことです。

- 価格破壊ができること
- 規制，業法などの法律ギリギリのラインに参入すること
- 既存業界のモノを持たず，顧客側に立ったサービスで参入すること
- スタートアップ企業であることが多いため，低賃金で無駄な間接費が少なく，驚くほどスピーディーな動きができること

　このようなことに対して，既存業界はなかなか打つ手が見つかりません。後追いすら難しいのが現実です。すでに破壊的参入者が多くの顧客を獲得して市民権を得ている中，規制や業界の法律を盾に破壊的参入者を批判したり，政治力を使って圧力をかけたりすると，多くの顧客を敵に回すことにもなりかねません。

　破壊的参入者の創り出した市場に対し，既存業界の企業が別会社，別ブランドをつくり後発で対応することも多くなりましたが，価格，品質等のさまざまな面で既存業界において現在進めていることと相反することが多く，推進力に欠ける場合が多いと思います。

破壊的参入者が巨大になった後にキャッチアップするには，膨大な投資が必要，かつノウハウ獲得も難しい

　ECサイト運営のアマゾンや楽天，シェアリングエコノミーの代表格のウー

バー，エアービーアンドビーなどは急速に拡大し，破壊的参入者のスタート
アップ企業ではありますが，すでにスタートアップ企業域を通り超して巨大な
企業になっています。

　これらの巨大になった破壊的参入企業に対し，既存業界の企業が似たような
ビジネスを行う場合は莫大な投資が必要となります。たとえば，アマゾンの
ECサイトビジネスに対し，セブン＆アイホールディングスがECサイトビジネ
スで対抗しようとした場合，ネットを頻繁に活用する顧客のアカウントを集め，
巨大なデータセンターを用意し，リアルタイムに収集されるデータを分析し，
個々の顧客に対しパーソナルでタイムリーな情報を提供し，製品・サービスの
提供をするために，莫大な規模のITインフラ，人材，スキル開発などの投資
が必要となります。

　たとえ大きな投資ができたとしても，既存業界のビジネスとデジタルで破壊
的に創造されたビジネスでは，中核とすべき能力であるコア・コンピタンスが
異なることも多いのです。たとえば，セブン＆アイホールディングスなどがか
つて行ってきたリアル店舗での商品陳列と，アマゾン，楽天などのECサイト
での商品陳列では全く異なります。リアル店舗での陳列をそのままネット化し
ても大きな成功は見込めません。

⑵　デジタル化時代の既存の大企業の強みとは

　IoT，AIなどのデジタル化によってスタートアップ企業の破壊的参入と既存
の大企業の危機に関して述べてきましたが，ならばデジタル化時代にあたって
既存の大企業に強みはないのでしょうか。あるとすればそれは何で，どう活か
すべきかについて以下で説明します。

物理的（フィジカル）な資産を所有しマネジメントしていること

　IoT，AIなどのデジタル化の中では，大企業の成長，発展が難しいと考えら
れている中で，米国巨大小売業のWalmart（ウォルマート）は2017年に，アマ
ゾンと並ぶネット業界の巨人グーグルとネット通販事業で提携しました。グー

グルのネット通販・宅配サービス「グーグル・エクスプレス」に，ウォルマートの日用品など十数万点を揃えアマゾンへの対抗策としたのです。オーダーの際には，グーグルのAIスピーカー「グーグルホーム」やスマートフォンに話しかければ声で注文ができるようにし，グーグルと提携したことの強みを活かしています。ウォルマートの場合，自社のECサイトへの投資だけでなく，ネットビジネスのノウハウを異業種との連携で獲得し，破壊的参入企業に対抗しようとしているのです。

　ウォルマートの例からもわかるように，既存の大企業は，研究開発，開発設計，製造，物流システム，店舗や営業網など巨大な物理的設備，システムなどといった物理的なもの，フィジカルなものを保有しかつ運用できることが強みの1つです。一方のバーチャルなビジネスは，フィジカルなものと連携することで競争力が飛躍的に向上し，有益力もアップします。

過去の研究開発の蓄積と優秀な人材を保有していること

　AIが人間の能力を超える限界点"シンギュラリティ"の議論では，バイオ医療，バイオ技術，ロボテク，ナノテク，神経科学などのたくさんのフィジカルな領域における人工知能などの情報技術の活用が注目されています。それらのほとんどが製造業はじめ大企業や大学の研究所が取り組んできたことです。もしシンギュラリティが実現するとすれば，単にバーチャルだけで実現するのではなく，必ずフィジカルな要素が入ってきます。多くのフィジカルなものは，膨大な実験，検証とそれを進めていく上での倫理面などの議論と検討を重ねていかなければなりません。そのためにはしっかりした組織体制が必要で，大企業や大学の研究所にはそれが備わっています。

　しかし，そのような研究所の仕組みや人も，過去のまま外部や他の専門に対して閉鎖的で，ある一定の領域に留まっているようであれば，強固な組織体制も強みにならないと思います。その意味では研究開発のマネジメントの考え方，方法も大きく変える時期なのだと言えます。

顧客資産はじめ膨大なネットワークをもっていること

　既存の多くの大企業は，「顧客を資産，つまりお金を生み出す大事な財産」とは考えていないのではないでしょうか。日本の多くの大企業は，現社長の入社時からすでに大企業でしたので，顧客という資産をゼロから獲得した経験は少ないのではないでしょうか。ここでの問題は，顧客を既存の製品・サービスの単なる販売先と考えてしまうことです。顧客は，時には共同で事業を行うアライアンス先になり，時には仕入れ先にもなる，さまざまな可能を秘めています。多くの既存の大企業はそういった顧客を国内外にどのぐらい保有しているのでしょうか。おそらくそれらは膨大な数なはずです。この膨大なネットワークは，シリコンバレーにおけるスタートアップのユニコーン企業でもそう簡単には構築できるものではありません。人や資金そして社会的影響力を持つまでは時間が必要です。

　このように，既存の大企業の強みの1つは，顧客はじめ膨大なネットワークを持つことですが，これもフィジカルな資産同様，活用する発想と外部とのオープンな連携姿勢に加え実際の行動力・意思決定力はなければ強みにどころか，維持管理にコストがかかるものになるでしょう。

⑶　既存市場を避け，新しい分野に破壊的に参入する

　ほとんどの既存大企業は，年間の売上成長率がひと桁台です。それも市場が成熟しているため，事業部門の人たちの相当な努力で成り立っています。そういった既存事業やその周辺で，新たに立ち上がった事業組織が新しいことを始めようとしても既存事業の人たちは協力してくれません。また考えつくようなことは，方法は別として大概すでに実施されています。

　大企業も新事業で成長することを目指すなら，破壊的参入を目指すべきです。「破壊的」というと，他社の事業を「破壊」するようで何か心苦しい感じがしますが，新事業の多くは何かの機能を異なる業界，企業が代替することになるものなのです。

　コマツがコムトラックスの延長で構想している無人の建設工事のようなもの

は，建設・土木業界の市場を破壊していますし，日本の自動車メーカーが自動
運転開発を進める傍ら，たとえば，自動車をコンピューティング端末と見立て，
道路や地域の情報を収集し始めるとグーグルの事業領域を破壊することになり
ます。同様にヘルスケアIoTの多くは非医療に特化していますが，従来の医療
費を効率化，削減するという意味では，医療市場を破壊して新たな価値を創造，
提供していくのだと思います。IoT，AIなどのデジタル化時代には，大企業も
またそれらを活用し，破壊的なスタンスで市場を捉え，イノベーションを仕掛
けていくことが必須と言えます。

⑷　デジタル異業種連携戦略で破壊的イノベーションを起こす

　これまで述べたとおり，大企業には蓄積された研究開発技術やそれを発展さ
せる人材がいて，顧客をはじめとする取引先などの膨大な資産，社会的信用が
あります。一方で「ウチの会社では，大規模な破壊的イノベーションなんか，
発想・構想すること自体難しい」と壁を感じてしまいがちです。

　しかし，それがデジタル異業種連携戦略だと，その壁を超えられる可能性が
見えてきます。その理由は3つあります。

　1つ目は，1社単独ですと単発の小さな製品・サービスになりがちですが，
デジタル異業種連携戦略では複数業界の企業のリソースを組み合わせて企画を
しますので，一企業のリソースを超えた大きな魅力ある事業を発想することが
できます。

　2つ目は，デジタル異業種連携戦略で企画構想する新事業は，業界の垣根を
超えた多面的な発想で，新たな社会課題を解決する企画を構想しやすいからで
す。1社では解決できない社会課題や顧客の潜在的なニーズを，日頃の発想か
ら脱し，多面的な視点で，新たに創造することが可能です。

　3つ目は，既存企業の膨大なリソースの組み合わせや強い社会的信用を活用
し，早期の事業立ち上げが可能なことです。複数の既存企業が連携し破壊的な
新事業に挑戦した場合，保有する経営資産，リソースの面から言えば，同じこ
とをスタートアップ企業が取り組むよりも相当早く実現できると考えられます。

すでに多くの顧客を保有し協力してくれる取引先もあり，政府との関係なども強いからです。

しかし，既存企業のデジタル異業種連携戦略にも多くの壁はあります。たとえば，経営者の支配的な思考や発想です。多くの既存企業は，限られた業界の中で自社を中心に発想する癖があります。特にシェアが大きく，産業の食物連鎖の頂点に立っている自動車，家電，大規模プラント，電力などのエネルギー産業，通信，コンビニエンスストアなどではそれが顕著です。パートナーシップの発想が持てず，ついつい支配的な発想をし，すべてを管理下に置こうとします。その結果，出資比率，経営権を握ることばかりに意識が向き，肝心の事業の中身が貧弱なものになってしまうこともよくあります。

また，既存の大企業にはスタートアップ企業的な気質を持つ，または実際にスタートアップ企業で仕事をしてきた人が少ないのが現状です。デジタル異業種連携戦略は比較的大きな企業同士の連携となりますが，これまでイノベーションを仕掛けてきた経験を持つ人が少なく，また十分に育成できていないことも問題の１つです。

さらには既存事業に関わる人や現体制を変えたくない人・組織が邪魔をすることです。なぜなら破壊的な新事業は，全く異なる市場への参入と言えども，何らかの影響が既存事業や現在の経営に起こり得るからです。今を維持したいと考えるいわゆる保守的な人や組織にとっては障害となるのです。

そこで２章では，既存企業の持つ壁をどうやって打ち破るかに関して具体的に述べたいと思います。

第2章

デジタル異業種連携戦略とは

1 | デジタル異業種連携戦略の5つの原則

　第1章では，いま市場で起こっているイノベーションの本質，その背景にはデジタル化・ネット化の本格的普及があり，これまでの既存業界が破壊的参入によって浸食されるリスクが高いことを述べてきました。そこで既存企業の生き残り，さらなる発展を遂げるには，デジタル異業種連携による破壊的な新事業創造が必須であることを1章の最後にお伝えしました。

　では，そのデジタル異業種連携戦略とはどのようなものなのでしょうか。ここでは5つの原則をご紹介します。

(1) 技術の加速度的進化を認識すること

　デジタル異業種連携戦略の第一歩は，将来の社会，ビジネスの変化に対する基本的なモノの考え方，いわゆるパラダイムをしっかり認識することです。デジタル化・ネット化以前の技術やスキルの発展はそれぞれの分野の中で完結していたと言ってもよいでしょう。電子工学，通信工学，自動車工学，生理学，医学などアカデミックな工学分類体系が基本となり，その細部を深く追求してきました。これによって個別技術は進化してきましたが，デジタル化・ネット化が本格的に進展してきた結果，個別の知識同士が加速度的に結びつき，次々

と新たな分野が生まれてきました。

つまり簡単に言えば，「技術はわれわれの意図しないところで加速度的に増殖する時代に入ってしまっていて，その結果，技術から影響を受ける社会，ビジネスなども大きく変化する」という事実をしっかり認識することが必要なのです。それを頭で理解するだけではなく，自分の身近にあるシェアリングサービスなどで経験し，直観的に捉えて機動的な思考ができるまでになっておくことが大事です。

(2) デジタル化・ネット化で発生する機会を認識すること

伝統的な既存業界の人・組織は，デジタル化やネット化，最近で言えばIoTやAIなどに関して，自社とは縁遠いものとし，時には「しばらく影響は限定

図表2-1　デジタル化・ネット化による技術の進化，発展の変化

- 既存技術領域ごとに増殖し，進化・発展していく
- デジタル化・ネット化でそれぞれの領域の技術が結合し，次々と新分野が増殖する
- 同時に社会や顧客の変化に合わせさらに新たな技術が生まれ，既存技術と入れ替わったり，新結合したりすることを繰り返す

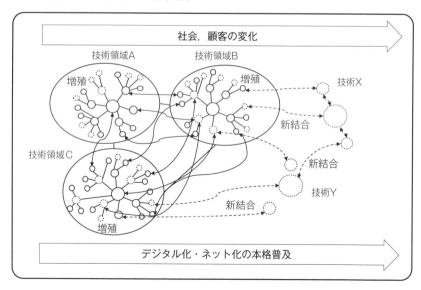

的」と楽観的に解釈し，時には「脅威であるが自社では対応が難しい」と悲観的になってしまいます。デジタル化・ネット化は止めることはできません。われわれはすでにそれらを基盤にした社会で生活しています。

デジタル化・ネット化の進展は，それらのみのサイバー空間の中では完結しません。むしろフィジカル（物理的，物質的）な世界との関係の中で爆発的な価値を生むと考えられます。ネットだけでビジネスを行っている人たちは，簡単にはフィジカルな領域には入って来られません。イーロン・マスク率いる米国電気自動車メーカーのTesla（テスラ）も，自動車というモノづくりで苦戦をしています。反対にアマゾンは，難易度の高い物流システムというフィジカルなインフラを，長年赤字を出し続けてまでして構築し，その結果としてECビジネスで世界をリードすることができました。これらのことを踏まえると，本格的デジタル化・ネット化は既存業界にとって大きなチャンスと認識することができます。

⑶ 強い経営資産の組み合わせで破壊的価値を創造すること

第1章の末でも述べたとおり，既存の，特に大企業には多くの経営資産が存在しますが，それが限られた，しかも成熟した業界の特定の事業領域に投入されているのが一般的です。専門性が高く素晴らしいものであることが多いのですが，新しい価値を生み出しているとは言えません。

そこで業種を超えてその経営資産，特に高い専門性を持つ技術，スキルを異業種で連携させることで，これまでにない，全く新しい既成概念を打ち壊す“破壊的”な価値を創造することを目指します。その際，デジタル化・ネット化は連携のベースであり，顧客価値提供の重要なツール，さらにはエコシステム・ビジネスモデル構築の基盤となります。

⑷ オープンプラットフォームを構築すること

デジタル異業種連携戦略で創り出されたエコシステム・ビジネスモデルは，ビジネスプラットフォーム，ITプラットフォームなどの多層なプラットフォー

図表2-2　デジタル異業種連携戦略の全体像

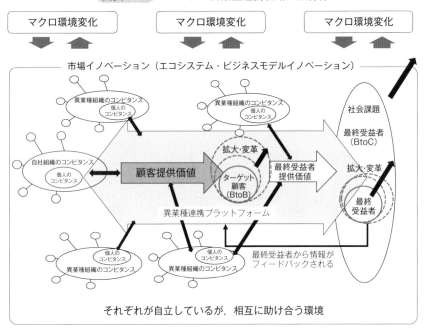

ムでその基盤が支えられなければなりません。プラットフォームは，戦略的にクローズにするところをつくりつつ，基本的にオープンにすることで，新たな参加者を加速度的に増殖し，同時に参加メンバーが受け取る価値が増えるような仕組みにしておかなければなりません。

(5) 独立したガバナンスを構築すること

　第1章でも述べましたが，既存の大企業の弱点は，意思決定のスピードが遅いことや組織が固定的で柔軟性がないことなど，いわゆる大企業病といわれるものです。これはどの業界の既存事業でも同じようなものです。このことについていくら論じても前に進みません。だからこそ異業種連携のガバナンスは，大企業と切り離した形でベンチャーのように自由でなければいけません。コーポレート・ベンチャー・キャピタルのような形態，つまり，出資はするけど

図表2-3　デジタル異業種連携戦略の5つの原則

(1) **技術の加速度的進化を認識すること**
IoT，AIのデジタル化・ネット化の本格的普及によって，技術は飛躍的に発達し，その結果，シンギュラリティへの到達など社会も大きく，しかも加速度的に変化することを直観的に認識すること

(2) **デジタル化・ネット化で発生する機会を認識すること**
デジタル化・ネット化を脅威と捉えるのではなく，歴史的な絶好の機会と捉え，そのための価値観，行動様式に自己を変革し，その機会をキャッチできるようにすること

(3) **強い経営資産の組み合わせで破壊的価値を創造すること**
業界や企業の垣根を超えて，専門性の高い技術，技能，人材，仕組み，顧客などの経営資産を，デジタル化・ネット化の基盤を活用し，組み合わせることで，これまでにない全く新しい破壊的な価値を創造すること

(4) **オープンプラットフォームを構築すること**
異業種連携によってつくられるエコシステム・ビジネスモデルは，デジタル化・ネット化の基盤によってオープンなプラットフォームにする必要がある。オープンなプラットフォームにすることで無数の企業，組織，個人が参加し，指数関数的（エクスポネンシャル：exponential）な成長をめざす。

(5) **独立したガバナンスを構築すること**
異業種連携の組織を各社からは独立した意思決定，権限システムのガバナンスにしておくこと。そして連携組織に独立性を持たせ，ベンチャーに負けないスピード，機動性，柔軟性をもたせる組織上の工夫をすること

口はあまり出さないようにして，経営資産面での支援をし，価値向上を狙うようにするべきです。

2 ｜ デジタル異業種連携戦略の5つの思考フレーワーク

デジタル異業種連連携戦略を構想するには，普段の業務と全く異なる思考が必要となります。思考のフレームワークを変えることを意識しなければ，いつもの思考パターンで考えてしまい，よい構想が生まれません。ここでは，デジタル異業種連携戦略を構想するための5つの思考のフレームワークとその主なスキル習得方法をお伝えします。

第2章　デジタル異業種連携戦略とは　　35

(1) 社会課題の俯瞰と常識を超えた壮大な夢を持つ

なぜ社会課題なのか

　近年，新規事業開発などで「社会課題は何か？」が問われることが多くなってきました。以前は「顧客は誰で，ニーズはあるか？」といった問いが基本的でした。なぜいま社会課題なのでしょうか。それにはいくつか理由があります。

　1つは，社会が成熟化し，物的な豊かさに満たされ，現在ターゲットとしている"顧客"のニーズが見つけにくくなったことがあげられます。「家電製品で今すぐ欲しいモノは何か」と聞かれても多くの人は考え込んでしまいます。

　2つ目は，顧客が抱える問題や課題が，顧客自身からではなく社会構造的に発生していることが見えてきたことです。

　たとえば癌，糖尿病，脳梗塞などの生活習慣病は，個人が生活上で気をつけることが大事ですが，健康を保つために努力している人に対する国や企業の健康保険料の優遇制度はありません。健康維持のインセンティブが制度として存在しないことも，生活習慣病が減らない原因の1つと考えられます。この問題は社会構造がもたらした側面が強いと言えます。

　3つ目は，社会経済がネットワークされ，複雑化していることがあげられます。どんな企業，産業であっても，1企業，1産業で顧客のニーズに応えることが難しくなっています。過去の業界で対応できる範囲の問題・課題の多くは，すでに既存企業の製品やサービスで満たされています。その一方で，世界中の隅々までインターネットが普及したことなどで，会社，組織，業界を超えてネットワークすることが容易になり，たとえ1企業，1産業であっても，繋がることで社会課題の解決に貢献できる可能性が見えてきました。企業の発展の鍵として社会課題の解決は大きな可能性になってきたのだと思います。

社会課題の発見は普段の仕事からは生まれにくい

　CSR（Corporate Social Responsibility：企業の社会的責任）やCSV（Creating Shared Value：共通価値の創造）などがよく話題になりますが，最近日本企

業の経営トップでも，社会課題を自ら，また社員に問いかける方が多くなりました。しかしほとんどのスタッフがその問いかけに対する答えを持っていません。なぜでしょうか。それは普段の仕事が社会課題を発見するものとはほど遠いからです。

　会社組織の多くは機能別に分かれています。機能別組織では専門性が重要です。部長，課長といった管理職であっても，やはり部門が担当する機能の専門家です。ましてや担当者は，ある特定機能にしか精通していないことがほとんどです。そのような人にいきなり「社会課題は何か？」と聞いても簡単に答えられません。もちろん社会人ですから，新聞やテレビを通じ常識的な社会問題は認識していると思います。しかし「自社のビジネスになりそうな社会課題」となるとそう簡単ではありません。それなりの時間や知識，情報の収集などが必要です。

社会課題をいかにセンシングしその本質を把握するか

　「現在の企業は機能的に分業され，なかなか視野が広がらない。だからと言って，今の仕事の時間を割いてまでも社会課題の研究に時間をかけることはできない」

　これが現状だと思います。ならばどうするか。普段，私自身が社会課題発見力アップの方法として実践していることを紹介したいと思います。

【社会課題力アップ方法１】自分の身近なことから考える

　自分に小さな子どもがいて子育てで苦労しているならば，「子育ての環境の問題」。親の介護問題に直面しているのであれば「高齢者問題」。通勤に２時間もかかって疲労するという悩みを持つ人は「都市化問題」といった具合に，個人の悩みの多くは社会課題そのものです。その個人の悩みを社会課題として捉え，積極的に情報収集し，課題化し，その解決策を実行する中で社会課題を深く捉えることができるようになると思います。

第2章　デジタル異業種連携戦略とは　37

【社会課題力アップ方法2】 全く異なる分野の人との交流

　社会とは企業だけでなく，行政，自治体，NPO，学生，家庭などさまざまな人や設備，自然環境で成り立っています。社会課題発見力を身につけるためには，同じ会社や業界以外の人との交流，情報交換が重要です。さらには，企業がこのようなことを個人の努力に任せる時代は終わったと思います。何らかの形で社員にこのような交流機会を与え，そこから積極的に企業として学習していくことが生き残りのためにも必要となってきています。

　交流，情報交換にはさまざまな方法があります。外部の勉強会，セミナーに参加してもよいですし，自社でセミナー主催し関係者を集めてもよいと思います。医療機器メーカーのテルモでは，年間数日間，有給で医療現場支援のためのボランティアを社員に勧めており，多くの社員が実践しています。そこで得た問題意識が，仕事に大きく反映されていると聞きます。

【社会課題力アップ方法3】 社会課題に関する情報の共有

　社会課題に関して，個人として気づいたこと，情報収集したものを共有する仕組みがあると効果的です。SNSの利用など，現在のネット環境を使えば難しいことではありません。また，社内外での勉強会，研究発表会を行ってもよいでしょう。共有した情報を分析し，そこから自社のビジネスやネットワーキングの可能性を探ることもよい方法です。さらに機会があれば，経営トップとの共有も効果的です。そのためには，社会課題に関して高い問題意識と感性を持っていることが重要です。高い問題意識と感性とは言わば「共感する力」です。社会課題を認識するための「共感する力」は既存の競争社会では育ちにくいかもしれません。意識して学習することが必要です。

常識を超えた壮大な夢をいかに描くか

　社会課題が把握できたらその解決策を構想します。その解決策は，多くの人にとって魅力的でなければなりません。「魅力的」とは具体的に言えば，「自分も参加したいと思うもの」「これまで過去にイメージしていなかった独自性が

あるもの」「難しいができるかもしれないと思えるもの」です。ここであえてタイトルに「常識を超えた壮大な夢」という言葉を使ったのは，過去の思考を変え，思い切った発想をしてほしいからです。最初から今できることばかり考えていては，魅力的な解決策にはなりません。また，自社の枠を超えた発想でなければ結果的に過去の方法の踏襲となります。異業種，異分野との連携が必要なレベルの解決策の構想を可能にします。

　たとえば，自動車メーカーが「貧困家庭の児童の生活環境，教育環境に関する問題・課題」を掲げたとします。解決策＝常識を超えた壮大な夢は「無料の学習塾・食事付き」「土日の遊びボランティア・食事付き」「家事支援ボランティア」「無料の食事宅配」などをネットワークしワンストップでサービスを受けられることだとすると，それらを行う自治体，NPOや企業とネットワークをつくり，彼らの活動を活発化させようと大きな構想をします。その視点から自動車メーカーを眺めると「移動手段の提供」という貢献が見えます。この夢の実現において「移動手段」は重要です。

　このように社会課題を大きく捉え，大胆な解決策を考え，周りをネットワークし，自社の貢献を新たな視点で発想することが大事です。このような過程を通じて「常識を超えた壮大な夢」を描く思考とスキルを磨きます。

⑵　顧客価値を２倍にする思考・発想

顧客価値とは何か

　「当社製品の顧客価値をアップさせるためには？」といった議論は日常的に行われていますが，議論の内容を聞くと，顧客価値ではなく顧客ベネフィットだったり，提供する製品・サービスの機能であったりすることがしばしばあります。顧客価値とは，サービスの需要者である顧客が感じ，受け取るものです。提供者側の製品・サービスの機能や特性ではありません。顧客価値とは，顧客が受け取るサービスに対し，顧客がどのような"ベネフィット"（便益）を感じ，そしてそのベネフィットに対しどの程度のコストを支払うかを示します。顧客の支払うコストには，金銭だけでなく顧客が負担することすべてのコスト

が含まれます。結論的に言えば，顧客が受け取るベネフィットをコストで割ったものです。VE（価値工学：Value Engineering）では，価値は機能をコストで割ると考えられていますが，顧客価値となれば，顧客の受け取るベネフィットをコストで割る考えが必要です。

　顧客価値を語る場合，まずこの「顧客価値」の定義が明確でなければなりません。この場合の顧客とは，産業財などのBtoBの場合でも最終受益者となります。すなわち，最終受益者の顧客価値を構想することになります。

なぜ顧客価値２倍なのか

　では，なぜその顧客価値を２倍にする企画構想を出さなければいけないのでしょうか。一般的な話ではありますが，単に「顧客価値をアップさせる」で考えると，顧客価値が既存製品・サービスの10％から20％アップ程度に留まってしまうから，つまり今の発想を変えずに思考，発想してしまうからです。実際，既存製品・サービスの20％アップの顧客価値向上を達成しても，顧客は価格のアップを認めてくれない可能性が高いでしょうし，またシェアが大きく増えることもないと思います。もし扱っている製品・サービスがBtoBであれば，中間の製品・サービスにその価値を取り込まれ，値上げすることは難しいでしょう。

　そこで顧客価値２倍ではどうでしょうか。２倍ともなれば，つくり手の今までの発想は通用しません。現在の自社の能力やブランド，市場ポジションにこだわらず，ゼロベースの発想になり，顧客が明確に意識する中心的なベネフィットやコストを直接的に考えるはずです。

顧客提供価値２倍のための発想法

　飛躍的な顧客提供価値向上を発想する際にまず検討すべきことは，どの顧客をターゲットにするかです。既存顧客であればすでに競争が厳しく，価値アップが難しいかもしれません。そこで今現在対象となっていない新規顧客をターゲットにすることも考えるべきです。たとえば，BtoBのビジネスであれば，

40

新製品・サービスを一般消費者向けにする，つまりBtoCにするといったことです。また，近い将来顧客として購買力を上げると予想される対象を顧客にすることも効果的です。典型的な例では，新興国の低所得者層などです。人口が多く，将来爆発的な需要を生むターゲットになり得ます。

　また，既存の周辺事業で今まで検討されていなかったベネフィットを探してみるのもよいでしょう。最近注目されている「リサイクル性」「製品の環境性」「社会性」などはその良い例だと思います。

　その他，他社との組み合わせで飛躍的な価値の向上を狙う方法もあります。たとえば，外部の技術やイノベーションを取り込むことや，複数の製品・サービスを組み合わせることで顧客提供価値を変革できないか，などです。

　また，顧客価値を考える際に，どうしてもベネフィットだけを上げようと考えがちですが，顧客が支払うコストを大幅に下げる発想も重要です。顧客の支払うコストには，金銭的コストばかりではなく，製品・サービスの選択に関わる時間と労力のコスト，その性能を引き出して使いこなすためのコスト，使い終わって廃棄処分するためのコストなど，顧客が負担するさまざまなコストがあり，それらを大幅に下げる発想も顧客価値を飛躍的に上げるための重要です。

(3)　市場の参加プレイヤーを入れ替える／倍増させる

　「市場の参加プレイヤーを半分以上入れ替えるもしくは倍増させる」こととは，結果的に既存市場を破壊し，エコシステム・ビジネスモデルを大きく変革することを意味しています。「エコシステム・ビジネスモデルを変革せよ」と言ってもすぐに発想がわからないので，このような言い方をしています。エコシステム・ビジネスモデル変革発想ができない理由の1つに，プレイヤーの顔ぶれを変えないまま，発想だけを変えようとしていることが挙げられます。プレイヤーを変えてしまえば，発想も変わらざるを得ません。

エコシステム・ビジネスモデルを変革する3つの変革発想

　1つはすでに述べている通り，市場の参加プレイヤーを大きく変えることで

第2章　デジタル異業種連携戦略とは　41

す。そのプレイヤーも既存の業界に参加していなかった異業種プレイヤーです。異業種プレイヤーの参加を前提にしてエコシステム・ビジネスモデルを新たに発想します。エコシステム・ビジネスモデルの構成プレイヤーが大きく替わると，そこから生まれる顧客提供価値は大きく変化するはずです。たとえば，かつてのエネルギー業界は，ガス，電力，石油と業界で分かれていましたが，規制が取り払われ完全自由化となり，「電力×ガス」「電力×ガス×通信」「住宅×見守り×電力×ガス」「エネルギー×通信」といったように，さまざまな業界の組み合わせが生まれ，ビジネスモデルが大きく変わろうとしています。

　2つ目は，構成プレイヤーの関係性を設計し直し，エコシステム・ビジネスモデルの構造そのものを変革します。構造が変化しますので，モノ，カネ，情報の流れが大きく変化します。シェアリングエコノミーはまさにそれを体現すると言えるでしょう。タクシー業界では，ウーバーをはじめとする配車アプリが，タクシー会社，ドライバー，乗客という関係ではなく，クルマを持つ人（ドライバー）と乗客という関係性を再設計し，スマートフォンを活用してマッチングさせ，決済し，マッチング手数料のみを配車アプリの会社が得る仕組みを生み出しました。その結果，特に情報の流れが変わりました。いつどこで誰が配車を要求しているかの情報と，ドライバーがどこにいるのかの情報がリアルタイムでわかり，効果的な配車ができます。

　3つ目は，収益ポイントを変えることです。つまり，儲けの出る部分を変えるのです。たとえば，製品販売で収益を上げていた家電量販店事業に対し，カカクコムは「製品の価格情報と消費者の評価情報」を提供し，消費者のカカクコムのサイトへのアクセス数を稼ぎ，そこでの広告料で収益を上げるビジネスモデルです。この例も大きく見れば，収益ポイント変革です。

有能なプレイヤーの強みを大胆に繋ぐこと

　革新的なエコシステム・ビジネスモデルを発想する際に，参加プレイヤーの強みを繋げることも重要です。ここでの強みは大きく2つを認識する必要があります。

1つは，自社およびパートナーとなる企業や組織がすでに認識している既存事業のコアとなる強みです。コア・コンピタンスともいいます。多くの製品・サービスに共有して使われている技術，技能，業務ノウハウなどです。常に多くの人材が育成され，潤沢な人材，ノウハウが存在します。

2つ目は，自社およびパートナーとなる企業，組織は認識していないが，他社から見て魅力的な強みです。その場合，必ずしもその会社の中核の強みでなくてもよいのです。社内ではそれと認識されていなくても，社外から見れば魅力的な強みと認識されることがあります。市場を変えれば，見方を変えることができるかもしれません。

強みをつなぐには，パートナー企業・組織のことを深く分析しなければなりません。表層的な理解では，エコシステム・ビジネスモデルの企画構想はできません。パートナー企業・組織の業績の源泉になる主力の製品・サービスとそのプロセスを理解し，さらにそのプロセスの中の中核となるプロセスとそれを支える技術，技能，ノウハウそしてそれを維持発展させている人材の能力を把握しないといけません。何が，なぜ強いのか，その強みは拡大生産されるかなどを洞察，分析していきます。

⑷ イノベーティブな個人を探し，関係をつくる

会社や組織の中のイノベーター人材と接点を持つ

デジタル異業種連携戦略では，どの企業と連携するかが重要になります。それと同時に，連携する企業の誰がキーパーソンなのかを見極めることも大変重要な要素です。そのキーパーソンの個人の問題意識，能力，スキルがプロジェクトの成否を分けます。なぜなら，デジタル異業種連携戦略プロジェクトは，プロジェクトの参加メンバー個人の持つ問題意識，能力，スキルに依存するウエートが高いためです。会社名や所属部門，タイトルだけでは判断できません。社会課題を掲げ，その解決策や顧客価値が2倍になるアイデアを発想し，そのためにエコシステム・ビジネスモデルを大きく変革するといった構想ができるイノベーター人材でなければなりません。

では，イノベーター人材とは，どのような人材なのでしょうか。これまでの異業種連携の中で筆者が意識しているのは，

- 社内外に価値の高いネットワークがある
- 未来志向であり，常に10年以上先を考えている
- コミュニケーション力が高く，人との距離感を短時間で縮められる
- 革新的発想ができ，思考力がある
- 人が考えない独自の発想ができる
- 新規事業，海外事業などハードルの高い事業で実績，成果がある
- 行動力・スピード感があって，ものごとを進めるリズムとテンポがよい
- 気が利いて，相手の立場でものを考えられる
- 体力・気力のキャパシティがあり，タフである
- 人や社会への貢献心が人一倍高い

などです。

どのようにしてイノベーター人材と接点を持つのか

　では，どのようにしてイノベーター人材を見つければよいのでしょうか。最も重要なことは，常日頃からイノベーター人材とのネットワークをつくっておくことです。そのためにさまざまな会合，セミナー，コンソーシアムなどに参加し，自らイノベーティブな情報発信をしながら，会社や組織を超えた仲間づくりを行っておく必要があります。そうした中で，異業種連携する際に，そのイノベーター人材本人かもしくはイノベーター人材を通じて社内のイノベーター人材を紹介してもらうのがよいと思います。

イノベーターとの共同作業で互いに学習する

　デジタル異業種連携戦略プロジェクトにおいて，イノベーターとの共同作業は，自分自身の思考フレームワークを変革する重要なプロセスです。

　そのためには，まず自分自身が高い問題意識を持ち，革新的社会課題を掲げ，その問題提起と解決発想に挑戦しなければなりません。相手の出方に合わせる

という発想ではいけません。そして革新的社会課題の解決策を構想するために，イノベーターを巻き込んで共同作業を仕掛けていきます。その過程で意見や見解の違いから互いに学び，新たな発想が創発される関係をつくっていくことが大事です。

このように，イノベーター同士の化学反応，創発ができる関係を構築できることがプロジェクトの重要な成功要因と言えます。それはスタートアップ企業で言えば，一緒に会社を立ち上げるメンバーの関係構築に相当します。

(5) リーンなスタートアップと困難な状況下でのブレークスルー

リーンスタートアップとは，米国シリコンバレーの起業家のエリック・リースが，自らの起業経験の中でトヨタ生産方式を学び，コストをかけずに最低限の機能を持った試作品を短期間で作り，顧客に提供することで顧客の反応を観察し，その結果を分析し，製品・サービスが市場に受け入れられるよう改善する方法です。「無駄がない」という意味の「リーン（lean）」と，「起業」を意味する「スタートアップ（startup）」を合わせた造語です。

デジタル異業種連携戦略では，このリーンスタートアップは必須です。なぜなら，デジタル異業種連携戦略の市場背景には，

- ネットワークが前提となり変化しやすい環境であること
- 多くが新市場創造ビジネスであるため顧客もその製品やサービスを経験，体験してみないとベネフィットが理解できないこと
- ネットの普及で情報が伝わりやすく，短期間で競合が発生すること

などが挙げられるからです。これまでの，技術開発と主要部分の設計開発の後に製品化という，1つひとつを積み重ねていく漸進的な事業化が通用しないのです。これまでモノづくりで強かった日本は，この点によく注意しなければなりません。

リーンスタートアップは極めてシンプルな手法です。まずは製品・サービスの仮説を構築します。その仮説を実証するための必要最小限の試作を作成します。この時に開発される製品・サービスをMVP（Minimum Viable Product），

第2章　デジタル異業種連携戦略とは　　45

実用最小限の製品・サービスと呼びます。その次にその製品・サービスの試作品を流行に敏感で，情報収集を自ら行い，判断するようないわゆるアーリーアダプターと呼ばれる人々に提供して，その反応を見ます。

そしてアーリーアダプターの反応，意見から学習し，製品・サービスの試作品を改良してより市場に受け入れられるものをつくります。その際もし，アーリーアダプターの反応，意見から製品・サービスの仮説そのものが的外れであることがわかった場合は，製品・サービスの企画の方針を大きく方向転換します。この方向転換をバスケットボールの方向転換動作にちなんで「ピボット」「ピボッティング」と呼んでいます。

このような，結果を明確に意識して試行錯誤する中で，製品・サービスの市場での普及が指数関数的に進み始めるいわば閾値を超えることを，筆者らはブレークスルーと呼んでいます。

デジタル異業種連携戦略プロジェクトでは，このリーンスタートアップによるブレークスルーは極めて重要な手法です。日本の多くの大企業は，積み上げ型で漸進的な進め方が大勢を占めます。その中でリーンスタートアップ的に仕事を進めるのは難しいのが現実です。しかしデジタル異業種連携戦略プロジェクトでは比較的やりやすいと思います。

デジタル異業種連携戦略プロジェクトにおけるリーンスタートアップやブレークスルーは，社内起業家育成の貴重な「場」ともなり得ます。デジタル異業種連携戦略プロジェクトという新天地での新事業だからこそできることだと思います。

3 経営者からみたデジタル異業種連携戦略のメリット

比較的業績の良い日本の大企業の現在の経営課題とは，「既存事業の業績はそこそこ良いが，成長戦略を示せていない。その種も少ない」といったことではないでしょうか。「確かに，これまで国内外のM&Aまではやってきたが，自力での新規事業の開発ができておらず，そのためか社内も今一歩活性化して

いない。一方，自社単独の新規開発投資はリスクが高いし，時間もかかる」というのが本音だと思います。

異業種連携戦略には，こういった経営者の悩みに答えるメリットがあります。具体的には以下の5つのメリットです。

【メリット1】 他社の経営資産と自社のそれを組み合わせて，自社単独では開発できない価値の高い製品・サービスを開発できる可能性がある

ネット化・デジタル化時代での価値の高い製品・サービスとは，単品であるケースは少ないと思います。ユニークなものが組み合わせられ，独自の価値が生まれています。たとえば，蔦谷家電は，知識や情報の媒体である書籍や雑誌と家電をはじめとしたさまざまな製品を一緒に顧客に提案することで，1社単独では生み出せない独自の価値を創造しています。しかも投入するのはすべて既存のビジネスの製品・サービスや経営資産です。新たな開発はほとんどありません。

【メリット2】 自社単独の投資ではなく，複数社とのアライアンスでの投資であるため投資リスクが抑えられる

デジタル異業種連携戦略では「メリット1」で述べた独自の価値は，自社単独の投資でつくりあげる必要がありません。したがって投資リスクを低く抑えることができます。製品・サービス開発の最大のリスクは投資の回収です。投資そのものを抑えることは最大のリスクヘッジです。

【メリット3】 各社がすでに持つ経営資産を組み合わせるため，事業のスタートが早く，売上，利益の実現も早い

一般的に経営者の本音とは，「開発などはできるだけなくし，早く売上，利益を上げてほしい」です。デジタル異業種連携戦略では，各社の経営資産を組み合わせることが中心ですから，自社単独開発よりもずっと早い段階で売上，利益が上がります。その売上，利益はパートナー企業との間で，合弁事業であ

第2章　デジタル異業種連携戦略とは　　47

れば出資比率に応じて分配されますが，事業の規模が大きくなれば，かなりの額になる可能性もあります。

【メリット４】自社本体の既存事業やその体制を大幅に変えずに，イノベーティブな企業文化を取り込み，人材育成できる

　成熟した既存事業を変革することは大きなリスクを伴います。もちろん変革への挑戦は必要ですが，現実はなかなか難しいでしょう。デジタル異業種連携戦略プロジェクトでは，既存事業とは離れたポジションで，外部企業との連携で新事業開発を行うので，限定された範囲ではありますが比較的容易にイノベーティブな文化を取り込むことができます。またスタートアップの経験を通じて人材が育成されます。

【メリット５】製品・サービスだけの企画だけではなく，エコシステム・ビジネスモデル，そのためのプラットフォーム構築といったビジネス構造の差別化が実現できる

　多くの日本企業は，製品・サービス単体でのビジネスで留まっていることが多いため，差別化が難しく，価格競争になりがちです。それを脱するには，自社に有利なプラットフォームをつくり，その上にエコシステム・ビジネスモデルを構築することが必要です。このエコシステム・ビジネスモデルは，他社との連携が前提となります。デジタル異業種連携戦略プロジェクトではそれが極めて容易にできます。

　経営者は，リスクを最小限に抑え，最大の経営成果，短期的には財務的成果をあげることをミッションにしています。デジタル異業種連携戦略は，比較的短期に少ないリソースで，早い段階で事業化でき，それがビジネスモデルなどの構造的差別化に繋がり，その過程で自社とその人材をイノベーティブな文化へと変革することもできる経営戦略手法であるとも言えます。

4 デジタル異業種連携戦略の４つのモデル例

　デジタル異業種連携にはさまざまなモデルが存在しますが，ここでは実際の実務での応用を考慮し，自社を基軸にして４つのモデルを例として提示します。図表２-４ではアンゾフのマトリックスを活用して４象限に展開し，４つの戦略モデルを示しました。縦軸に製品・サービスをとり，それをさらに既存製品・サービスと新製品・サービスに２つに分け，横軸には市場をとり，それを製品・サービス同様，既存市場と新市場に分けています。

　戦略モデル①は，既存製品・サービス×既存市場で“収益力アップ，顧客関係性強化”のデジタル異業種連携戦略としました。既存顧客の既存製品・サービスをより強化していく戦略モデルです。戦略モデル②は，既存製品・サービスにおいて異業種連携することで新規顧客獲得するものです。戦略モデル③は，異業種連携で外部からイノベーションを取り込んで新規製品・サービスを開発し，既存顧客に対して展開するものです。そして戦略モデル④は，新規製品・サービスで新規顧客を開拓する，いわゆる破壊的参入です。

　このマトリックスは，主に通常自社単独で事業を拡大する場合のリスクの違

図表２-４　デジタル異業種連携戦略の４つの戦略モデル

市場

		既存	新規
製品・サービス	既存	**戦略モデル①** 収益アップ， 顧客関係性強化	**戦略モデル②** 新規顧客獲得
	新規	**戦略モデル③** 新製品・サービス 展開	**戦略モデル④** 破壊的参入

（出所）H.I.アンゾフ（1985）『企業戦略論』（広田寿亮訳，産業能率大学出版部）より筆者作成

いを確認するツールですが，異業種との連携で展開することによって，自社単独よりもリスクが低く，実現性も早く，また高い市場インパクトを持つものになります。以下，戦略モデルに関して説明していきます。

(1) 戦略モデル①：収益アップ，顧客関係性強化

戦略モデル①が効果的な市場の背景とは，産業，業界が成熟または衰退期にあり，また厳しい規制の存在や大型の設備投資が必要であったり，参入障壁が高く市場自体が限定的だったり，他の産業からの参入が考えにくい市場です。増えることのない市場のパイをいつも同じプレイヤー間で争い，ゼロサムゲームとなっています。さらに市場がグローバル化にさらされ，シェア競争がより激化し収益が低下傾向にあります。例を挙げれば，医療関連のビジネスや鉄道，電力，ガスなどのインフラ産業，化学品，材料などのコモディティ市場などです。

このような市場では，1顧客からのより多くの収益アップを狙うことが必須です。顧客が生きている期間を通じた長期にわたる関係性，いわゆるライフタイムバリューを勝ち取っていかなければなりません。この場合，デジタル異業種連携戦略では，自社が持っていないプロセスを持つ異業種との連携で，1顧客当たりの収益をアップさせることを狙います。顧客プロセスの中で，ノンコアプロセスと言われる顧客の収益に直接繋がらない業務をアウトソーシングすることなどが有効です。自社が持っていない製品・サービスを異業種から取り入れ，品揃えを拡大するのも有効です。このようにして顧客との関係性を強化すれば，顧客のスイッチングコストを高めることができ，長期契約となります。

デジタル異業種連携戦略を活用したIoTサービスを顧客へ提供できれば，顧客内部の情報が自動的に自社に入ってくるようになり，ハードビジネスからサービスビジネス，AIなどを使った情報ビジネスへの展開が狙えます。そうして自社のビジネスをデータビジネス化し，複数顧客に展開すれば，競合に対して大きな優位性を確保でき，また顧客に対する交渉力も上がります。

図表2-5　戦略モデル①：収益アップ，顧客関係性強化

市場背景
- 産業，業界が限定的（規制業種）で他の産業からの参入が考えにくい
- 成熟，衰退市場，ゼロサム市場
- シェア争いが成功のキー
- 顧客が参入する市場が成熟し，顧客自体が差別化を求められている状況
  例）医療，鉄道，電力などのインフラ産業

		市場	
		既存	新規
製品・サービス	既存	戦略モデル① 収益アップ， 顧客関係性強化	戦略モデル② 新規顧客獲得
	新規	戦略モデル③ 新製品・サービス展開	戦略モデル④ 破壊的参入

戦略の狙い，コンセプト
- 1顧客からの収益アップを狙う
- 自社が持っていないプロセスを持つ異業種との連携
- 長期契約顧客のスイッチングコストを上げる
- 顧客プロセスのノンコアプロセスをアウトソーシング
  - ダウンタイムの削減，稼働率の向上
  - 自動運転，運転サポート
  - 点検，保守，メンテナンス
  - サプライ品の供給
  - 自動バージョンアップ　　など

図表2-6　戦略モデル①：収益アップ，顧客関係性強化のビジネスモデルイメージ

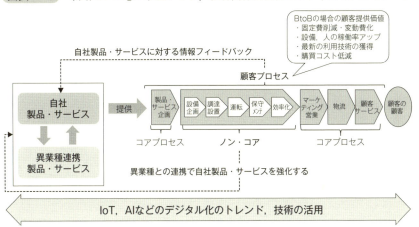

第2章　デジタル異業種連携戦略とは　　51

⑵ 戦略モデル②：新規顧客獲得

　戦略モデル②が効果的な市場背景とは，既存市場での参入企業数が多く，価格競争が厳しい市場です。イノベーションのジレンマで，コストをかけて開発した高度な技術を製品・サービスに反映させても，価格を上げることができず，収益が低迷している状況です。市場を新規市場に切り替え，自社のコア技術や製品・サービス力，ブランド力を持って異業種との連携で新市場へ参入し，高利益率ビジネスを展開する必要があります。

　自社の優れた技術，製品・サービスやブランド力などで有望な顧客を持ちながらも新製品・サービス展開に悩む企業が，異業種と連携し高収益の獲得を狙います。自社にとっての新規顧客が，自社と異業種の連携によって生まれた高付加価値製品に切り替えるよう働きかけます。

　この時に重要なのは，連携するパートナー企業・組織の顧客をセグメントし，そのパートナー企業・組織の弱い顧客セグメントを，異業種連携で生み出した新製品・サービスで獲得することです。パートナー企業・組織の既存顧客を狙うのも不可能ではありませんが，デジタル異業種連携戦略の影響が大きいためパートナー企業・組織にリスクが生じますので避けるべきです。パートナー企業・組織にとっても“入り込めていない顧客”を狙うのが妥当と言えます。

　異業種連携戦略による新規顧客獲得では，自社の技術，製品・サービス，ブランドなど中核となるコア・コンピタンスを異業種のパートナー企業・組織に提供し，異業種のパートナー企業はそれらを使って新製品・サービスを開発，創造します。同時に自社でも，異業種との連携で新製品・サービスを開発して販売したり，ブランドを共有しながら連携して販売することも考えられます。たとえば，ゴアテックス（Gore-Tex）で有名な米国のWLゴア&アソシエイツ社では，製造販売する防水透湿性素材ゴアテックスを，登山用品，アパレル，シューズなど多くの異業種に展開し，自社の素材技術とブランド，マーケティング力を梃子にビジネスを拡大してきました。

図表2-7　戦略モデル②：新規顧客獲得

市場背景
- 既存市場での参入企業数が多く，価格競争が厳しい市場
- コストをかけて開発した高度な技術を製品・サービスに反映させても，価格に反映できず，利益が低迷している状況
- 自社の強い技術，製品・サービス，ブランドなどが活かせる高利益率ビジネスを展開できそうな市場を見つける必要性がある

戦略の狙い，コンセプト
- 自社の優れた技術，製品・サービスやブランド力などで有望な顧客を持つが，新製品・サービス展開に悩む異業種と連携し，高収益のビジネスを構築する
- 自社にとっての新規顧客が，自社と異業種の連携によって生まれた高付加価値製品に切り替えるよう働きかける

		市場	
		既存	新規
製品・サービス	既存	戦略モデル① 収益アップ， 顧客関係性強化	戦略モデル② 新規顧客獲得
	新規	戦略モデル③ 新製品・サービス展開	戦略モデル④ 破壊的参入

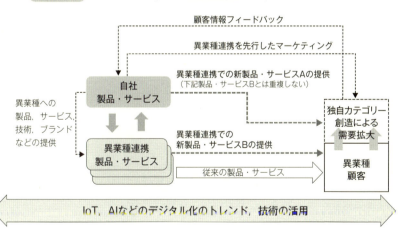

図表2-8　戦略モデル②：新規顧客獲得ビジネスモデルイメージ

第2章　デジタル異業種連携戦略とは　53

⑶　戦略モデル③：新製品・サービス展開

　1990年代半ば，インターネットが急速に普及した時代では，市場の成長率がきわめて高く，次々と予想を超えた新たなイノベーションが発生しました。同じようなことが2000年代のSNS，そして2011年にドイツ政府が打ち出したインダストリー4.0以降のIoT，AIなどの市場で発生しています。これらの市場では，新製品・サービスをいち早く上市させることが競争に勝つキーになります。つまり，市場のイノベーションのスピードが速く，自社だけのイノベーションでは競争に勝てないため，M&Aも含めいかに早く重要な技術や製品・サービスを自社内部に取り込むかが勝敗を決めるのです。その技術や製品・サービスのほとんどは異業種によるものです。グーグルやアマゾンなどが多くのベンチャーを買収し提携しているのは，イノベーションを内部に取り込むためです。

　成長が速い市場において，デジタル異業種連携戦略を通じて新たな製品・サービスを顧客に提案し，顧客が新たな経験価値を体験することで顧客のベネフィットを刺激し，市場そのものを拡大したり，顧客シェアを上げたりします。物理的な欲求はすでに満足している顧客を振り向かせるキーワードは顧客経験価値です。異業種連携戦略による新製品・サービス展開は，この新たな顧客経験価値を生み出すための重要な戦略です。

　異業種連携戦略による新製品・サービス展開では，異業種連携で優れた技術，製品・サービス，ブランドなどを自社に取り込みます。そして自社独自の新製品・サービスを既存顧客に提供します。また連携したパートナー企業・組織も，自社と企画した新製品・サービスを同時に市場に展開することもあり得ます。検索エンジンやアプリケーションソフトなどの世界では，相乗りや組み合わせで多様な製品が市場に出されています。

　そのようなさまざまな連携を通じて顧客と製品・サービスが多くの接点を持ち，新たな経験価値を感じ，その結果，需要が拡大されます。新たな経験価値創造は1社だけでは限界があります。さまざまな異業種と連携し，新たな顧客経験価値を創造できる場が必要です。

図表2-9　戦略モデル③：新製品・サービス展開

市場背景
- 既存市場の成長率が高く，次々と新たなイノベーションが発生している状況
- 新製品・サービスをいち早く上市させることが競争に勝つキーとなっている
- 市場のイノベーションのスピードが速く，自社だけのイノベーションでは競争に勝てない状況

		市場	
		既存	新規
製品・サービス	既存	戦略モデル① 収益アップ，顧客関係性強化	戦略モデル② 新規顧客獲得
	新規	**戦略モデル③ 新製品・サービス展開**	戦略モデル④ 破壊的参入

戦略の狙い，コンセプト
- 急成長する市場でイノベーションを連続的に出す
- 異業種との連携で新しい製品・サービスを生み出す
- 顧客のベネフィットを刺激し，市場そのものを拡大したり，顧客シェアを上げる
- 顧客の経験価値の変化と，そのためのイノベーションのポイントを見極めた新たな製品・サービスを企画する

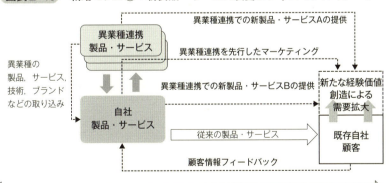

図表2-10　戦略モデル③：新製品・サービス展開ビジネスモデルイメージ

⑷ 戦略モデル④：破壊的参入

　既存のビジネスを代替して参入することを破壊的参入と呼びます。破壊的参入には"ローエンド型"と"新市場型"があります。

　ローエンド型の破壊的参入とは，既存企業が技術開発などを行い，製品やサービスをブラッシュアップしているのに対し，ローコストの生産技術やビジネスモデルによる低価格化や，顧客にとって過剰なスペックをそぎ落としシンプルだが十分な仕様を実現できる技術を投入し，市場のローエンド層を獲得し，その後ミドルそしてハイエンド層のシェアを奪っていく参入方法です。

　新市場型破壊的参入とは，高い技術革新により生み出した製品・サービスが既存市場に代替する，または全く新しい市場を創出し，その結果，既存市場が破壊されるケースです。

　破壊的参入は，顧客がさまざまな環境変化にさらされ，欲求が変化する中で，既存企業がその変化する欲求を捉えたイノベーティブな提案ができていない市場で発生する可能性が高いのです。シェアリングエコノミーなどといった破壊的新ビジネスモデルは，インターネットやスマートフォンの普及，自然環境保護に敏感な消費者に対応できていない自動車市場や，生活やワークスタイルの変化に対応できていない不動産ビジネスなどの市場で急拡大してきています。

　所有から利用，個別契約からワンストップ契約，製品単体提供から時間に焦点を当てたソリューションサービスなど，業界を問わず顧客価値は大きく変化してきています。

　既存でビジネスを行う企業一社では難しいこの破壊的参入も，デジタル異業種連携戦略を通じ実現することが可能です。たとえば，これまで製品というハードを製造・販売してきた自動車メーカーがシェアリングサービスに新たに参入するには，旅行代理店や鉄道，バス，レンタカーサービスなどとの異業種連携で参入可能です。いち早く参入した企業が，他の企業の市場を破壊し，サービスで収益を獲得することになります。

図表2-11　戦略モデル④：破壊的参入

市場背景

- 顧客の欲求が高まる中で，既存企業がイノベーティブな提案ができていない市場
- 所有に重点をおいたビジネスから，利用へのシフトにニーズが高まる市場
- 複数のビジネスが統合されワンストップサービスが求められている市場で，同時に新たな価値提案が必要とされている市場
- "時間"に焦点を当てたソリューションが求められる市場

		市場	
		既存	新規
製品・サービス	既存	戦略モデル① 収益アップ， 顧客関係性強化	戦略モデル② 新規顧客獲得
	新規	戦略モデル③ 新製品・サービス 展開	戦略モデル④ 破壊的参入

戦略の狙い，コンセプト

- 所有するから利用するビジネスへの転換による新製品・サービスの提供と既存ビジネスを破壊する形で新市場開発を展開する
- 既存の普及した製品・サービスプラットフォームを活用して，顧客のより高い欲求を満足させる新製品・サービスを展開する
- 顧客の価値観，行動を大きく変える新製品・サービスの展開

　異業種連携戦略による破壊的参入にはさまざまな形態が考えられますが，ここでは代表的な4つのパターンを紹介します。

　1つ目はワンストップ型です。複数の異業種の製品・サービスをワンストップで提供する方式です。アマゾン，アップル，楽天などがそれを単独でビジネスにしています。また最近では，電力，ガス，通信，不動産などでこの異業種連携でのワンストップ型のビジネスが盛んです。ワンストップ型で重要なのは，利便性は当然ですが，利便性を超えた付加価値，つまり新たな顧客経験価値を提供できるかどうかです。単に「電力とガス，通信をまとめて安くしました」では破壊的レベルとは言えません。

　2つ目は利用価値提供型です。わかりやすく言えば，シェアリングサービスです。上述したカーシェアの例のように，既存の製品・サービスと情報，ネッ

第2章　デジタル異業種連携戦略とは　　57

図表2-12 戦略モデル④：破壊的参入ビジネスモデルイメージ

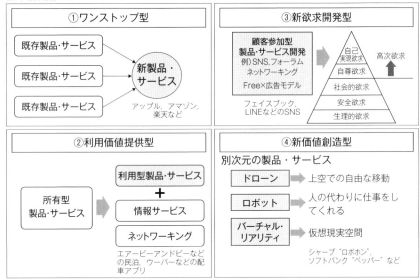

　トワーキングなどを連携させれば，新たなシェアリングサービスが創造できます。シェアリングサービスも，単に利用のためのシェアリングより，それを通じて多くの人と組織をネットワーキングするところに重点が置かれています。

　3つ目は新欲求開発型です。マズローの5段階欲求説の自尊の欲求，自己実現の欲求など高度な欲求に焦点を当てたビジネスで，異業種連携ではありませんが，フェイスブックやLINEなどのSNSがその例です。現在SNS各社は，金融はじめ多くの異業種と連携しています。

　4つ目は新価値創造型です。ドローン，ロボット，バーチャルリアリティなどがその例で，これまでになかった新しい価値をつくり出すものです。これにより既存の製品・サービス市場が代替されることが多くあります。建設機械のコマツが，米国のスタートアップ企業やNTTドコモと連携して，無人のフルオートメーションで鉱山などの土木作業にチャレンジしていますが，新価値創造型のデジタル異業種連携戦略と言えます。

5 | 成功するデジタル異業連携戦略のマネジメント

　具体的なデジタル異業種連携戦略の進め方の解説に入る前に，ここでは，成功を導くために押さえるべき要因に関して説明したいと思います。デジタル異業種連携戦略は，複数企業にまたがる仕事であるため，一企業の事業や部門のマネジメントよりも複雑で高度です。社内のマネジメントと同じ形では進みません。マネジメントの特性をしっかりと認識する必要があります。

(1) 関係性のパターンとその組織特性を理解する

　デジタル異業種連携戦略では，参加会社数とその関係性にはいくつかのパターンがあり，その連携組織の特性が全く異なります。ここでは大きく4つに分けました。

① 1社リーダーシップ型

　「1社リーダーシップ型」では市場を牽引する強いリーダー企業1社が存在しています。デジタル異業種連携戦略の仮説は，基本的にリーダー企業が構想します。そのリーダー企業の戦略仮説をベースに，異業種のメンバー企業が募集され，構想を共有し，戦略を実行するために異業種のメンバー企業とリーダー企業が連携し，さらにはメンバー企業同士も自発的に連携します。メンバー企業の役割は比較的明確ですが，曖昧な部分はリーダー企業の調整が必要となります。メンバー企業にとっての異業種連携戦略の成果はリーダー企業からの受注であり，リーダー企業は自社の事業の拡大です。

　「1社リーダーシップ型」のデジタル異業種連携戦略は，トヨタ自動車のモビリティプラットフォームや，セブン＆アイグループのオムニチャネル戦略，海外だと米国GEのインダストリアルIoT戦略など巨大で力のある企業に見られます。

第2章　デジタル異業種連携戦略とは　　59

② コアメンバー型

「コアメンバー型」では，まず2社以上のコアメンバー企業が存在します。そのコアメンバー企業間で戦略仮説を企画し，複数のメンバー企業の条件を決め参画を呼びかけます。コアメンバー企業が中心になり，戦略仮説を実行するために，コアメンバー企業とメンバー企業が自発的に連携します。

デジタル異業種連携戦略の成果は，コアメンバー企業にとっては自社に有利なプラットフォームの構築であり，メンバー企業にとっては新たなプラットフォームへの優先的な参加です。

「コアメンバー型」のデジタル異業種連携戦略は，スマートフォンなどの通信部品の標準化企画，各種ポイントカードの立ち上げ時期などに見られます。

③ パートナーシップ型（3社以上）

「パートナーシップ型」は，3社以上の少数のパートナー企業での異業種連携戦略のパターンです。パートナー企業間で戦略仮説を企画し，その実行も行います。3社以上の連携であるため対等なパートナーシップが重視されます。各社の事業とある程度距離を置いた新事業などの独立した組織をつくるのに適した形態です。

「パートナーシップ型」デジタル異業種連携戦略の成果は，異業種でのジョイントベンチャー（資本提携×業務提携）か業務提携による事業成果です。交渉過程での提携の破談，提携契約後の契約解消のリスクの可能性もあります。

「パートナーシップ型」のデジタル異業種連携戦略としての例としては，不動産，鉄道，エネルギーインフラなどの事業者が連携した未来の街づくりコンソーシアムなど社会課題をテーマにしたものが挙げられます。

④ パートナーシップ型（1対1）

パートナーシップ型（1対1）とは1対1のパートナー企業・組織での異業種連携戦略です。3社以上のパートナーシップ型同様，パートナー企業間で戦略仮説を企画し実行もします。1社対1社のパートナーシップなので，多くの

図表2-13　関係性のパターンとその連携組織の特性

関係性パターン	組織構造イメージ	連携組織特性
1社リーダーシップ型	リーダー企業／メンバー企業・メンバー企業・メンバー企業・メンバー企業	・市場を牽引する強いリーダー企業が存在 ・リーダー企業の戦略仮説をベースに，異業種のメンバー企業が戦略を実行するために自発的に連携 ・メンバー企業の役割はリーダー企業との関係で比較的明確だが，連携する場合はその範囲を超える場合もある ・メンバー企業の成果はリーダー企業からの受注，リーダー企業の成果は自社の事業の拡大
コアメンバー型	コアメンバー企業・コアメンバー企業・コアメンバー企業／メンバー企業…	・2つ以上のコアメンバー企業が存在する ・コアメンバー企業が戦略仮説を企画し，複数のメンバー企業に参画を呼びかける ・コアメンバー企業が中心になり，異業種メンバー企業が戦略を実行するために自発的に連携する ・メンバー企業の成果は新たなプラットフォームへの優先的な参加など，リーダー企業の成果は自社に有利なプラットフォームの構築
パートナーシップ型（3社以上）	パートナー企業・パートナー企業・パートナー企業	・3社以上の少数のパートナー企業での異業種連携戦略 ・パートナー企業間で戦略仮説を企画し，実行もする ・異業種連携戦略の成果は異業種でのジョイントベンチャーかアライアンスによる事業成果 ・アライアンスの破談，契約解消のリスクもある
パートナーシップ型（1対1）	パートナー企業・パートナー企業	・1対1のパートナー企業での異業種連携戦略 ・パートナー企業間で戦略仮説を企画し，実行もする ・異業種連携戦略の成果は異業種でのジョイントベンチャーかアライアンスによる事業成果 ・パートナー企業の影響を受けやすい ・アライアンスの破談，契約解消のリスクもある

場合，それぞれの強い経営資産を交換し，互いの企業価値を上げ，競争力を強化することが目的になると思われます。「パートナーシップ型」（1対1）デジタル異業種連携戦略の成果は，3社以上と同様，異業種でのジョイントベンチャー（資本提携×業務提携）か業務提携による事業成果です。交渉過程での提携の破談，提携契約後の契約解消のリスクの可能性もあります。

(2) 進行フェーズの全体を理解する

　デジタル異業種連携戦略は，複雑で高度で，環境変化に左右されることも多

第2章　デジタル異業種連携戦略とは　61

く，一企業単独の戦略と比較してマネジメントは簡単ではありません。そこで重要になるのが，デジタル異業種連携戦略プロジェクトの基本的な進め方，進行フェーズの全体像を大まかに掴んでおくことです。それには，大きく３つの重要ポイントが挙げられます。

【重要ポイント１】目先のことにとらわれないようにする

　戦略企画，実行の失敗の１つに，目先のことにとらわれすぎることがあります。デジタル異業種連携戦略プロジェクトでは，企画構想，交渉の過程で，プロジェクトと社内の組織との関係，当面の業績，利益，既存製品・サービスへの影響など「現在の問題」に直面しがちです。しかし，デジタル異業種連携戦略は未来の構造を考える取組みですから，「現在の問題」と切り離して考える必要があります。その上でデジタル異業種連携戦略の進め方の全体像をしっかり理解しておけば，「現在の問題」を今すぐ解決しなくても，フェーズのどこかで解決できる可能性を認識することができます。

　デジタル異業種連携戦略の全体像を理解することで，最終的な成果仮説のイメージである「結果の断面図」と，それに到達するまでのプロジェクトの進め方の「時間軸での展開ストーリー」を持つことができます。

【重要ポイント２】ビジネスの重要な要素を漏れなく素早く押さえ，タイムリーに決定する

　デジタルを基盤にしたネットビジネスでは，製造業などリアルビジネスと比較して，すべてのことが予想を超えたスピードで進められています。しかしそれは，基本的な手順をおろそかにすることとは違います。ECサイト，シェアリングサービスなど，異業種を巻き込んだネットビジネスで優れた業績を上げている経営者のほとんどは，ビジネスの重要な要素を漏れなく素早く押さえ，タイムリーに決定しているのです。

　ではなぜ速く，タイムリーなのでしょうか。それは異業種連携戦略の交渉プロセス，つまり異業種連携戦略の基本的な進行フェーズの全体像とそこで予想

される論点を明確に認識しているからです。決して直感だけで進めてはいません。必要なことのほとんどが理解され，複数のシナリオとしてある程度準備されているのです。これはデジタル異業種連携戦略の進行フェーズの全体像を理解しているからできることです。

【重要ポイント3】戦略企画と交渉の柔軟性を持たせる

現実のビジネス戦略の企画とその実行は極めて変化に富み，さまざまな内外の事象に影響を受けながら進められます。そういった中で成功のポイントとは，目指すべきビジョンとゴールを持ちつつ，それを実現させる過程で，いかに組織内外の環境変化に柔軟に対応し，またその偶然とも思える変化を活用していけるかです。この「柔軟な対応と偶然的な変化をも取り込むこと」は，重要ポイント1，2同様，複雑な戦略企画，交渉過程の推進フェーズと各フェーズの本質を理解していること，つまり進行フェーズの全体像を理解しているからできることです。

(3) 必要な10のマネジメント手法

デジタル異業種連携戦略の関係性のパターンの理解とフェーズの全体像を理解したところで，マネジメントの方法に関して解説します。ここでは10のマネジメント手法を解説します。

① 理念とビジョン，ゴールを共有する

デジタル異業種連携戦略は，複数の企業がIoTやAIといったデジタルインフラをベースにエコシステム・ビジネスモデルをつくることが狙いですが，それぞれの企業は産業領域や企業文化，企業規模が異なりますので，その意見をとりまとめるのは簡単ではありません。そこで重要なのは，プロジェクト初期の戦略仮説構想段階，具体的には，「準備フェーズ」や「アイデアソンフェーズ」でプロジェクトの理念とビジョン，ゴールを共有しておくことです。

フェーズが進むにつれ連携の条件も次第に明確になり，どうしても交渉の際

第2章 デジタル異業種連携戦略とは 63

にコンフリクト（利害対立）が起こりやすくなります。コンフリクトを解消するために必要となるのは，何のためにこのプロジェクトを行うのかという理念＝目的です。理念は，デジタル異業種連携戦略のすべての起点，いわばプロジェクトの憲法となりますのでとても重要です。しっかりと明文化し，参加メンバーはそれを強く意識し，戦略計画や契約に反映させなければなりません。またコンフリクトが生じた場合は，それを解決するために，照らすものとして理念を認識する必要があります。

　ビジョンやゴールは，理念を3年先，5年先とある一定の期日で達成するためにあるべき姿として具体的に掲げるものです。この理念，ビジョン，ゴールと言った上位概念がなければ，コンフリクトが生じても立ち戻れるところがないので，プロジェクトは空中分解する可能性が高くなります。したがって，理念，ビジョン，ゴールはデジタル異業種連携戦略プロジェクトでも早い段階で作成し，共有しておかなければなりません。

②　各社の経営資産に関する重要方針，制約条件をある程度明確にする

　デジタル異業種連携戦略は一種のアライアンス戦略です。アライアンス戦略とは一般的にパートナー企業同士の経営資産を相互に利用しあうことです。そこには各社の経営資産に関する重要方針，制約条件が絡んできます。この各社の戦略と方針，制約条件をプロジェクト中盤以降に出すと，もしそれがアライアンスをする上で重要なものであれば，プロジェクト全体に大きな影響を与えます。場合によっては破談となりかねません。したがって，少なくとも事業構想企画フェーズに入る前には，各社の経営資産に関する重要方針，制約条件などがある程度明確に提示されていなければなりません。

　各社の経営資産に関する重要方針，制約条件とは，具体的に以下のようなものです。

- ブランドなどの無形資産の利用
- 投資する資本金や消費する経費，土地や設備，知的財産などの財務的な資産の利用
- 販売権，営業拠点，販売チャネル，顧客などの利用
- 開発設計，生産，物流などの業務力の利用
- 研究開発，人・組織基盤，経営ノウハウなどの経営基盤の利用

もちろんすべてプロジェクト初期の段階で明確にすることは難しいのですが，プロジェクトの企画に関わる経営資産に関する重要方針，制約条件は，パートナー企業と機密保持契約を結ぶなどして明確にしておくべきです。

③　各パートナー企業・組織の組織体制とデジタル異業種連携戦略プロジェクト・組織体制とをつくる

デジタル異業種連携戦略プロジェクトでは2つの組織体制がなければ進みません。1つは，各社のプロジェクト組織体制と，もう1つはデジタル異業種連携戦略そのものを運営するためのプロジェクト組織体制です。

【各社の組織体制】

各社の組織体制で最低限必要なのは，会社として意思決定できるスポンサーとしての担当役員，プロジェクトリーダー，そしてプロジェクトに必要なメンバーです。プロジェクトに必要なメンバーはプロジェクトの特性によって異なりますが，宣伝・マーケティング，製品・技術，営業・顧客サポート，戦略企画，法務，知財などの各機能を担う人材です。この中のどの人材が欠けてもプロジェクト運営は難しいと思います。メンバーの担当機能は1人の人が複数掛け持ちしてもよいのですが，基本的にその機能に関する知識・スキルがあり，社内の関連部門と連携できなければなりません。

その他，担当役員の上には役員会があり，テーマによっては役員会が最終決定をすることになります。また，社内の関連機能部門との関係が重要な場合は，サポーターという名前で各関連機能部門の組織トップを入れ，意思決定に参加

図表2-14 各パートナー企業・組織の組織体制

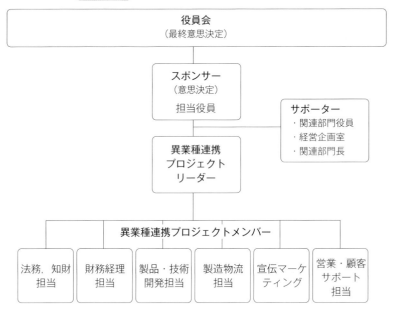

してもらいます。

【デジタル異業種連携戦略プロジェクトの組織体制】

　デジタル異業種連携戦略そのものを運営するためのプロジェクトの組織体制には，各社のプロジェクトリーダーで組織化されるいわばプロジェクトの役員会である運営委員会，その執行役であるプロジェクトリーダー，事務局が必要です。事務局には，中立的立場で動けるコンサルティング会社のような，プロジェクト組織運営のプロを入れるのがよいでしょう。

　実行部隊として，具体的なテーマを企画する各分科会とそのリーダー，メンバーが配置されます。分科会は，プロジェクト参加各社からの参加となります。

④　必要なヒト・モノ・カネのリソースを出し合う

　プロジェクトにはヒト・モノ・カネなどのリソースが必要です。ヒトはプロ

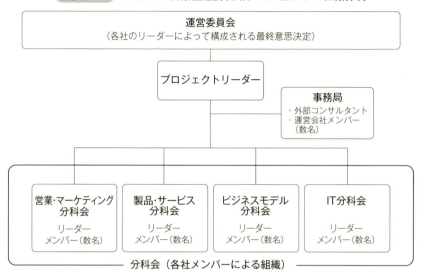

図表2-15　デジタル異業種連携戦略プロジェクトの組織体制

ジェクトに関する人材です。モノはプロジェクトルーム（専任がいる場合），会議室，PoC等を実施する場合は必要な設備機器などです。カネはプロジェクトに必要な経費です。PoCを実施するための経費，外部コンサルタント費用，ウェブサイトなど情報発信のための費用，その他会議費用などです。

　これらプロジェクトに必要なリソースは，各社が分担し，プロジェクトリーダーが責任をもって運用するのがよいでしょう。費用は，コンサルティング会社もしくは事務局が各社から徴収し，プロジェクト費用としてリーダーの指示の下で管理します。

　ヒト・モノ・カネのリソースを確保しないままのプロジェクトは，うまくいきません。プロジェクトに対する必要な支出とは，各社が対象プロジェクトに対する重要性の認識の表れであり，リソースを支出できないなら，重要性が低いと認識してよいでしょう。しかし多くの場合，それほど大きな負担を必要としません。1社で負担するより軽くて済むのがこのデジタル異業種連携戦略の良さでもあります。

第2章　デジタル異業種連携戦略とは　　67

また，ヒト・モノにしても，各社の強みを活用すればプロジェクトとして大変有利です。これも1社単独負担で行う場合を考えると大きな違いがわかります。「ヒト」の場合，専門家がいなければ，外部から新たに採用するか，外部コンサルティング会社などを起用しなければなりません。それがメンバー会社から探せるのであればコストを抑えることができます。モノ（設備）なども同様です。

⑤　参加する各社リーダー・担当者へ権限委譲する

　デジタル異業種連携戦略プロジェクトの大事なことは，企画や意思決定などのプロジェクト運営のスピードや柔軟性です。したがって，プロジェクトに参加する各社のリーダー・担当者へある程度権限委譲されていなければなりません。プロジェクトに関わることのすべてを，プロジェクトリーダーが上司や関連部門長に確認しなければいけないとなると，デジタル異業種連携戦略プロジェクトは進みません。デジタル異業種連携戦略プロジェクトは一種のベンチャー組織のように各社から自立して運営されるべきです。

　権限委譲のためにも，プロジェクトの初期段階で各社の戦略や重要方針，制約条件を確認し，またプロジェクトの理念，ビジョン，ゴールを共有します。

　必要なリソース投入に関してと同様，権限が委譲できないという会社があれば，デジタル異業種連携のプロジェクトに参加することは不可能ですし，参加したとしてもうまくいきません。そもそもその会社自体が外部との連携には向いていないのです。

⑥　効果的に機密保持契約を結ぶ

　デジタル異業種連携戦略では各社の機密保持をどのように考えるべきか，各社とも大変気になることです。機密保持契約はあまり厳しい内容で結ぶと，その後のプロジェクト運営や相互の信頼関係を維持するのが難しくなる可能性もあります。

【アイデアソンフェーズまでの機密保持契約】

　弊社のプロジェクト経験上では，アイデアソンフェーズの前半ぐらいまで，アイデアソンの会議の回数で言えば３回ぐらいまでは，機密保持無しもしくはかなり緩い保持で進めるのがよいと考えます。なぜなら，厳しく本格的な機密保持契約を結ぶと自由なアイデア交換ができず，またその契約を結ぶまで時間がかかったり，未だアイデアやコンセプトが明確でない段階ではそもそも何が各社の機密なのかが明確でなかったりするためです。

【事業構想企画フェーズの機密保持】

　しかし，戦略計画段階である「事業構想企画フェーズ」に入る際には，機密保持契約が必要になります。この段階では，議論の対象になる異業種連携での事業アイデアもある程度絞り込まれ，各社の関わりも利害関係も明確ですから契約内容を固めることができます。

　事業構想企画フェーズでの機密保持契約の項目は，**図表２-16**のような一般的な内容となります。難しいのが，その契約がすべての参加企業相互のものとなり，各社の利害関係を考えなければならない点です。細かなリスクを考えれば機密保持契約は結べず，デジタル異業種連携戦略プロジェクトには参加できません。

　この場合，実際のプロジェクトの現場では，３つのリスクの論点で整理します。

図表２-16　**事業構想企画フェーズでの機密保持契約の基本項目**

　１．機密保持の目的を設定する
　２．機密情報の定義、特定の方法，例外規定を設定する
　３．機密情報を開示する者の範囲と利用方法を限定する
　４．機密管理体制をつくる
　５．機密保持の期間を決める
　６．機密情報の返却，破棄の取り決めを行う
　７．違反した場合の効果を定める

1つは，万が一自社が離脱してしまい，その後，自社単独でデジタル異業種連携プロジェクトで議論したテーマと類似したビジネスを手がけ，機密保持契約違反で訴えられるリスクです。その場合は，損害金はいくらになるかが問題になります。損害賠償は，訴える側がその金額を特定しなければなりませんが，アライアンスプロジェクトなどでは，損害賠償算定が難しく，たとえ算定できたとしても裁判で認められる金額はごく一部でしかないと言われています。

　2つ目は，デジタル異業種連携戦略プロジェクトの失敗による会社の信頼へのダメージです。それぞれの会社の状況，考え方によりますが，デジタル化・ネット化社会では市場環境の移り変わりが激しく，外部との連携プロジェクトにおいて，会社全体の取引の信頼関係までを考慮してビジネスを行うことは現実的ではありません。

　3つ目は，離脱した企業が競合となり，機密保持で知り得た情報を利用して，自社もしくはデジタル異業種連携戦略が不利になるリスクです。その場合，損害賠償請求は多少の抑制力になりますが，結局はビジネスの競争そのものが重要で，特にデジタルをベースにした異業種連携戦略では，エコシステム・ビジネスモデルが次々と進化するので，損害賠償は無力であることがほとんどであると考えるのが妥当です。

　以上のことから，デジタル異業種連携戦略では，ビジネスの競争力に対し，機密保持の影響は限定的であり，あまり厳しい契約を結ぶことはかえって互いの自由度を下げることになることを理解しておかなければなりません。

【自社が製造業の場合に気をつけること】

　これまでどちらかと言えばクローズスタンスで事業を行ってきた製造業は，デジタル異業種連携戦略は，基本的にオープンイノベーションであるという観点を忘れて，自社が関わったものはできるだけ自社の知財にしたいという，過去の製造業の機密保持のスタンスを持ち込もうとし問題になるケースが多く見られます。あらかじめ，自社が守りたい知的財産の範囲とオープンにしてよい範囲に関して明確な方針を持つことが重要です。

もし皆さんの会社のビジネスがモノづくり中心であれば，デジタル異業種連携戦略プロジェクトの最中で，モノとの接点で発生が予想されるアイデアやノウハウは，単独もしくは共同で技術特許化しておくなど知財戦略が必要で，その領域やどのような知財が発生しうるかを先回りして想定しておくことが重要になります。

以上のようなことを考慮した機密保持契約に関する方針とは，

- 自社やパートナー企業・組織が過去から持つ知的財産は守る。
- デジタル異業種連携戦略プロジェクトの中で新たに発生するアイデア，ノウハウの外部流出の可能性はある程度覚悟する。
- ただし，皆さんの会社がモノづくり企業であり，その中核になるモノの周辺のアイデア，ノウハウがプロジェクトから生まれる可能性があれば，あらかじめ特許をとる，もしくは共同開発に持ち込むことを想定しておく。また，その対象領域，アイデアを先回りして想定しておく。

といったことです。

⑦　プロジェクト，フェーズの期限を切る

デジタル異業種連携戦略プロジェクトでは，ある程度の時間的制約が必要です。なぜなら完全な合意形成ができるまで議論をしていては，競合となる企業やプロジェクトに，スピード，タイミングで負けてしまうからです。時間や期間無制限の議論は質も低くなりがちです。したがって，デジタル異業種連携戦略では，原則的にプロジェクト，フェーズの期限を切ることが必須となります。もし期限内でプロジェクトそのもの，もしくは各フェーズが終了しない場合は，延長の期限を決めればよいのです。期限を決めることで，プロジェクトに参加している企業とメンバーが合意に向かって創造的な議論ができると考えられます。

時間を意識するために，毎回の会議でも，各アジェンダの議論に充てる時間を決めます。当然ですが，事前にファシリテーター役やタイムキーパー，書記

役を決め，会議ごとに結論と次のアクションを明確にし，それらを記録に残す
など，基本的な会議運営の方法を厳守します。このような会議のルールも決
まっていないようだと，毎回の会議もダラダラとしがちで，プロジェクト全体
も進まないケースがほとんどです。会議の規律は大変重要です。

⑧　プロジェクト参加に必要な知識・スキルセットを共有する

　デジタル異業種連携戦略プロジェクトにおける議論は高度な内容になり，そ
こで使用される戦略フレームワークも難しいものになります。たとえば，これ
までも紹介してきましたが，「エコシステム・ビジネスモデル戦略」「ビジネス
プラットフォーム」「情報プラットフォーム」「コア・コンピタンス戦略」「情
報・ノウハウのフィードバックループ」「顧客経験価値」などと言った比較的
新しい戦略フレームワークです。

　また，会議の進め方，議論の方法，アイデア発想方法，リーンスタートアッ
プなどの新事業開発プロジェクトマネジメントの知識やスキルも必要となりま
す。

　もちろんすべてを知っている必要はありませんが，少なくとも知らないこと
に出会ったならプロジェクト参加中に身につけ，現場で活用できるような学習
力がなければなりません。

　できれば，戦略フレームワークや新事業開発プロジェクトマネジメントの知
識・スキルは，パッケージされた知識・スキルセットとして事前に学習してお
くとよいでしょう。

　たとえば，事前の勉強会や合宿での研修を通じて，プロジェクトメンバー全
員で学び，共有しておくと大変効果的です。知識のギャップや言葉の違いは，
想像以上にプロジェクトの障害になります。それを事前研修や合宿研修を通じ
て共有することで，規律がつくられ，創造的なアイデアが生まれ，プロジェク
トの議論が活性化し，プロジェクト全体の生産性を高めることができます。

　デジタル異業種連携戦略プロジェクトに必要な知識・スキルセットとは以下
のようなものです。

【戦略フレームワーク】

- MBAコースで学ぶ一般的な戦略フレームワーク

  ファイブフォース分析，SWOT分析，K・F・S（事業成功の鍵）分析，ドメイン戦略，市場ポジショニング，バリュー・チェーン分析，ブランド戦略，ターゲティングやマーケティングミックス戦略など

- デジタル化に必要な戦略フレームワーク

  エコシステム・ビジネスモデル戦略フレームワーク
  ビジネスプラットフォーム，ITプラットフォーム

- 新市場創造に必要な戦略フレームワーク

  顧客経験価値，ブルーオーシャン戦略，破壊的イノベーション，オープンイノベーションなど

【新事業開発プロジェクトマネジメント】

- アイデアソンの進め方
- ファシリテーションなどの会議運営のスキル
- プロジェクトマネジメント
- ブレークスループロジェクト（困難な状況での思考とアクション）
- リーンスタートアップ
- PoC（Proof of Concept：コンセプト実証）
- VE（価値工学）TQC，TQMなどの品質工学的な知識
- 利益計画（財務会計）など

⑨ 相互理解，相互学習を進めるイベントを行い，チームビルディングを心がける

　デジタル異業種連携戦略プロジェクトでは，この連携プロジェクト自体が1つの独立したバーチャルカンパニーのようにならなければいけません。したがって，所属する会社や組織とは異なる外部メンバーのチームビルディングが必要です。チームビルディングには，プロジェクトの理念，ビジョン，ゴールを共有することが必須ですが，さらに相互理解，相互学習を進めるためのイベントがプロジェクトの初期の段階で必要となります。そこでいくつかの効果的なチームビルディングのためのイベントを紹介します。

【異業種ベンチマーキング訪問】

　異業種ベンチマーキング訪問とは，優れた業績を持つ異業種企業・組織の仕事の仕方・考え方を，実際にその企業・組織を訪問し，ヒアリングして学ぶことです。一般の戦略企画でも頻繁に活用します。この異業種ベンチマーキング訪問は，デジタル異業種連携戦略プロジェクトのチームビルディングにおいて大変効果的です。これまであまり知らなかった異業種のことを相互に学び理解する絶好の機会になるからです。

　たとえば，製造業であればショールームや工場を見学するのが効果的です。訪問先企業の経営トップに講話を依頼するのもよいでしょう。そういった場を通じて，各企業の置かれた環境や強みを深く理解，学習し，プロジェクトに反映させることが大切です。特に"強み"は，自分たちには当たり前のことに思え高く評価していなくても，外部から見たら価値がある可能性があり，プロジェクトに活かせるかもしれません。少し時間はかかりますが，機会を見てプロジェクト参加企業すべてのベンチマーク訪問を行うとよいでしょう。

【プロジェクト合宿】

　前述の「⑧プロジェクト参加に必要な知識・スキルセットを共有する」でも紹介しましたが，知識・スキルセットの共有のためのプロジェクト合宿は，効果的なチームビルディングにもなります。知識・スキルセットの共有以外の目的，たとえば，プロジェクトの戦略仮説の企画を合宿で行うのもよいでしょう。

　一般的にプロジェクト合宿は，2日程度，郊外にある企業の宿泊施設またはホテルなどで泊まりがけで行います。人と人とは2日以上泊まりがけで時間を共有すると距離が一気に縮まります。プロジェクトの議論だけでなく，ちょっとしたハイキングやレクリエーション，夜の懇親会などを入れることで，メンバー相互の個性や人柄を知ることができます。

【テーマ勉強会，分科会】

　プロジェクトに関連するテーマを決めて互いの知識を高め合う勉強会を行う

ことや，プロジェクトのサブテーマを決めて企業横断で分科会を行うことなども，チームビルディングに効果的です。

　勉強会や分科会は，比較的小さなイベントであるため，若手の人材育成にも効果があります。互いにオープンな学ぶ場をつくり，そこで若手を育成することは，メンバー間の信頼関係を強くしますので，チームビルディング上効果的です。

⑩　スタートアップの組織文化を醸成する

　デジタル異業種連携戦略プロジェクトでは，プロジェクトそのものが新規事業であることに加え，各業界の文化や企業戦略の違いから発生するさまざまな困難が予想されます。その一方で，各社の充実したリソースにアクセスできることや，それらを組み合わせることで，単独のベンチャー企業がなし得ない競争力の高いエコシステム・ビジネスモデルを構築できる魅力もあります。

　そこでプロジェクトの組織そのものが，困難に打ち勝つ意識，思考，行動が必要となります。ここではそれらを総称し"スタートアップの組織文化"と呼びます。いかにその"スタートアップの組織文化"を持てるかが成功の鍵と言えます。

　デジタル異業種連携戦略におけるスタートアップの組織文化の重要なポイントは以下の5つです。

【スタートアップの組織文化1】行動力で壁を突破

　企業の差別化はさまざまな困難に直面した際に「行動」して得られる独自のノウハウです。頭で考えた理論的な答えではありません。顧客の現場・競争の現場は，頭で考えた通りになることは少ないのです。弊社ではこの行動から得られる独自の答えを「行動解」と呼び，重視しています。知識をたくさん持つ優秀な人は，「理論解」を求めがちです。デジタル異業種連携戦略で挑戦する新規事業では，この「行動解」が必須です。

　「行動解」を見出すためには，何が問題・課題となるか，つまり何が壁かを

第2章　デジタル異業種連携戦略とは　　75

"前向きに意識して",その壁を突破するために試行錯誤を厭わないことが大切です。壁を突破するまで,発想や手法をあの手この手を変えて行動し続けることが求められます。そのためには失敗を楽しむ気持ちを持たなければなりません。一見失敗と思われることから何かを発見・学習し,新たな取り組み方法を考え挑戦し直すことが,独自の行動解を見出すことに繋がります。

【スタートアップの組織文化2】オープン&ダイバーシティの維持・向上

デジタル異業種連携戦略では,ひとたびプロジェクトが始まれば,互いの会社やメンバーの関係は対等でなければなりません。なぜなら,対等な関係で自由にアイデアや意見を言える環境をつくっておかないと,業界を超えた顧客や競合の変化の動向などの最新の情報を共有することが難しくなり,その結果,意思決定も失敗する可能性があるからです。プロジェクト組織のオープンさとダイバーシティをいかに維持・向上できるかが,プロジェクトの成否に関わることであることを認識しなければなりません。

プロジェクト内で,ある1つないし特定のいくつかの企業や組織がその他の企業に対して支配的になるのは大変危険です。特に既存ビジネスで最終需要者に近い川下に立つ企業は発注者姿勢になりがちです。いったん支配的な姿勢を出してしまうと,一気にプロジェクトの情報は一方向に流れる傾向が強くなり

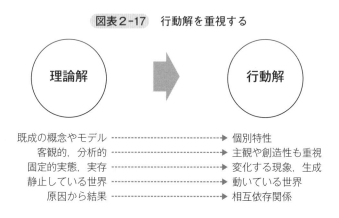

図表2-17　行動解を重視する

図表2-18 パートナー企業・組織の関係は対等でなければいけない

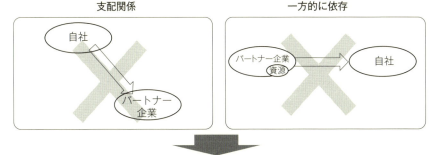

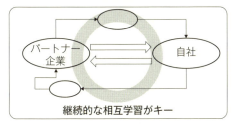

ます。多くの参加企業メンバーは受け身になり、感じたこと、考えたこと、新たなアイデアを発信しなくなります。組織全体が管理志向となり、創発的（ボトムアップ）なムードはなくなります。

　プロジェクト組織のオープンさとダイバーシティを維持・向上させるためには、前述したとおり公式の会議体を決め、会議ではファシリテーターを持ち回りで担当し、参加者の発言を引き出すことに努力するなど、ディスカッションや意思決定に関する細かなことにも気をつけるべきです。また組織運営で問題に気がついたら、気軽に報告し合える仕組みをつくっておくとよいでしょう。

【スタートアップの組織文化3】相互協力によるリスクバランス

　デジタル異業種連携戦略などのアライアンスプロジェクトでは、自社だけが得をし、パートナー企業がリスクを負うようなアンバランスな状況は避けなければなりません。なぜなら、そのような状態を続けていると連携そのものが崩

れてしまうからです。

そこで重要なのは，プロジェクト組織が一体となって，他の企業・組織と比較して過剰なリスクを背負う企業を早期に見つけ，協力してそのリスクを下げるリスクバランスのための努力をすることです。

たとえば，異業種でジョイントベンチャーを立ち上げる場合，そのジョイントベンチャーがあるパートナー企業の顧客のビジネスと競合してしまう場合等です。他の会社はそれほどリスクがありませんが，そのある１社だけが顧客とのコンフリクトというリスクを負ってしまいます。そのような場合，リスクを負う１企業だけでなく，参加企業全社，プロジェクトメンバー全員で解決策を考えることが必要です。１社では解決できないことも，どこかの企業もしくはプロジェクト全体で取り組めば解決する可能性は高まります。

このように，常に参加企業のリスクがバランスよく分散されているかを考え，リスクが偏重した場合は，プロジェクト全体としてその解決策に取り組むことが大切です。

【スタートアップの組織文化４】ポジティブフィードバック

人間関係でも良い関係構築の基本は，いかなる状況であってもポジティブなフィードバック，簡単に言えば前向きな対話を行うことです。デジタル異業種連携戦略プロジェクトでも同様です。パートナー企業・組織に対しネガティブな発言をすると，相手もネガティブな発言で返す傾向になります。ポジティブなフィードバックをすればポジティブなフィードバックが返ってきます。

プロジェクトで効果的なポジティブフィードバックの方法の１つは，自社以外のパートナー企業・組織の若手メンバーを褒めることです。メンバーを褒められた上司や同じ会社の年長者は自分が褒められたような気持ちになり，ポジティブなフィードバックが組織全体に伝わります。また他のメンバーを褒めるために，他のパートナー企業・組織のメンバーの育成を積極的に行うようになります。他のパートナー企業の人に自分の部下や同僚の育成を行ってもらえば，それは大変ありがたい話です。こうして，メンバーに対する感謝の気持ち

図表2-19 参加企業のリーダー，メンバーが互いにポジティブフィードバックを行う

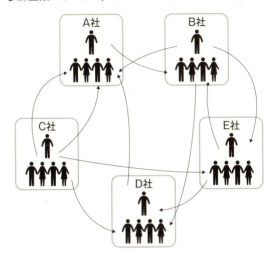

がより一層高まります。

　このように会社や組織の垣根を超えて育成やコーチングを行うと，プロジェクト全体の積極性が高まり，一体感が生まれます。

【スタートアップの組織文化5】異なるものから独自性を創造する

　異業種連携戦略プロジェクトの本質は，異なる強みや企業文化を組み合わせ，融合することから独自のものを創造するところにあります。しかし，ともするとパートナー企業・組織の「強み」がマイナスの方向に働きかねません。人や組織は慣れ親しんだ考え方や手段で仕事を進めたがるのが常です。特に議論が行き詰まって究極の判断を要する場面では，その傾向が強くなりがちです。

　そこで，異業種連携戦略プロジェクトでは，常に「異なるものから独自性を創造する」精神を失ってはいけません。そのためにはいくつか強く意識しておくべきことがあります。

　1つ目は他のパートナー企業・組織とそのリーダー，メンバー個人から学ぶ姿勢を忘れないことです。相手から学ぶことは，他のパートナー企業・組織の

独自性を理解し，自社に取り込むきっかけになります。

　2つ目は競合他社やそのエコシステム・ビジネスモデルとの差別化，独自性を強く意識することです。競合との差別化を考えると，1社では勝てません。パートナー企業・組織の独自性を活用する意識が自然と働きます。

　3つ目はプロジェクト内に，各パートナー企業・組織のいいとこ取りをした独自の「しきたり」をつくることです。小さなことでもパートナー企業・組織の独自性を活用したことにより成功が見えると，その面白さや魅力に気づき，メンバーが独自性を追求したくなります。

　このようにデジタル異業種連携戦略プロジェクトでは，これまで述べたような小さなことをしっかり積み上げ，どんな状態にあっても協力し合い独自性を追発揮できる思考，意識，行動を根付かせることが大切です。

第3章

仮説構想段階

1 | 3段階，7フェーズを実践的に学ぶ

第1章ではデジタル異業種連携戦略の背景認識として，デジタル化による既存市場の破壊とイノベーションの本質，第2章ではデジタル異業種連携戦略とは何かと題し，その全体像や戦略パターン，成功のためのマネジメント方法などを説明してきました。ここまでで，デジタル異業種連携戦略とは何かがおおよそ理解できたかと思います。第3章以降ではそのデジタル異業種連携戦略の実践的な進め方を3段階，7フェーズに分けて詳しく解説します。

この3段階，7フェーズは，読者の皆さんが実践でデジタル異業種連携戦略を進める方法，ノウハウですので，皆さんが想定する具体的なテーマ，パートナー企業をイメージして読んでいただければ効果的であると思います。

図表3-1　デジタル異業種連携戦略プロジェクトの段階とフェーズ

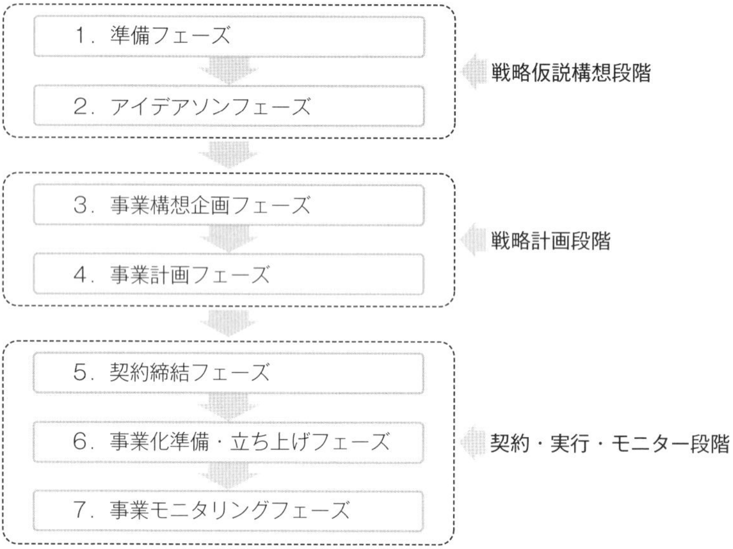

1．準備フェーズ	戦略仮説構想段階
2．アイデアソンフェーズ	

3．事業構想企画フェーズ	戦略計画段階
4．事業計画フェーズ	

5．契約締結フェーズ	契約・実行・モニター段階
6．事業化準備・立ち上げフェーズ	
7．事業モニタリングフェーズ	

2 戦略仮説構想段階とは

　デジタル異業種連携戦略プロジェクトの一番最初の戦略仮説構想段階とは，パートナー企業・組織と機密保持契約を締結する前の段階で，準備フェーズとアイデアソンフェーズが含まれます。

　機密保持契約締結前であっても，デジタル異業種連携戦略に必要なパートナー企業・組織を選別したり，仮説ではあっても戦略の基本骨子を議論し，構想したりするなど，重要な作業が含まれています。

　ただし，機密保持契約を結んでいませんので，プロジェクトを解散したり，パートナー企業・組織を入れ替えたり，追加したりすることも可能な段階です。

3 準備フェーズ

　準備フェーズとは，デジタル異業種連携戦略を本格的に仕掛ける前の準備のフェーズです。準備フェーズは，デジタル異業種連携戦略プロジェクトの中心になる多くとも3社以内のコアメンバー企業・組織で，場合によっては1社で行います。

　デジタル異業種連携戦略は，複数の企業が参加するプロジェクトでマネジメントが難しいため，この準備フェーズをしっかり進めておくことが大変重要です。

(1) 仮説を議論する

　新規事業を含む戦略の企画で大事なことは，最初の段階で明確な仮説を持つことです。戦略企画となると市場調査から始めるように思われがちですが，仮説がないままで市場調査に入ると，膨大な情報の洪水で溺れてしまい混乱する

図表3-2　コアになるパートナー企業・組織での仮説の議論

第3章　仮説構想段階　83

だけです。実際には，事前に情報や知識もなく仮説を構想することはありません。普段から自分の関わる仕事において，ありたい姿や高い問題意識，解決策の着眼などについて情報収集し，考えていれば仮説は持てるのです。

　筆者はプロジェクトに関わる際，「仮説が持てないのであればそのテーマを取り上げるのはやめた方がよい」とコメントする場合があります。それは決して企画するメンバーに実力がないわけではありません。「仮説を持てないテーマ領域で企画をしても競争で勝てないので，仮説を持てるテーマ領域で企画をすべき」ということです。

　さて，どこまで企画したら仮説なのでしょうか。仮説と本企画の境界は曖昧です。筆者はプロジェクトの経験から，**図表3-3**のような課題仮説シートがおおよそ埋まれば仮説が立ったということにしています。

　課題仮説シートは，フォーマットの上半分の背景部分と下半分の戦略仮説部分との，大きく2つに分かれます。

　背景部分ではまず，課題のテーマに関するマクロトレンド，問題意識，テーマ，社会課題を議論します。マクロトレンドとは，テーマに関する政治動向（Politics），経済動向（Economics）社会動向（Society）技術動向（Technology），いわゆるPEST分析の視点で重要な変化を議論し，キーワードを出します。問題意識とはこのテーマに取り組むにあたって"問題である"と強く感じることです。問題意識は，理念的なもの，ありたい姿がある程度イメージできていないと想起できません。

　次に社会課題，テーマに関する社会的視点での課題を出します。テーマに関して社会課題を考える必要性に関しては，「第2章2⑴「社会課題の俯瞰と常識を超えた壮大な夢を持つ」で詳説したので割愛しますが，広くそして強い社会的視点を持ってテーマを考えないと，有力なパートナーは引きつけられないし，またイノベーションを起こすプロジェクトにはなりません。そしてテーマを短い言葉で表現します。テーマとは，範囲と目的，可能であれば目標のような具体的な到達レベルなどが含まれたものが表現されていればいいでしょう。

　下半分の戦略仮説部分とは，デジタル異業種連携戦略の重要なコンセプト部

図表3-3　課題仮説シート

マクロトレンド
- P ・増税
  - ・年金改正法
- E ・生活水準の向上
  - ・物価高騰
- S ・ペットブーム
  - ・共働き家庭の増加
  - ・少子化/子なし婚
    （DINKs）増加
  - ・生活水準の向上
- T ・AIやIoT製品の進化
  - ・クラウド化
  - ・ペット医療の発達
  - ・ペットの健康管理情報
  - ・ケア用品の充実

問題意識
- ・ペットの寿命と健康寿命の間に乖離がある
- ・留守中のペットの様子を見守りたい
- ・異変をいち早く探知し，予防や早期治療につなげ医療費を軽減したい

社会課題
- ・ペットの高齢化，介護
- ・ペットロス
- ・ペットに関する近所トラブルの増加
- ・動物虐待問題
- ・犬猫の殺処分
- ・死亡したペットの遺体処理問題
- ・疫病の可能性

テーマ
ペットの健康寿命延伸，コミュニケーション向上による飼い主とペットの幸福度最大化によるペット共生社会の創造

コアコンピタンスのネットワーク
- ・通信会社による「ペットデータ通信」
- ・デバイスメーカーによる「ペットセンシング・見守り技術」
- ・製薬企業による「ペット予防，治療薬」
- ・生命保険会社による「ペット保障」
- ・ペットフード業界による「健康食」「介護食」
- ・ペット用品メーカーによる「新商品開発」
- ・大学，医療機関による「分析」「研究」
- ・高齢者施設による「ペット介護」

顧客提供価値
- ・感情認識，通訳機能によるペットとのコミュニケーションによる喜び
- ・ペットの健康モニタリング，異常の早期発見による健康増進
- ・ペットの健康寿命延伸による介護負荷軽減
- ・ペットの生涯サポートによる安心
- ・生涯にわたる包括的な定額サービス利用による利便性，トータルコスト減

市場イノベーション
- ・ペットの健康データ流通確立，新市場形成
- ・飼い主のサービス加入率80%超（利用者）
- ・サービス加入企業・団体の倍増（提供者）
- ・ペットの医療費半減（生命保険）
- ・ビッグデータ化による新規知見獲得，開発スピードの倍増（提供者）
- ・投入サービスの倍増（提供者）

分で，これも第2章で説明した，コア・コンピタンスのネットワーク，顧客提供価値，市場イノベーションの3つの要素です（第2章2(2)(3)(4)）。

　繰り返しになりますが，コア・コンピタンスのネットワークとは，自社ならびに想定されるパートナー企業・組織の強みを組み合わせたことによってつくられる独自の強みです。このネットワークされた独自の強みが，テーマ領域において他にないもので，世界ナンバーワンでなければなりません。

　顧客提供価値とは，この強いコア・コンピタンスのネットワークが生み出す製品・サービスの価値です。この価値が他社と比較して2倍以上を目指して議

論します。企画段階で価値が２倍以下であれば，実際の市場では，その価値は顧客や他の企業，業界に吸い取られ，あまりインパクトが出せない可能性があります。構想段階から大胆で破壊的な価値企画ができなければなりません。

　市場イノベーションとは，既存市場そのものを大胆に破壊することです。具体的には，市場に参加するプレイヤーが半分入れ替わるもしくは２倍以上増えることが最低条件です。これも顧客価値同様に破壊的でなければ市場ではほとんどプレゼンスを出すことはできません。

　以上の仮説は，キーワードや箇条書きの文章レベルで立てられれば問題ありません。お勧めなのは，アイデアソン形式で時間を区切ってブレーンストーミングを行い，ポストイットを使って皆でアイデアを出し合い，合成していくことです。

　議論は全部で120分程度を見込んでおくといいでしょう。上半分が60分，下半分が60分というのが目安です。仮説はどこまで議論しても終わりがありませんので，区切った時間内に出せたものを仮説とします。

(2)　問題意識を確認し理念を明確にする

　仮説段階の問題意識をより深めた上で，デジタル異業種連携戦略プロジェクトの理念を考えます。異なる産業の複数の企業が参加する異業種連携戦略ではこの理念が大変重要です。理念とは，なぜこのプロジェクトを行うのかというフィロソフィーであり，目的です。この強い問題意識を背景にした理念が，背景，企業文化などが異なる異業種企業の連携の牽引の要となる，いわばプロジェクトの"憲法"です。

　この理念をプロジェクト初期の段階で共有しておくことは大事なことです。プロジェクトが進むにつれ，判断に迷ったり，利害が対立したりした場合に，プロジェクトの憲法であるこの理念に戻って課題や問題を検討するのです。もし理念が無ければ戻るところがありませんので，判断がその都度変わったり，利害が対立した場合は条件闘争になる可能性もあります。

　理念は，「どのような背景・問題意識で」「誰のために」「何を目的として」

図表3-4　プロジェクトの理念・行動指針シート

プロジェクトの理念

➤どのような背景・ 　問題意識で ➤誰のために ➤何を目的として ➤どのような条件で ➤何をするか	• ペットの家族化が進み， • フードやケア用品の高級化で飼育コストが嵩み，家計を圧迫し， • ペットの長寿命化により医療費も増大し，介護問題も発生している現状において， • 犬，猫のペットと飼い主のために， • 生涯飼育費用を抑えながらペットと飼い主の幸福度を高めるセンシングおよびペット健康データ利活用によって， • 最適な保険，フード，飼育用品などを定額で提供し（一部オプションあり），データ流通による新たなエコシステム・ビジネスモデルを形成する

プロジェクトの行動指針

➤思考・意識の原則 ➤行動の原則	• 顧客を（飼い主，ペット）起点に，異業種連携で他にない発想・思考で，圧倒的な顧客提供価値を創造する • 情報をベースにした新たなペットエコシステム・ビジネスモデルを創造する • 大胆な仮説をリーンスタートアップ方式でスピーディーに検証し，早期に事業スタートアップを図る

「どのような条件で」「何をするか」といったことで構成されます。理念を具体的なイメージにし，目標を加えたものをビジョンと呼びます。準備フェーズの段階ではビジョンまでは構想しません。理念で留めておきます。ビジョンはパートナー企業・組織が出そろったところで議論します。そのためにも理念は，自社もしくはコアメンバー企業で考えておきます。

　理念を具体的な意識，思考，行動の原則にしたものを「行動指針」と呼びます。行動指針を作成するのも，プロジェクトの組織文化をつくり上げていく上では効果的です。

(3)　必要な企業，組織をリストアップし，選択する

　プロジェクトのパートナー企業や組織は，「すでにコンタクトのあるところから交渉する」ではなく，基本的に戦略仮説から条件を検討し，それにあった

企業，組織をリストアップし，評価・選択します。

　すでに接点のある企業・組織はその特性やプロジェクト参加可能性もある程度わかるので，すぐにでもコンタクトしたくなるところですが，本当にデジタル異業種連携戦略プロジェクトの仮説に合っているのかどうかはわかりません。そこで**図表3-5**のような「パートナー企業・組織評価シート」を作成します。

　パートナー企業・組織の評価視点は，主に戦略仮説，企業特性，アクセス可能性です。戦略仮説は，前述した，コア・コンピタンスのネットワーク，顧客提供価値，市場イノベーションの3つの基本要素について評価内容を企画します。**図表3-4**の評価内容はあくまでも例です。評価内容の項目数も決められていません。企業特性とは，企業規模，成長性，ブランド力，機動力，トップの意思決定の速さなど，このプロジェクトに求められる企業特性項目です。これもそれぞれのプロジェクトに合わせて評価内容を企画します。最後はアクセス可能性です。アクセス可能性とは，自社が現段階でパートナー候補企業にアクセスできるかどうかの可能性を評価します。

　評価内容が決まれば，パートナー候補企業をリストアップします。その際ネットなどで調べたり，周りでパートナー候補企業周辺の情報に詳しそうな人からヒアリングするなどの簡単な調査が必要です。

　企業や組織を調査し，リストアップされたら，自社プロジェクトメンバー全員で議論し，評価します。評価点は，たとえば0点，1点，2点，…5点など何かしらの尺度をつけて合計点を出します。評価点はあくまで参考です。合計点を見ながらプロジェクトメンバーで総合的に議論して決めます。決めきれない場合は，同じミッションを持つパートナー候補企業・組織を複数社並行してコンタクトし交渉する場合もあります。

図表3-5　パートナー企業・組織評価シート

評価視点		評価内容（例）	企業・組織候補				
			B社（生命保険）	C社（生命保険）	D社（ペットフード）	E社（センサ）	F社（センサ）
戦略仮説	コアコンピタンスのネットワーク	コアコンピタンスの優位性	3 ネット活用による安さ	5 ペット保険パイオニア	5 大規模自社研究所	5 センサ種類、開発力	5 小型化、非接触技術
		コアコンピタンス有用度		5 手厚い保障、知見	5	5 開発スピードの速さ	4
	顧客提供価値	顧客ベネフィット貢献度	4	5	4	4	4
		顧客コスト負担軽減度	5 保険料が安い	3 保険料が高い	4	3 インターフェース要工夫	5 ユーザーファーストなセンサ
	市場イノベーション	市場イノベーションへのインパクト	5 国内トップシェア	4	4	4	4
		情報フィードバックの可能性	3	4 データ蓄積、分析力	5	3	1 分析サポート弱い、独立システム
企業特性		グローバル展開力	3	5 米国本社グローバル企業	4 アジア中心	3 国内中心ベンチャー	4 時計で認知度高い
		ブランド力	4 トップシェアで認知度高い	5	4 アジア圏認知度高い	3	5
		意思決定の速さ	5 ベンチャー気質	1	4 業界内では速い	5 ベンチャー気質	3 業界内でも遅い
アクセス可能性		自社ネットワークの有無	2	4	4	3	5 グループ企業ネットワーク
総合評価			37 ネット保険で安価だがノウハウ乏しい	45 グローバルシェアトップでノウハウ豊富	43	38	40

(4) 各フェーズの主な実施項目を決める

　準備フェーズの段階で，デジタル異業種連携戦略プロジェクトの契約提携フェーズまでの主な実施項目を想定し，決めておく必要があります。プロジェクト全体の実施作業をブレイクダウンしておくことは，社内プロジェクト同様に異業種連携戦略プロジェクトでも大事です。異業種企業を巻き込むデジタル異業種連携戦略ではプロジェクト運営が複雑になりますので，プロジェクト準備段階で実施項目をできるだけ詳細にブレイクダウンしておくことが大事です。

　プロジェクトの実施項目のブレイクダウンのコツは，積み上げで発想するのではなく，検討の終わりの契約締結フェーズからバックキャストで発想するこ

第3章　仮説構想段階　89

とです。しかし，プロジェクトの実施項目はイメージし難く，かつ専門的な部部分も多く存在します。プロジェクトメンバーだけではブレイクダウンが難しいでしょう。そこで大事なのは社内外の専門家を招集して，デジタル異業種連携戦略の仮説を説明し，各専門家の視点で実施すべきこととそこで必要な専門知識，人材に関してのアドバイスやアイデアをもらうことです。この時にアドバイスをもらった社内外のメンバーは，自社のプロジェクトメンバーになる可能性が高いと言えます。社内としては，経営・事業企画，技術開発，営業・マーケティング，法務・知財などの部門のメンバーで，社外はアライアンスに詳しい経営・ビジネスコンサルタント，弁護士，その他専門知識を持った大学の研究者などです。

　各フェーズの基本的な実施項目は以下のようなものです。読者の皆さんのテーマに合わせ，以下の実施項目を具体的に変えていただければと思います。詳しい検討内容に関しては，各フェーズの紹介で解説します。

図表3-6　各フェーズの実施項目シート

フェーズ	主な実施項目	
1．準備フェーズ	・コアメンバーの招集，組織化 ・異業種モデル仮説設定 ・問題意識と理念の明確化 ・パートナー候補リストアップ，評価	・打診・交渉用資料作成 ・機密保持の方針企画 ・プロジェクト組織の企画 ・パートナー候補への打診・交渉
2．アイデアソンフェーズ	・アイデアソン実施計画書の作成 ・戦略仮説設定（エコシステム・ビジネスモデル，顧客提供価値，コアコンピタンス	・アイデアソンの目的・ゴール設定 ・データ共有方法検討 ・アイデアソン実施（全3回） ・アイデアソンまとめ分析
3．事業構想企画フェーズ	・アイデアソンでの検討事項まとめ ・事業構想フェーズ参加者見直し，参加依頼 ・機密保持契約の作成と締結 ・事業構想フェーズの進め方，実施項目の確認	・事業構想の策定ワークショップ実施内容の企画，実施（全5回） ・事業開発ロードマップ ・事業計画フェーズのアクションプランと実行組織体制
4．事業計画フェーズ	・市場詳細分析 ・事業形態と出資比率，機関設計（意思決定）等のガバナンスの設計 ・投資計画，経費計画作成	・売上計画 ・利益計画 ・事業展開シナリオ ・リスク分析
5．契約締結フェーズ	・契約条件検討，合意（契約目的と戦略ビジョン・事業形態確認，連携対象・経営資産使用範囲・経営資産交換条件明確化，経営資産品質保証，契約期間と解消方法）	・契約書作成 ・契約締結

1．準備フェーズの主な実施項目

- コアメンバーの招集，組織化
- デジタル異業種連携戦略の仮説
- 問題意識と理念の明確化
- アライアンスパートナー候補企業・組織のリストアップ
- アライアンスパートナー候補企業・組織の評価・優先順位付け
- 打診・交渉のためのドキュメント作成
  - エコシステムレベル，ビジネスモデルレベル，プロジェクト企画レベル
- 機密保持の方針企画
- プロジェクト組織の企画
- パートナー企業・組織への打診・交渉

2．アイデアソンフェーズの主な実施項目

- アイデアソンの実施計画書の作成
  - 前提となる戦略仮説（エコシステム・ビジネスモデル，顧客提供価値，コア・コンピタンスなど）
  - アイデアソンの目的・ゴール
    - 主な参加企業
    - 最終アウトプット項目
    - ステップ1から3の実施項目
    - 参加メンバーの要件
    - 実施日時，場所　など
- アイデアソンまとめ分析

3．事業構想企画フェーズの主な実施項目

- アイデアソンフェーズでの検討事項のまとめと確認
- 事業構想企画フェーズ参加企業・組織の見直し，参加依頼
- 機密保持契約の作成と締結
- 事業構想企画フェーズの進め方，実施項目の確認
- 事業構想の策定ワークショップ実施内容の企画（5回程度）
  - 事業の目的，理念
  - 市場調査（マクロ環境，顧客，競合）
  - 参加企業のコア・コンピタンスの分析
  - SWOT分析とK・F・S（事業成功の鍵）分析
  - 事業戦略構想
    - 財務目標
    - 事業ビジョン，ミッション
    - 事業ドメイン，市場ポジショニング
    - ビジネスモデル戦略
    - サービス・製品・リリースと顧客提供価値戦略
    - マーケティング戦略（価格，パートナー，ブランド戦略など）

- ・プロセス，システムなどのオペレーションの設計
- ・参加各社の役割分担と経営資産の確認
- ・事業・組織形態（JV，ベンチャー投資，アライアンスなど）
- ・粗方の投資計画，利益計画
- ・リスク分析
- ●事業開発ロードマップ
- ●事業計画フェーズのアクションプランと実行組織体制

4．事業計画フェーズの主な実施項目

- ●市場分析（市場，顧客，競合など）の詳細分析
- ●事業形態と出資比率，機関設計（意思決定）等のガバナンスの設計
- ●投資計画，経費計画
- ●売上計画
- ●利益計画
- ●事業展開シナリオ
- ●リスク分析

5．契約締結フェーズの実施項目

- ●契約条件の検討，合意
- ●契約（デジタル異業種連携戦略）の目的と戦略ビジョンの確認
  - ・事業形態の確認
  - ・連携対象の経営資産の明確化
  - ・経営資産使用範囲の明確化
  - ・経営資産交換条件の明確化
  - ・経営資産品質の保証
  - ・契約期間と契約解消の方法
- ●契約書作成
- ●契約締結

⑸　機密保持契約に関する方針を決める

　アイデアソンフェーズ，事業構想企画フェーズの機密保持契約は，「第2章5⑶⑥効果的に機密保持契約を結ぶこと」を参考にして方針を作成しておきます。2章でも説明したとおり，デジタル異業種連携戦略では，ビジネスモデルを支えるアプリケーションプログラムなどのアイデア，ノウハウを機密として守るのは難しいのが現実です。そのために，厳しい機密保持契約書を作りパートナー企業・組織に提出した場合，参加を拒否されるか，参加してもスムーズ

にプロジェクトが進まない可能性があります。そのあたりを十分考慮しなければなりません。

　また方針を考える際に重要なのは，それぞれのフェーズのどの領域でどのようなアイデア，ノウハウが出できそうかを先回りして想定しておくことです。もし共同開発に持ち込んだ際に自社が不利になりそうであれば，自社単独で企画開発して特許化するなど，知財の主張ができるようにしておくことです。もしそれが難しければ，共同開発に持ち込むだけの知識，アイデアを事前に準備し，機密保持契約締結の際に主張できるようにしておくことが必要です。

(6)　プロジェクト組織をつくる

　デジタル異業種連携戦略のプロジェクト組織は，「第2章5(3)③各パートナー企業・組織の組織体制とデジタル異業種連携戦略プロジェクト・組織体制とをつくる」を参考に，自社および各社のプロジェクト組織と，デジタル異業種連携戦略プロジェクト全体の組織をつくります。

　実際にプロジェクト組織をつくる上で重要なことは3つあります。

　1つは，プロジェクト参加者がプロジェクトにどれぐらいの時間を割けるかを，できるだけ明確にすることです。実際，プロジェクトがスタートしてから会社内での業務担当が変わり，プロジェクトに時間が割けず，プロジェクトの進行に支障が出るケースもよくあります。そのようなことを防ぐためには，あらかじめ作業内容，量，必要時間などをできるだけ明確にし，提示する必要があります。

　2つ目は各社のプロジェクトリーダー，デジタル異業種連携戦略プロジェクト全体のプロジェクトリーダーの能力・スキルです。デジタル異業種連携戦略はかなり高度なプロジェクトです。リーダーシップ，コミュニケーション力，論理的・戦略的思考，意思決定力，法務・知財センスなど，多面的なものが求められます。実際に，このリーダーに求められる能力・スキルレベルと現実に大きなギャップあり，プロジェクト自体が失敗に終わるケースも少なくありません。もし適任でないとわかれば，事務局もしくはプロジェクトのキーマンが

第3章　仮説構想段階　　93

素早く動き，スポンサーである役員に交渉し，プロジェクトリーダー交代ということも考えなければなりません。

3つ目は，各社の担当役員がアサインされ，プロジェクトを理解していることです。特に事業構想企画フェーズでは，ジョイントベンチャーなど資本提携も含めたプロジェクトになる可能性が高いため，役員クラスのコミットメントが必須です。各社の役員のコミットメントが不明確な場合は，プロジェクト途中で参加スタンスが曖昧になり，離脱する可能性もあり，プロジェクト全体にとってマイナスとなります。

(7) パートナー候補企業・組織へコンタクトし，打診・交渉する

パートナー候補企業・組織の評価選定が終わったら，パートナー候補企業・組織にコンタクトし，打診・交渉します。ここで重要なのは，会ってすぐに異業種連携戦略プロジェクト参加を依頼しないことです。少し時間がかかるかもしれませんが，3段階にステップを分けて打診・交渉します。

図表3-7 パートナー候補企業・組織の探索と打診の進め方

3段階でパートナー候補企業・組織へ打診する

第1段階： エコシステムレベル	業界を超えた大きな問題・課題意識，エコシステム構想への関心，反応を打診
第2段階： ビジネスモデルレベル	パートナー候補企業・組織の役割，位置づけも入れたビジネスモデルの提案とそれへの関心，反応
第3段階： プロジェクト企画書レベル	具体的なプロジェクト企画書を提示して，共同で議論する意思があるかどうかへの反応

| 図表3-8 | パートナー候補企業・組織の探索と打診の留意点 |

- ✓ 1回目の打診で反応が良くてもプロジェクト参加を打診しない
- ✓ プロジェクト参加打診まで，パートナー企業候補の意図，情報を収集する
- ✓ パートナー企業への情報提供は最小限に留める
- ✓ 3回の打診を通じて窓口になりそうなキーマンを探し，窓口キーマンを通じてパートナー候補企業社内のキーマンを探し，コンセンサスを取ってもらう
- ✓ 窓口キーマンとなる人は，テーマに関する問題意識が高く，知識もあり，周りの信頼も厚いことなどを確認する
- ✓ 第1回，2回の打診も兼ねて1，2時間のアイデアソンをやってみるのも効果的

【第1段階】エコシステムレベル

　第1段階「エコシステムレベル」では，仮説で企画検討した大まかなエコシステムだけを示し，相手の関心度，問題意識を探ります。複数のパートナー候補に打診し，提示されたエコシステムにどのような反応を示すかを観察し，最適なパートナー候補企業・組織を探します。参加可能性のレベルとしては，「全く考えておらず，関心もない」「考えてはいなかったが強い関心を示す」「すでに似たようなことを社会で検討し，関心を示す」，もしくは「将来的には検討しない意思を示す」等です。1対1で打診・交渉する場合と，複数社まとめて打診・交渉する場合があります。どのような場をつくるかは，テーマやパートナー企業・組織との力関係などで決めます。

　パートナー候補企業に対してエコシステム構想を提示するためには，あらかじめテーマに関するエコシステム構想を作成する必要があります。エコシステム構想は，エコシステムが目指すべきビジョンと複数の業界から構成されるエコシステムそのものが書かれていなければなりません。次の段階のビジネスモデルとの違いは明確ではありませんが，エコシステムレベルでは業界単位の大まかな関係性を示します。したがって，パートナー候補企業・組織名は入れないこと，収益源はあまりはっきりさせておかないことがポイントです。ただし，エコシステムで生み出される革新的な顧客価値は，ある程度明確にしておく必要があります。

　この第1段階のエコシステムレベルの打診・交渉では，エコシステムが生み

図表3-9　企画書1：エコシステム構想シート

✓ ペットの生体情報の収集・分析を起点にしたペットトータルサービス
✓ ペットの感情データ分析を武器にした製品・サービスの販売
✓ 顧客データの共有と自社ビジネスへの反映

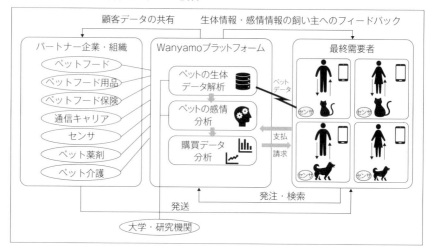

出す顧客価値の実現性に対する考えや，連携する業界の妥当性，打診対象のパートナー企業・組織が参加するとしたらどのような役割を担うのか，そして参加するメリットやリスクは何か，などをディスカッションレベルで引き出します。

　この段階では，プロジェクトへの参加の可否などは議論しません。なぜなら，この段階では複数のパートナー企業・組織に打診・交渉しており，第2段階や第3段階に進むにしたがってパートナー企業・組織を絞り込んでいくためです。

　第1段階のエコシステムレベルの打診を終えたところで，パートナー候補企業・組織の打診・交渉の方針を見直す必要もあり得ます。対象のパートナー候補企業・組織を追加したり，変えたりすることや，第1段階で入手した情報を基にエコシステム戦略，ビジネスモデル戦略を見直したりする必要があるかもしれません。デジタル異業種連携戦略は，このように相手の反応を見ながら柔軟に対応することが必要です。

【第2段階】ビジネスモデルレベル

　以上のような見直しが終われば，第2段階のビジネスモデルレベルです。第2段階のビジネスモデルレベルのゴールは，想定されるビジネスモデルにおけるパートナー企業・組織の位置づけ，役割に関するイメージを共有し，パート

図表3-10　企画書2：ビジネスモデル構想シート

デジタル異業種連携戦略プロジェクトの背景・問題意識	理念・ビジョン（顧客提供価値，業界連携の仕方）
・データ活用を業界・企業単位で収集・利用しているため，データの集まり方にバラツキや偏りが生じており，コストも大きい ・連携することで，より質が高くまとまったデータを得て活用できるようにする	・業界横断でデータ利活用をしたプラットフォーム構築により，ペットと飼い主の幸福を実現する ・健康に関するセンシングデータの利活用を軸に，保険，フード，用品などペット関連サービスで包括的に連携し，製品サービスを開発する
他の参加候補企業・組織イメージと役割，位置づけ	ビジネスモデルによる市場イノベーションのインパクト
・パートナー以外の企業でペット関連の製品・サービスを開発できそうな業界企業サブパートナーとしてプラットフォームに参加してもらう ・電力J社→お留守番ペット向け日中電力プラン ・旅行K社→ペット同伴可能旅行プラン	・業界が連携しデータ利活用プラットフォームを形成することにより，データ収集・活用にかかるコストを抑える ・機械学習を組み合わせることで，データが蓄積されるにしたがってデータの価値が高まり，情報の流通が成り立つ
顧客提供価値	・業界横断により包括的なサービスを一元管理で利用できるようにすることで利用者の利便性を高め，高いシェアを得る
・ペットが健康でいられることの喜びを得る ・製品・サービスの質を高めながら，ペット飼育にかかる生涯コストを削減する	

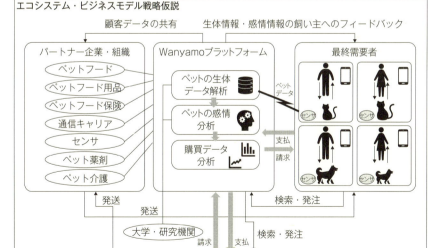

第3章　仮説構想段階

ナー候補企業・組織をプロジェクトに引きつけ，彼らの参加の目的，目標，ビジョンを引き出すことです。参加を呼びかける異業種連携戦略プロジェクトが彼らの戦略に合致しうるかどうかの打診・交渉です。

　第2段階のビジネスモデルレベルでパートナー候補企業・組織に提示する主な情報は，デジタル異業種連携戦略プロジェクトの背景，問題意識，理念，エコシステムに加え，ビジネスモデル戦略とビジネスモデルによってつくられる顧客提供価値，ビジネスモデルによる市場イノベーションのインパクト，他の参加候補企業・組織の概要とその役割，位置づけなどです。提供情報は，機密保持の観点や相手の理解度合いに応じて，多少調整する必要があるかもしれません。

【第3段階】プロジェクト企画書レベル

　第2段階のビジネスモデルレベルの打診が終われば，連携すべきパートナー候補企業・組織が明確になります。この段階で本格的なデジタル異業種連携戦略プロジェクトへの参加を打診・交渉します。具体的に議論すべきプロジェクト内容を提示し，パートナー候補企業・組織の意向を伺います。

　プロジェクト内容とは，**図表3-11**のとおりです。

図表3-11　企画書3：プロジェクト企画シートの目次例

目次
- プロジェクトの背景，目的・理念
- プロジェクトのゴール
- プロジェクトの戦略仮説（エコシステム，ビジネスモデル）
- 実施フェーズとフェーズごとのアウトプット
- 参加予定（呼びかけの）業界，企業
- 実行体制（事務局，全体プロジェクトリーダー，意思決定の方法，各社の組織体制）
- 参加ルール，機密保持契約など
- 当面の実行スケジュール

4 アイデアソンフェーズ

(1) 主なアイデアソンのレベルと位置づけ

　最近アイデアソン，ハッカソンという言葉をよく聞きます。ソンとはマラソンの意味で，ある目標を達成するまでやりきるという意味です。アイデアソンはアイデアを出しきる，ハッカソンはコンピュータのソフトとハードのエンジニアリング活動の意味であるハックを徹底してやりきって，ある程度の試作作成をすることです。

　アイデアソンは業種，年齢，立場を超えた多様なメンバーで行うことが多く，デジタル異業種連携戦略プロジェクトにとっては大変有効です。ここではアイデアソンの具体的な進め方を説明します。

　デジタル異業種連携戦略プロジェクトでのアイデアソンには，3つのレベル別の実施が考えられます。何を目的に，どのようなレベルのアイデアソンを行うかを明確にすることが大事です。

　1つ目は「アイデア探索・情報収集レベル」のアイデアソンです。このレベルでのアイデアソンを行う状況とは，自社で大まかな戦略仮説，たとえば，ビジネスモデルや顧客提供価値がぼんやりと想定できているがあまり具体的になっていない状況です。異業種から見たらもっと効果的な情報が入手できたり，アイデアが生まれたりする可能性がある場合に実施します。参加企業はそれほど厳選する必要はありません。それぞれの業界の状況，会社や組織の製品，技術などの事業に関する知見があればいいでしょう。

第3章　仮説構想段階　　99

図表3-12　主なアイデアソンのレベルと位置づけ

アイデアソンの レベル	アイデアソンの 位置づけ	実施回数	経営トップの コミットメント
アイデア探索・ 情報収集レベル	大まかな戦略仮説はあるものの，その 仮説検証や他の有望な事業アイデアが ないか，それに関連した効果的情報が ないかを探る	1回から 3回まで	コミットメント しない
事業化パートナー 候補企業・組織探し レベル	かなり明確な戦略仮説があり，そのた めに有望と思われる事業化パートナー 候補企業・組織をアイデアソンを通じ て確認する	3回	表に出ないが バックでサポート
事業化可能性調査 レベル	明確な戦略仮説があり，さらにはアラ イアンスしたいパートナー候補企業・ 組織が存在し，アイデアソンを通じて 事業化の可能性を確認したい	3回～5回	ある程度 コミットメント する

　実施回数も半日1回から1日ないし半日3回程度です。3回までとするのは，それ以上行うと技術特許などの知的財産に当たる成果物が出てしまう恐れがあり，トラブルが生じる可能性があるからです。

　またこの段階では経営トップのコミットメントは必要ありません。むしろトラブルを避けるためにコミットメントはしない方がいいでしょう。

　2つ目は，「事業化パートナー候補企業・組織探しレベル」のアイデアソンです。これはすでにビジネスモデル，顧客提供価値などがかなり明確になっており，有望なパートナー企業・組織を探し，関係性をつくりたい場合です。したがって，パートナー企業・組織の厳選が重要です。

　この場合の実施回数は，1日ないしは半日のアイデアソンを3回程度まで行うのが適切です。3回の間で，パートナー企業・組織から効果的な情報やアイデアを引き出すだけでなく，パートナー企業・組織が，デジタル異業種連携戦略プロジェクトに必要な技術，スキル，人材，ブランド力など経営資産を持っているか，またその経営資産は要求水準にあっているかどうか，さらにはそれが使える状況にあるか否かを探ります。

　この「事業化パートナー候補企業・組織探しレベル」では，アイデアソン

100

フェーズ後にさらに関係性を持つ企業・組織と，いったん関係性を切ってしまう企業・組織に分かれる可能性があります。そのため，このレベルでは，経営トップや部門長と社内のプロジェクトメンバーとの情報共有は必須です。アイデアソンフェーズであっても，このレベルで情報を共有できていない場合は，さまざまな問題が生じる可能性があるので注意が必要です。

　3つ目は，「事業化可能性調査レベル」です。このレベルのアイデアソンは，明確な戦略仮説があり，さらにはアライアンスしたい事業化パートナー候補企業・組織が存在し，アイデアソンを通じて事業化の可能性を確認したい状況において有効的です。ただし，あくまでアイデアソンフェーズですので，企業として正式なコミットメントは行いません。

　しかし，自社の構想するデジタル異業種連携戦略プロジェクトの内容を提示しますので，一定レベルの機密保持契約は結んでおくことも検討してもよいでしょう。このレベルのアイデアソンでは，テーマや状況によりますが，経営トップがある程度コミットメントを示す場合もあり得ます。それは有望なパートナー企業・組織を競合よりも早く取り込みたい場合です。ただし，その場合も事業を実施することに対するコミットメントではなく，あくまでも事業化可能性調査のアイデアソンを行い，その後にさらに事業構想企画フェーズを行いたいという意思表示程度です。実施回数は，関係性を強くつくりたいので，5回程度実施するのがいいでしょう。

⑵　異業種アイデアソンをデジタルトランスフォーメーションに活かす

　デジタル異業種連携戦略プロジェクトを実施する背景には，各社IoT，AIなどの情報ベースのエコシステム・ビジネスモデルへのデジタルトランスフォーメーションが大きな課題というケースが多いと思われます。その意味ではこのアイデアソンは，外部との接点をつくり，企業や組織として重要な情報やアイデアを獲得し，かつ会社・組織の企業文化を変革するきっかけと捉えることもできます。

図表3-13 デジタルトランスフォーメーションに関する経営ビジョンが重要

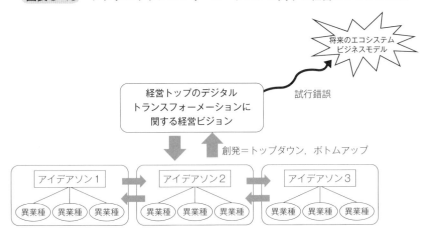

　アイデアソンをデジタルトランスフォーメーションのための「重要な情報やアイデアを獲得しかつ会社・組織の企業文化を変革するきっかけ」と捉えることができるかどうかは、会社全体の経営ビジョン、トップの問題意識が大きく影響します。経営トップに問題意識がなければ、アイデアソンに参加しても企業や組織としてはあまり効果が期待できません。アイデアソンを行う前に、各パートナー企業・組織のトップの経営ビジョンを確認しておく必要があるかもしれません。

　一方、トップがすでに明確なデジタルトランスフォーメーション（DX）に関わる経営ビジョンを持っている場合は、アイデアソンは、その経営ビジョンの検証や具体化という点で極めて重要な場であると認識されると思われます。

　実際、経営トップが明確なDXのビジョンを持っていて、その検証や具体化のために複数の異業種アイデアソンを意図的に行って、情報収集と情報発信を行っている企業がいくつかあります。さらには参加するメンバーを選抜し、教育を兼ねて異業種アイデアソンに参加させ、その結果、知識・スキルの向上を確認しています。デジタル異業種連携戦略プロジェクトでのアイデアソンを企業戦略として活用している例です。このような企業では、アイデアソンの結果

は参加メンバーによってまとめられ，中期経営計画の重要なインプット資料として経営トップに報告されています。

(3) アイデアソンの進め方の基本

アイデアソンを効果的に行うには，アイデアソンの原則と基本的な流れを理解することが大事です。

アイデアソンの原則の理解

アイデアソンの特徴とは，

- 全体のテーマ，目的，ゴールを決めて
- それを達成するためのアジェンダにブレイクダウンし
- 時間を短めに区切り
- アイデアが出やすい刺激的環境をつくり
- 集中してアイデアを出し切り
- チームで大きな成果を出すこと

です。

時間を短めに区切ることで，集中力が高まり達成感が味わえます。また，チームごとのアイデア交換やワールドカフェ方式での情報共有，フィードバック，アイデア数の指定，マトリックス等の各種手法の活用などでアイデアが出やすいエキサイティングな環境をつくります。

毎回のアイデアソンの基本的な流れは**図表3-14**のとおりで，各回の実施内容の違いに関係なくこの流れで進めます。具体的にはインプットトークは毎回の発想の刺激となります。また，アイスブレイクの回を重ねることで参加メンバーの互いの理解が深まります。グループワークの進め方，グランドルールの説明を毎回行うことは，アイデアソンの良さを忘れず緊張感を持って進めるためのマインドセットとして役立ちます。毎回このルーティンは守らないといけません。

第3章　仮説構想段階　　103

図表3-14　アイデアソンの基本的な流れ

1. オープニング：主催者・ファシリテーター挨拶

2. 開催趣旨説明

3. インプットトーク

4. アイスブレイク・チームビルディング

5. グループワークの進め方，グランドルール説明

6. グループワーク
　① アイデアブレスト
　② アイデア収束（グルーピング・絞り込み・優先順位づけ）
　③ アイデアブラッシュアップ（転換・発展・優先順位づけ）
　④ アイデアまとめ

　　　各回の議論のテーマにかかわらず、この進め方を基本にする

7. グループ発表

8. まとめ・クロージング

　また議論の方法も，慣れてくるとついつい自由なアイデア出しのステップを飛ばして，はじめからコンセプトやビジネスモデルなどの構造的なものを考え込みがちになりますので，①アイデアブレスト②アイデア収束③アイデアブラッシュアップ④アイデアまとめ，の基本原則に沿って進めることを意識します。

アイデアソンの準備
【運営事務局】

　事務局は，デジタル異業種連携戦略全体のプロジェクトとほぼ同じ体制のものがアイデアソンにも必要です。アイデアソンの運営事務局は，アイデアソン全体をスムーズに進めるためのマネジメントをすることがミッションで，以下が主な作業項目です。事務局担当者を2，3名おくことが必須です。

- 開催日時，場所，参加メンバーの確認
- 議事録，データの共有方法，メール，SNSなどの情報共有の方法の共有
- 機密保持契約（必要な場合のみ）
- 模造紙，付箋，マジックなどの用品の準備（飲み物やスナックがあるとよい）
- 宿題，事前準備の確認
- 各社の会社，工場見学，懇親会などの交流企画運営
- 参加費徴収と費用支出管理
- 報告書のとりまとめ　など

【ファシリテーターの設定】

　ファシリテーターとは，多様なメンバーが参加する会議を目的やゴールに沿って効果的，効率的に進める進行役です。すでにファシテーションに関するたくさんの書籍が出ていますし，多くの会社で実践されているので，ここでは細かな説明は省きますが，異業種でのアイデアソンのファシリテーターとしての成功要因は3つあります。

　1つ目は，業界，企業の文化の違いを踏まえ，その違いを活かし独自のアイデア，ビジネスモデルの企画を導くことです。2つ目は，ビジネスのアイデア出し，コンセプト企画，ビジネスモデル企画などの事業創造に関するツール，手法を理解し，ある程度経験していることです。単なるアイデア発散ではビジネス企画はできません。3つ目は，コラボレーティブなリーダーシップです。アイデアソンのファシリテーターのリーダーシップは指示型ではありません。メンバーの意見をうまく引き出し，コラボレーションさせていくためのリーダーシップです。メンバーの潜在的なアイデア，発想をいかに引き出せるかが勝負です。

　また，アイデアソンには2つのファシリテーターが必要です。アイデアソン全体のファシリテーターと，複数のチームに分かれた際の各チームのファシリテーターです。アイデアソン全体のファシリテーターは事務局の1人が担当し

てもいいでしょう。中立な立場である外部のコンサルタントなどに依頼しても
いいです。各チームのファシリテーターは，チームの中で決めます。毎回持ち
回りで担当すればよいトレーニングになります。

　図表3-15，図表3-16にファシリテーションの基本を示してしていますの
で，参考にしてください。

図表3-15　ファシリテーションの基本

- ✓ 何を話し合うのか，メンバーの合意を得る
- ✓ どんな順番／方法で話し合うのか，メンバーの合意を得る
- ✓ メンバーの発言をよく聴き，きちんと受け取っていることを伝える
- ✓ 発言を引き出す質問（投げかけ）を行う
- ✓ あいまいな発言に対しては，その場で明確にする
- ✓ 多様な視点から議論させる
- ✓ 議論を記録して可視化する

図表3-16　ファシリテーションの基本プロセス

ファシリテーションの4つの基本プロセス	ファシリテーターとして意識すること
「共有する」 Step1.メンバーの意識を合わせる	・5つの要素について意識合わせを行う ・自由に発言できる雰囲気をつくる ・メンバー間の信頼感をつくる
「発散する」 Step2.メンバーの意見を引き出す	・メンバーの意見をしっかり聴く ・質問を使って意見を引き出す ・自分の主張はソフトな方法で
「収束する」 Step3.メンバーの意見を整理する	・メンバーの意見を書きとめる ・抜けている視点はないか，チェックする ・フレームをうまく使って，議論を構造化する
「決定する」 Step4.メンバーを合意に導く	・コンセンサスづくりを目指す ・メンバーの納得性を重視する ・対立はあって当たり前と考える

（参考）堀 公俊著（2018）『ファシリテーション入門　第2版』日本経済新聞出版社

【インプット情報】

　アイデアソンを効果的に進めるためには，テーマに関するある程度の予備情報と知識が必要です。デジタル異業種連携戦略プロジェクトの準備フェーズで収集した情報をコンパクトにまとめたものを事前に配布すればいいでしょう。主にはグランドテーマ，狙い，ゴール，社会や市場の背景動向，主な問題意識，主な論点などです。

　後述するアイデアソンのステップ１のインプットトークに，テーマに関するキーマンの講演や事務局あるいは主催する企業のキーパーソンの講演があってもよいと思います。これらのインプット情報は，あくまでも発想を刺激するものですので，詳細な情報を出しすぎるとかえって発想を狭めることにもなりますので，注意が必要です。

【アイデアソン開催場所】

　アイデアソンの開催場所は，順番で各社の会議室を利用するのが理想です。訪問した際に，各社の企業文化や情報に触れることができるからです。製造業の場合，ショールームや工場などに会議室があれば，見学時間を設けてもいいでしょう。

　会議室は，アイデアソン参加メンバー，事務局とオブザーバーが入れる広さの場所を選んでください。チーム数分の机や椅子，ホワイトボード，プロジェクターなどが必要です。

⑷　アイデアソンの実施ステップ

　ここからはアイデアソン実施の各ステップを詳しく解説したいと思います。ここで紹介するステップは，先に述べたアイデアソンのレベルの「アイデア探索・情報収集レベル」「事業化パートナー候補企業・組織探しレベル」では，おおよそステップ３まで，「事業化可能性調査レベル」ではステップ５までを行うことを想定しています。内容の深さは，各レベルによって調整する必要があります。

第3章　仮説構想段階　　107

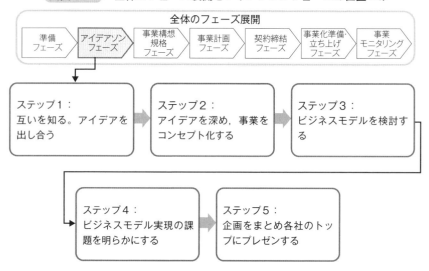

図表3-17 全体のフェーズ展開とアイデアソンフェーズの位置づけ

各回のアイデアソンは通常1日で行いますが、午後に少し長めの時間を取って約半日というケースもあります。

ステップ1：互いを知る。アイデアを出し合う

　第1回目のゴールは、異なる業界、企業の各メンバーを互いによく知り仲良くなること、そしてテーマに関する発想を変えたクリエイティブなアイデアを出すことです。そのためには次のような手順で進めます。

図表3-18　ステップ1：互いを知る。アイデアを出し合う

テーマを伝える
- ✓ テーマの背景にある問題意識を示す
- ✓ 適切なインプット情報を提供する
- ✓ 発想が刺激され，過去の発想を捨てられる
- ✓ 強いデマンド（要望）

互いを知る
- ✓ 自己紹介（自身・会社・組織）
- ✓ アイスブレイクの活用
- ✓ 参加目的，狙いを共有

チームビルディング
- ✓ 互いの強みと弱み，個性を深く知る
- ✓ アイスブレイクの活用
- ✓ チームの個性を持つ，名前をつける

インプットトーク
- ✓ 参加者の発想を刺激する講演
- ✓ 現場の状況・課題がわかる講演
- ✓ 主催者説明（実施背景・目的・ゴールを参加者へ意識づけ）

アイデア発想
- ✓ アイデアブレスト
- ✓ アイデア収束
- ✓ アイデアブラッシュアップ
- ✓ アイデアまとめ

【テーマを伝える】

　アイデアソンのテーマは，準備フェーズですでに自社内もしくはコアメンバー企業・組織で議論していますので，それをアイデアソン向けに加工して参加者に伝えます。テーマに必要な要素は，テーマ名（わかりやすいキャッチフレーズ），テーマの背景，問題意識，テーマの目的（理念），目標，特に検討してほしい点と検討の方法などです。

　テーマを伝えるのは，コアメンバー企業・組織（自社がアイデアソンを仕掛

第3章　仮説構想段階　　109

ける場合は自社），もしくは事務局のコンサルタントなど中立的な立場の人が
いいでしょう。

　テーマを伝える際に重要なことは，"強いデマンド"です。なんとしてでも
革新的なアイデアを出してほしいという強い要望です。強い要望があるからこ
そ，メンバーは革新的なアイデアを出そうと意欲的になります。また高い目標
も重要です。顧客価値を現在の2倍以上にするとか，市場の参加プレイヤー数
を倍増するなど，発想を刺激する目標値を示します。このようなストレッチ目
標を掲げることにより，過去の発想の枠組みを壊し，新たな発想，思考で革新
的なアイデアを出しやすくします。

　強いデマンド，高い目標を示す背景にある強く高い問題意識・イノベーショ
ン志向を伝えることも大事です。なぜ革新的なアイデアがほしいのかを伝える
と効果的です。

【互いを知る】

　アイデアソンの最初に，互いを知ることが必要です。人は差し支えない範囲
で，相手の個人的なことをある程度知ることで，相手に対して無意識に警戒心
を緩め，心を開きます。そして時間の経過と共に，互いに刺激し合い，自由で
クリエイティブなアイデアが出てくるような関係になります。この参加者の警
戒心を緩めることをアイスブレイクと呼びます。

　よく実施するアイスブレイクの方法は以下のようなものです。

- 名前，会社名，仕事の経験
- 個性がアピールできる話題に関して30秒ほどスピーチする
- 質問を受ける
- 終わったら少し大げさに拍手をする

　個性がアピールできる話題とは，たとえば，「自分が今熱中していること」
「子どもの頃，叱られるまでやったこと」「5年以内に実現したいこと」などで
す。これらをアイデアソンのテーマも絡めたものにすると効果的です。たとえ
ば，食品関連のアイデアソンであれば，「自分が子どもの頃大好きだった食品

110

とそのエピソード」といったスピーチにすれば，アイデアを出す際「○○さん
は子どもの頃バナナが本当に大好きだったんでしたね」と会話が弾みます。

　また，プレゼンテーターに関心を持って質疑をすることで，さらにお互いの
関係が良くなっていきます。ポイントは個人的な関係構築の入り口をつくって
あげることです。このアイスブレイクのスピーチは毎回実施します。回を重ね
るごとに参加者が親しくなります。

　互いを知るという点で，もう1つ大事なワークがあります。参加企業・組織
の紹介です。参加企業・組織の代表者が，PCを使ったプレゼン形式で，10分
前後行います。事業，製品，業界や企業の特徴，ユニークさを紹介し，アイデ
ア出しの際のきっかけにします。製品が消費財の会社の場合は，自社製品を持
参して参加者に配布することなども効果的です。

【チームビルディング】

　一般的にアイデアソンは同じテーマで，会社・組織横断の複数のチームを作
り，競い合うようにしてアイデアを出します。したがって，あらかじめ参加メ
ンバーの強み，弱みなどを考慮してチーム編成を行っておきます。いったん編
成したチームは基本的に最後まで変えません。チーム編成は事務局とコアメン
バー企業・組織で行います。

　編成されたチームでアイデアソンを行いますが，チームワークがスムーズに
築かれるよう，簡単なゲームや，ワークを行うこともあります。ゲームとは，
たとえば5人のチームで野球ボールをできるだけ早く回すボール回しゲームや，
5分間で印象的なチームの名前を考えるといったものです。小さなワークです
が，メンバー間の距離がグッと縮まります。

　アイデアソンも2回，3回と回を重ねると刺激が少なくなり，チームもマン
ネリ化してきますので，毎回何かしらチームの原点に回帰できるチームビル
ディングのゲームを入れた方が効果的です。たとえば，アイデアに関する将来
の夢3分間スピーチや，チームが会社になったと想定し，CEO，CTOなどの
役割を決めてユニークな方針発表を3分で行うなどです。

第3章　仮説構想段階　　111

【インプットトーク】

　インプットトークとは，テーマに関するキーマンの講演や事務局あるいは主催する企業のキーパーソンの講演などです。時間は長くても質疑を入れて60分以内にします。大学の研究者，ベンチャー企業の経営者など外部の方でもいいでしょう。スピーチを聴き，何回か質疑を繰り返すことで参加者の問題意識が深まれば成功です。インプットトークはあくまでも発想，思考の刺激ですから，スピーチの内容には影響されすぎないようにすることが大事です。

【アイデア発想】

　アイデア発想はステップ1のメイントピックスです。新事業開発などでのアイデア発想でよく陥る問題が大きく2つあります。1つは多種多様なアイデアだけを発散してまとまらないことです。アイデアをたくさん出しても，まとまらないとメンバーのモチベーションは下がっていきます。2つ目は，一発でアイデアを超えた「答え」とも言える構造的なコンセプトを出そうとすることです。はじめから構造的なコンセプトを出すことは極めて難しいし，出したとし

図表3-19　アイデアとコンセプトの違い

アイデア	コンセプト
発想の断片，部品，要素	アイデアが組み合わさった1つの概念

アイデア
- バイク
- 駆動式
- タウンユース
- 楽な自転車
- 持ち運び出来る
- 充電
- 高スピード
- 気軽に使える
- 3人乗り
- デザイン性高い

コンセプト

発想軸
（基本コンセプト）

- 町を移動する人のための
- 折りたたみ充電式電動自転車のレンタルサイクル
- 便利，手軽，スマート・エコ

ても独自のアイデアが省かれて安易にまとめられ，過去の発想に縛られたものになってしまう可能性が高いのです。つまり，コンセプトとアイデアの違いを考えずに議論することが問題なのです。アイデアはコンセプトの一要素を具現化したものです。そのアイデアを繋げて構造化したものがコンセプトです。よいコンセプトとは，良いアイデアの組み合わせで，そのアイデアを組み合せる軸，視点を"基本コンセプト"と呼んでいますが，それがとても重要なのです。

　このようなアイデアとコンセプトの関係から，弊社では最初のアイデア出しの際に，単にアイデアを出すのではなく，最終的にはコンセプトとして構造化しやすいように，コンセプトの要素を5つの視点で書き出し，それらに沿ってアイデアを出していただくようにしています。それが**図表3-20**「アイデア発想シート」の5つの視点です。

視点1：ターゲット顧客

　どのような顧客をターゲットにすべきかのアイデアです。消費者であれば，年齢，職業，生活時間，ライフスタイル，価値観などの切り口でセグメントされたターゲット顧客となります。

視点2：シーン・顧客ニーズ

　そのターゲット顧客の置かれた状況，環境とそこでのニーズです。顧客は同じ顧客でも置かれた状況によってニーズが全く異なります。ここではそのシーンのアイデアとその時のニーズのアイデアを出します。

視点3：製品・サービス

　製品やサービスそのもののアイデアです。具体的には製品・サービスの中心的な特徴や機能，ベネフィット，周辺・付属的な機能やベネフィトのアイデアです。

図表 3-20 アイデア発想シート

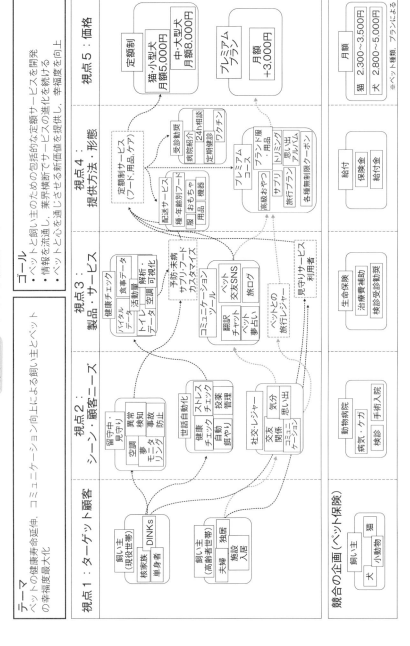

114

視点4：提供方法・形態

製品・サービスをどのようにして顧客に提供するのかとその形態です。提供方法には直接提供する方法もあれば，流通チャネルを活用する方法，ネットで情報から提供する場合などさまざまな方法・形態のアイデアがあります。お金，モノ，情報の流れなどを構造化したビジネスモデルの要素もここに入ります。

視点5：価格

顧客が製品・サービスに対して支払う金額をいくらにするかというアイデアです。ここに顧客の負担するコストを入れればより効果的なアイデアが出る可能性があります。顧客の負担するコストとは，製品・サービスの対価だけでなく，顧客が購入するまでと購入した後にかかるすべての時間，労力，心理的負担などです。

この5つの視点に当てはまるアイデアであれば，どのようなアイデアでもたくさん出してみることがよいのです。つまりアイデアはメンバーが思いついたものを数多く出し，コンセプトを構成する要素カテゴリーごとに整理することが重要なのです。またコンセプトの要素カテゴリーを意識してアイデアを出すことで，バランスよくアイデアを出すことができます。そしてそのカテゴリーごとに整理されたアイデアを，カテゴリーを横断する形で結びつけます。弊社ではそれを文脈化とかコンテクスト化と呼んでいますが，この作業でコンセプトの原型ができます。

このアイデア発想シートを使えば，業界，企業・組織の背景や仕事の経験年数などを超えた異業種コラボレーションが可能となります。むしろ多様なバックグランドのメンバーのチームほどユニークなアイデアが出て，その組み合わせで独創的なコンセプトの原型ができます。

図表3-20の下部に「競合の企画」とありますが，競合の事業を記入し，意識することでアイデア発想を刺激することを目的としています。

第3章　仮説構想段階　　115

ステップ2：アイデアを深め，事業をコンセプト化する

ステップ1のアイデア発想で1つの有力なコンセプト原型が見つかれば，それを深め，コンセプトの原型をつくります。コンセプトの原型とは，図表3-21，図表3-22，図表3-23にあるようなコンセプトシートにコンセプト原型を具体的に展開してみることです。

コンセプト化する際に重要なことは，コンセプトの「明瞭性」「独自性」「発展性」の3つです。

コンセプトの「明瞭性」とは，コンセプトの各要素が，軸である基本コンセプトに従ってうまく編集されて整合性がとれているかどうかです。「整合性がとれている」とは，具体的に言えば，各要素の関係が基本コンセプトを軸に，大まかであっても論理性のある構造，極端な言い方をするとシステム的になっているかということです。しかも，その大まかな構造が，人が認識する上で複雑すぎず，かつその範囲がある程度限定されわかりやすいものであることが重要です。

図表3-21　コンセプトシート（B to C）

基本コンセプト：「Wanyamo」でペットも飼い主もハッピーMax！

- ペット（犬・猫）を飼っている家族

- ペットの健康増進，未病，健康寿命延伸
- ペットと感情や思い出を共有したい
- ペットを大切にし，周りから羨まれたい

- 良い飼い主でいられる
- 元気で周りからも愛されるペットの飼い主である
- ペットの視点や交友関係，感情，思い出を共有できる
- 慈しみを実感する
- ペットから愛されていることを実感し幸福感を高める
- ペットとの会話翻訳アプリ
- ケア用品の定額利用
- 健康サポート（検診，受診勧奨）

月額　猫・小型犬　　5,000円
　　　中・大型犬　　8,000円
　　　プレミアムプラン　＋3,000円

- ペットが健康でいられることの安心，幸福感
- ペットが活き活きしていることへの喜び
- 周りから褒められることによる充実感
- プレミアムプラン利用により，周りとは違う特別感
- 生涯飼育費用，ケア費用の負荷軽減
- 一元化による利便性向上

- 月額登録制アプリ
- ケアグッズの自宅配送，病気サポートサービス，ペットケアや関連サービス案内LINE
- 雑誌や情報サイトで広告，病院での紹介，SNS

コンセプトの「独自性」とは，コンセプトそのものが他にない独自のものかということです。独自性で最も大事なのは，コンセプトの軸である基本コンセプトの視点がユニークであることです。たとえば，「自動運転」「フィン（羽）のない扇風機」「消せるボールペン」といったものです。独自性を出すにはコンセプト要素カテゴリーのどこかの要素を突出させることも大事です。アマゾンはユーザーにとって生産性の高い製品・サービスの提供方法が，トヨタレクサスはディーラーでのおもてなしが，それぞれ突出した要素となっています。

コンセプトの「発展性」とは，コンセプト自体が将来，発展成長する可能性を感じられるものかどうかです。コンセプトの発展成長とは，コンセプト自体が時代のトレンドに乗っているか，さまざまなマクロ環境の変化に後押しされたものか，そしてターゲット顧客がそれを強く要求しているものなのかが問われます。最も魅力的なコンセプトの発展性とは，顧客ニーズが潜在的でまだ競合に気づかれておらず，かつ莫大な市場規模になる可能性のあるものです。

コンセプトの構成は，**図表3-21**，**図表3-22**，**図表3-23**のコンセプトシートのように，アイデア発想シートに基本コンセプトと顧客ベネフィットの項目を加えたものです。アイデアシートとコンセプトシートの違いは，コンセプトシートは一段階ブレイクダウンした内容を考えることです。一段階ブレイクダウンした内容が，基本コンセプトの視点と整合性がとれているかが大事です。

図表3-22　コンセプトシート（B to B）

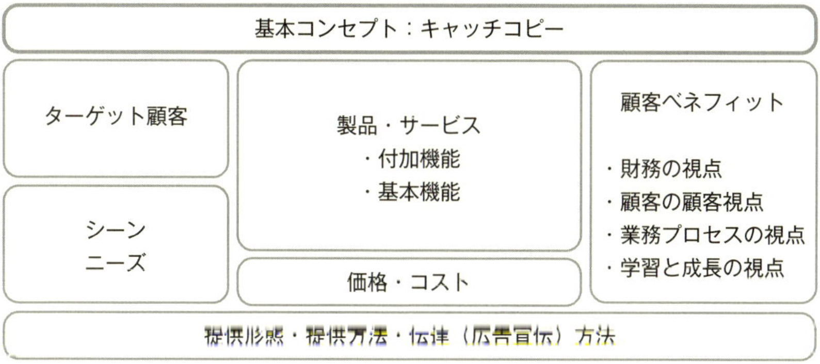

第3章　仮説構想段階　117

図表3-23　ビジネスモデルを中心としたケースのコンセプトシート

基本コンセプト

「Wanyamo」でペットも飼い主もハッピーMax！

Wanyamoサービス
- 生命保険、健康サポート
- ペット用品定額EC
- SNS、コミュニケーション

定額制：5,000〜8,000円（月額）
プレミアムプラン：+3,000円（月額）

プラットフォーム
- ペット種類、年齢、性別、DNA、既往歴
- 生活環境、食事、運動、ストレス、交友
- バイタル強縦断データ　等

ターゲット顧客
- 消費者（ペットとその家族）
- 法人（ペット関連サービス開発）
- 電力会社
- 通信会社
- 旅行会社
- 家電
- 自動車　等

パートナー①　ペット生命保険会社
- 加入者を増やしたい
- バイタル、日常生活、食事などデータを集めてビッグデータ化したい
- 健康増進、未病による保険料削減
- 新しい保険商品の開発

ベネフィット
- データ活用による新商品開発
- コスト削減

（データ使用料：保険料金の5％／顧客紹介・ビッグデータ提供）

パートナー②　センサメーカー会社
- 防犯、見守りカメラ
- バイタルセンシング
- 音声認識、翻訳
- 脳波、夢分析
- センシング精度、使いやすさ向上
- 新たなセンシングニーズの把握
- 人用センサへの応用可能性検索

ベネフィット
- センサ開発、改良
- 人用センサ開発へのノウハウ蓄積

（センサ提供／使用性FB・継続利用）

パートナー③　ペット用品メーカー
- フード、おやつ　・服
- おもちゃ　・アクセサリー
- 日用品　・ケア用品
- 顧客獲得競争、販促費削減
- エビデンスに基づいた新商品開発、マーケティングニーズ

ベネフィット
- 顧客獲得　・売上増大
- 顧客囲い込み
- 販管費削減
- データ活用による商品改良、新商品開発
- データ活用によるマーケティング

（仲介料：販売額の5％／顧客紹介・ビッグデータ提供）

パートナー④　大学・研究機関
- 生理　・予防、未病
- 行動　・新薬開発
- 疫学

ベネフィット
- データ確保
- 研究促進
- 共同研究者、企業マッチング

（分析結果提供／データ提供・研究支援）

コンセプトシートはどこから記入してもかまいません。価格・コストからでも，提供形態からでもかまいません。チームで作成する場合は，コンセプトの原型はできているので，好きなところから議論していってかまいませんが，コンセプト企画となると，構造的な発想，思考になるため議論が長引きがちです。そこで項目ごとに時間を区切って議論して内容を詰めていくのがいいでしょう。

　各項目の主な議論すべき内容と平均的な議論の時間を下記で解説します。

【ターゲット顧客：30分】

- 顧客セグメント
- ターゲット顧客
- ターゲットにした主な背景・理由

【顧客シーン・ニーズ：30分】

- 顧客の置かれたシーン（状況）場面
- そのシーンの中で発生すると予想される顧客ニーズ

【製品・サービス：90分】

- 製品・サービスの機能的要素

　　機能とは「ある目的を持った働き」であり，いわばカタログスペックである。何らかの指標とその数値で表現できるもの。この段階では正確な数値までは不要だがどのような働きがどの程度あるのかを明確する。

- 製品・サービスの情緒的要素

　　顧客が感覚，感情で捉える要素。大きさ，形，色，香り，音，手触り，操作性といったもの。

- 製品・サービスの自己実現的要素

　　製品・サービスにおける顧客の価値観を刺激する要素。価値観とは人の持つ基本的考え，生き方，信条など。クルマ，時計，衣類などのいわゆるブランド品はこの自己実現的要素を刺激することが重要である。

第3章　仮説構想段階　　119

上記の3つの要素は相互に関係する可能性が高い。たとえば，機能的要素が情緒的要素，自己実現的要素に影響する場合などである。具体的な例を挙げると，ゴアテックスの登山用衣類向けファブリーケションは，防水性と汗などの湿気を保湿する高保湿性を基本的機能として安心感をもたらし，本格志向を目指す「価格は高くても高機能製品を使っている」といった顧客層の自己実現的要素を刺激している。

【顧客ベネフィット：45分】

　　顧客ベネフィットとは，提供する製品・サービスを顧客が消費した際に享受する便益（便利なこと，得すること）。顧客ニーズは消費する前の段階の顧客の状況であり，ベネフィットは消費中，または消費後に得られたものである。たとえば，「喉が渇いた」がニーズとすれば，伊藤園の「お～いお茶」を消費した場合は，喉を潤しながら和風の落ち着いた感覚が得られるのに対し，「コカコーラ」を飲んだ場合は活動的な爽快感を味わうことができる。ニーズは同じであっても，ベネフィットは提供する製品・サービスによって異なる。このベネフィットもコンセプトの重要な構成要素である。顧客ベネフィットは大きく心理的ベネフィットと経済的ベネフィットに分けて考える。心理的ベネフィットは，製品・サービスの情緒と自己実現的要素と価格・コストに対応し，経済的ベネフィットは機能的要素と価格・コストに対応する。

【価格・コスト：30分】

- 顧客の支払う金銭的コスト
- 顧客の負担する間接的コスト

　　製品・サービスを利用するための準備，学習，保守，メンテナンス，破棄といったすべてのライフサイクルコスト。顧客が直接支払う金銭的コストつまり価格を下げずに，この顧客の負担する間接的なコストを見つけ，下げる工夫をすることで顧客を獲得することが考えられる。

【提供形態・方法，伝達（広告宣伝）方法：45分】

- 提供形態・方法

　　製品・サービスをどのような形態・方法で提供するか。モノで提供するのか，サービスなのか。モノであれば完成品提供なのか，部品，部材を提供し，顧客が自分で組み立てるのか。サービスであればレンタルなのかリースなのか，シェアリングなのか，など。

- 伝達（広告宣伝）方法

　　製品・サービスの価値をどのようにターゲット顧客に告知するか，どのように普及させるかの方法。伝達方法はネットなのか，テレビ，新聞，雑誌などのマスメディアなのかなどの検討をする。

【基本コンセプト：30分】

　　基本コンセプトとは，コンセプトのそれぞれの要素全体の編集軸である。基本コンセプトを軸に各要素の整合性がとられる。製品・サービスのキャッチコピーになるもの。基本コンセプトは切り口や重点が明確であるべきで，直観的に理解されるものでなければならない。メインのキャッチコピーをサポートするサブライン（短い文章の説明）をつけてもよい。たとえば，ドイツの高級車BMWであれば「駆けぬける歓び」が基本コンセプトである。デザインをはじめドライビングの各機能，販売方法，広告まですべてが「駆けぬける歓び」という基本コンセプトまとめられている。

　　産業財などのBtoBのコンセプトの要素は，BtoCとは少し違います。製品・サービスの部分が，基本機能的要素と付加機能的要素のみです。付加機能的要素とは，製品・サービスにとって外せない基本機能的要素に対し，付加的な要素，選択的要素です。BtoBですので情緒的要素，自己実現的要素は基本的にはありません。しかしBtoBtoCの場合，つまり顧客の顧客が消費者の場合，情緒的要素，自己実現的要素を組み込むケースもあります。部品産業でありながら最終需要者である消費者に訴求力を持たせたブランド戦略を展開している企

第3章　仮説構想段階　　121

業です。たとえば，すでに挙げたゴアテックスや，自転車の変速機システムのシマノ，コンピュータ向け半導体のインテルなどです。これらの会社は部品でありながら完成品の中で自社のブランドを訴求するプロダクト・インというブランド戦略をとっています。

その他BtoBのコンセプト要素で異なるのは，顧客ベネフィットです。BtoBの顧客ベネフィットは，財務，顧客，業務プロセス，学習と成長（経営基盤）の４つの視点になります。財務の視点とは，顧客の売上や原価，販売管理費，営業利益，資産効率などの財務的ベネフィットです。顧客視点とは顧客の製品・サービスなどを通じて顧客の顧客へもたらされるベネフィットです。業務プロセスの視点とは，顧客の業務プロセスの改善によるベネフィット。学習と成長とは，顧客の技術開発，生産設備，情報システム，人材などの経営基盤上のベネフィットを示します。

コンセプトの表現方法は，**図表3-21**，**図表3-22**が基本ですが，コンセプトの構成要素が含まれていれば形式は自由です。ビジネスの構造つまりビジネスモデルそのものがコンセプトを表す内容であれば，**図表3-23**の例にあるように，ビジネスモデル構造を中心にコンセプトを描き，各コンセプト要素をその中に組み込みます。特にIoT，AIなどデジタルをベースとした事業はビジネスモデルが中心のコンセプトになりますので，**図表3-23**のような表現形式がいいでしょう。

ステップ3：ビジネスモデルを検討する

ビジネスモデルを企画することは，事業の仕組みのイノベーションを企画することです。日本企業の多くは長年，技術開発による製品・サービスのイノベーションに重きを置いてきました。現在でも製造業の多くは製品・サービスに重点を置いています。しかし，1990年代から始まったインターネットの普及で，製品・サービスのイノベーションだけでなく，ビジネスの仕組みのイノベーション，つまりビジネスモデル戦略が重要になってきました。ビジネスモデル戦略を企画することで，製品というハードからの収益だけでなく，さまざ

まな段階のサービスでの収入，さらには情報，知的財産，投資による収益など，
収益源を多様化することが可能です。また，多くのパートナーを事業に取り込
むための共通基盤であるプラットフォームを構築することも，ビジネスモデル
戦略の重要な観点です。そしてプラットフォームの構築により事業への参加者
を自動的に増やすことで，事業を加速度的に成長させることができるように
なってきています。

【ビジネスモデル構築の４つの企画視点】

　ビジネスモデル構築のためにはデジタル異業種連携戦略は大変有利です。ア
イデアソンフェーズにおいても以下の４つの企画視点でビジネスモデルを企画
します。

　図表３-24　**デジタル異業種連携によるビジネスモデル構築の４つの企画視点**

➤ビジネスモデルの日本語訳は「収益構造」
➤業務プロセスや経営資産などの単独要素の差別化ではなく，要素同士の関係性，つまりビジネス構
　造自体の差別化で収益生み出す戦略（ビジネスモデル自体を戦略資産にする）
➤ビジネスモデル戦略は「４つの仕組み」について検討することがポイントとなる。

企画視点１ デジタル異業種連携による 独自の顧客提供価値創造	**企画視点２** デジタル異業種連携による 情報のフィードバック・活用
企画視点３ デジタル異業種連携による コア・コンピタンス強化	**企画視点４** デジタル異業種連携による プラットフォームの構築

第３章　仮説構想段階　　123

企画視点１：デジタル異業種連携による独自の顧客提供価値創造

　　異業種連携で各社の強みや製品・サービス，その他の経営資産を組み合わせ，１社では実現できない独自の顧客提供価値を創造できないかを企画検討します。たとえば，今まで業界の区分でバラバラに供給していた製品・サービスをワンストップで顧客に提供できないか，異業種で連携することでこれまでにない顧客提供価値を創造できないか，などです。

企画視点２：デジタル異業種連携による情報のフィードバック・活用

　　最終顧客や直接取引先となる顧客の情報をいかに獲得できるかが，ビジネスの成功要因です。しかし，一度取引関係ができてしまえば，それが慣習となりなかなか変革できません。そこで，１社では難しかった顧客情報の獲得を異業種の連携で実現できないかを検討します。たとえば，自動車部品メーカーだけでは最終顧客の情報は入手できませんが，損害保険会社や自動車修理のフランチャイズと異業種連携すれば事故修理の際の最終顧客の情報が入手できるかもしれません。また入手した情報を基に新たな顧客提案やアプローチが可能となります。

企画視点３：デジタル異業種連携によるコア・コンピタンス強化

　　１社の中でも部門を横断し，２つ以上のコア・コンピタンスつまり強みを連結させれば，相当な競争優位が構築できます。コア・コンピタンスは今や世界No.1でなければ意味がありません。したがって，同じ社内に世界No.1のコア・コンピタンスが複数存在し，うまく連携できる会社は日本でも数えるだけしかないと思います。

　　しかし異業種連携となれば，それが容易になります。そこで，アイデアソンにおいても各社のコア・コンピタンスに関する情報を共有し，それらを組み合わせ，その融合されたコア・コンピタンスで独自の顧客提供価値が創造できないかを企画検討します。

企画視点４：ジタル異業種連携によるプラットフォーム

　　業界を問わずインターネットが普及してからは，顧客やパートナー企業が参加できるプラットフォームの構築が大変重要になってきています。一方で

図表3-25　デジタル異業種連携で有利なプラットフォームができる

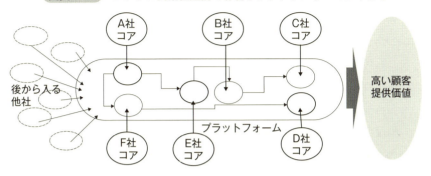

　プラットフォームは1社単独で構築するのは難しいのが現実です。しかし異業種連携で行えば構築できる可能性は高まります。また異業種連携で構築したプラットフォームは他の異業種，同業種の参加を誘発するため，魅力が高まり，そこから生まれる顧客提供価値もますます高まっていき，加速度的な事業成長が見込めます。

【ビジネスモデルの企画手順】

① 顧客提供価値を確認する

　　ステップ2のコンセプト企画で検討した顧客提供価値を確認します。顧客提供価値とは，顧客ベネフィットを顧客の負担するすべてのコストで割ったものです。どんな良いこと（ベネフィット）をどれぐらいのコストで提供できるかを意味します。

② 異業種の持つコア・コンピタンスを確認し組み合わせる

　　異業種企業それぞれの持つコア・コンピタンスを紹介し合い，顧客提供価値を実現させるため，各社のコア・コンピタンスの組み合わせを考えます。

③ プラットフォームを構想する

　　コア・コンピタスを組み合わせることで，異業種パートナー以外のプレイヤーも参加し，規模拡大できる共通基盤＝プラットフォームを構想しま

す。プラットフォームは主に情報，技術・スキル，サービスなどで企画構成される共通基盤です。

(④ コア・コンピタンスへのフィードバックループを設計する)

　顧客，プラットフォームに参加するパートナー企業などからの情報，ノウハウがフィードバックされるループを設計します。情報，ノウハウがフィードバックされるためには，相手との力関係による必然性と，それを実現させるための仕掛けの企画構想が必要です。

ステップ４：ビジネスモデル実現の課題を明らかにする

　ビジネスモデルが明確になったら，ビジネスモデル実現の課題を議論します。ビジネスモデルの課題は，技術課題とマーケティング課題の大きく２つがあります。それぞれの視点を意識して課題を出すと大きな漏れはないでしょう。

【ビジネスモデル実現の課題の視点】

　技術課題の視点とは，主に製品（ハード）開発，サービス開発，ソフト・システムなどです。一方，マーケティング課題の視点とは，市場調査，市場セグメント，マーケティング戦略の企画，ビジネスモデル戦略などです。それぞれをさらに細分化した視点を**図表３-26**に示しましたので参考にしてください。アイデアソン段階での課題出しは，あらかじめ詳しい調査を行っているとは限りませんので，参加メンバーの知識，知見に依存します。まずはどのようなことが課題になりそうか，仮説レベルで出しておくことになります。

　もし時間があれば，メンバーの所属する会社内の専門家にヒアリングすることは効果的だと思います。異業種各社の社内の専門家の知識，知恵を借りれば多くのことがわかると思います。

図表3-26　ビジネスモデル課題シート

	ビジネスモデルの課題出しの視点	ビジネスモデルの課題	課題解決・対応アイデア
技術課題	・製品（ハード）開発 　・要素技術 　・設計技術 　・生産技術 　・運用技術 ・サービス開発 　・サービス設計 　・サービスプロセス開発 　・サービススキル開発（人・機械） ・ソフト・システム開発 　・アプリケーション 　・サーバー，データ処理 　・データ解析 　・ネットワーク 　・セキュリティ	・データが重すぎないセンシング（カメラ，音声） ・ペットの音声解析による通訳，感情認識機能 ・トイレセンサによる排泄物分析機能 ・バッテリー充電頻度低下，もしくは自動充電 ・各センサのデータ低消費電力通信技術 ・人工知能によるペット種ごとの特徴抽出，分析 ・データ蓄積と解析 ・画像，音声，バイタル，環境データ統合プラットフォーム ・セキュリティの担保 ・スマート家電，HEMSとの連携 ・ペット交友関係の可視化，SNS	・データ圧縮，選別送信 ・ビッグデータによるペット種ごとの状態傾向抽出，判別機能，個のデータ蓄積による学習＆アップデート機能 ・非接触充電スタンド埋め込みベッド ・LoRAWAN通信ネットワーク利用 ・データ登録サイト開設，投稿型データ収集 ・大学，研究機関との協働研究 ・業界横断プラットフォームの開発 ・データ暗号化 ・既存ゲーム，SNSの活用，ペット版開発
マーケティング課題	・市場調査，市場セグメント，顧客ターゲティング ・競合分析，競合差別化企画 ・マーケティング戦略の企画 　・製品・サービス企画 　・価格戦略 　・流通，販売チャネル 　・広告宣伝・プロモーション ・ビジネスモデル戦略 　・コアコンピタンス 　・顧客提供価値 　・フィードバックループ	・飼育頭数の減少に伴った市場縮小 ・ペットにお金をかけない層の獲得 ・既存サービスとの競争 ・高シェア獲得 ・ペット保険付随クーポンとの差別化 ・ビッグデータ，縦断データ活用による独自サービス提供 ・手の届く料金帯での実施 ・既存サービスとの違い，口コミ影響力の訴求 ・保険の拡張サービスにとどまらない ・コミュニケーション機能による驚きと感動のマンネリ防止 ・プレイヤーでの情報共有，活用	・業界横断的サービスの提供 ・健康増進による障害コスト削減の提案 ・包括的でコストパフォーマンスの良いサービスと，高付加価値サービスの提供および選択肢 ・保険要素などの既存価値とコミュニケーションなどの新しい価値の組み合わせ ・情報流通による収益，広告宣伝によるスポンサー獲得 ・ストーリー性のあるPR，SNSおよびインフルエンサーを活用 ・ペットとの会話，夢分析結果の増加（ビッグデータ化，縦断データ分析による進化） ・プラットフォーム活用による新サービス投入

【課題解決・対応アイデア】

　ビジネスモデル実現のための課題が出されたら，課題解決のアイデアもしくは対応策のアイデア出しを行います。「アイデア」という言葉を使ったのは，この段階では明確な課題解決策までは必要ないからです。

　課題解決・対応アイデア数は，その課題の解決難易度を表します。課題解決・対応アイデアがたくさん出される課題であれば解決の可能性も高く，課題解決・対応アイデアがあまり出ないようであれば課題解決の難易度は高いと思われます。

第3章　仮説構想段階　　127

【ビジネスモデル課題の終着点は顧客提供価値】

　ビジネスモデル実現の終着点は，あくまでビジネスモデルが生み出す顧客提供価値です。したがって，展開された課題と課題解決アイデア・対応策が顧客提供価値に対しても，おおよそ漏れなくダブりなく展開されていなければなりません。そのためにビジネスモデル課題シートで出された課題と課題解決アイデア・対応策をロジックツリーでMECE（Mutually Exclusive Collectively Exhaustive：ミッシー）に整理し直すと効果的です。

ステップ５：企画をまとめ各社の経営トップにプレゼンする

　アイデアソンフェーズでは，必ずしも各パートナー企業・組織の経営トップのコミットメントを必要としませんが，ここでは，経営トップにある程度の理解を得ておくケースを説明します。各パートナー企業・組織の経営トップにプレゼンする機会を設けるか否かは，状況により判断してください。

　アイデアソンのプレゼンの場の目的は，各社のスポンサー的存在の経営トップ，アイデアソンのテーマに関連した部門の管理職の方などの関係者からプレゼンの内容に対する意見，感想，アドバイスをいただくことともに，各社の異業種連携の可能性を探ることです。

　アイデアソンのトッププレゼンには，役員，執行役員クラスの方が参加するべきですが，参加が難しい場合は代理の方でもいいでしょう。どのクラスのどの部門の方が参加するのか，何人参加するのかなど，参加の具合で各企業の考え方，スタンス，この異業種連携プロジェクトに対する関心度合いが推測できます。関係者の参加状況は，繊細な話になりますが，次の事業構想フェーズに進むための重要な指標になります。

　プレゼンは経営トップにとっても貴重な勉強の場です。経営トップや上級管理職であっても異業種の企業の動向，戦略を把握するにはよい機会です。また異業種でコラボレーションした場合の可能性をリアルに感じるまたとない場だと思います。

【経営トッププレゼンの方法と進め方】

　プレゼンの方法は各社個別で行う方法と，一同に集まって行う方法の2つが考えられますが，すべてのメンバーが参加するとなると多くの時間を要しますので，一同に集まって実施する方が現実的です。またその方が，各社のトップ同士や関係者のネットワークづくりができます。

　アイデアソンの経営トッププレゼンは，同じテーマで複数チームが実施することが一般です。プレゼン時間の目安は1チーム15分程度で質疑15分とします。

　また，ファシリテーター，タイムキーパーを置きます。ファシリテーターは，外部コンサルタントが入っていれば彼らに担当してもらいますが，入っていない場合は，主催者企業もしくは異業種連携プロジェクトの事務局の人がふさわしいでしょう。

【経営トッププレゼンにおけるファシリテーター実施の事前準備と留意点】

　アイデアソンの経営トッププレゼンのファシリテーターは，難易度が高い仕事です。なぜなら，プレゼンの場での質疑や議論の内容が，次の事業構想企画フェーズを実施するか否か，各社が参加するか否かを左右するからです。そこで，経営トッププレゼンのファシリテーターは以下のようなことを用意しておかなければなりません。

事前準備
- 各チームのプレゼン内容と主な論点，想定される質問の把握
- 各社の経営トップ，関係者の性格，意見，考えの理解
- プロジェクト全体で議論すべき論点と各社独自に関心のある論点の理解
- 質疑の結果明らかになると思われる継続検討事項の予測

進行の留意点
- ポジティブに明るい雰囲気で進める工夫，努力
- 偏りのない質疑
- 各社参加者の専門的知識を把握しておき，専門家による前向きなコメントを引き出す
- ネガティブな意見に対するスムーズな対処（「この問題はここではこれ以上

第3章　仮説構想段階　　129

の検討は難しいので継続検討の題材とさせていただきます」など）
- 紛糾した際の対処（あまり深い議論をせずに別途検討にするなど）
- プレゼンメンバーへのねぎらい，賞賛（アイデアソンの過程での努力や楽しいエピソードを伝える）
- 次の事業構想フェーズに進むかどうかの決定はしない（各社の参加意向の確認は後日別途行う）

【異業種アイデアソンで何を学んだかを共有する】

デジタル異業種連携戦略プロジェクトの異業種アイデアソンでは，そこで創発するアイデアやビジネスモデルも大事ですが，参加メンバーが議論を通じて何を学び，どれだけ成長したかがとても重要です。デジタル異業種連携プロジェクトはその人材育成の貴重な場でもあります。

そこで異業種アイデアソンのトッププレゼンでは，各参加メンバーが何を学んだかを個人発表することが必須です。そこからプレゼンに参加した各社の経営トップ，関係者も異業種連携の面白さ，重要性を共有し，学習していくことができます。

図表3-27　アイデアソン　経営トッププレゼンのアジェンダ例

- 開会挨拶（1分）
- 各社経営トップと関係者の紹介（3分）
- 異業種連携プロジェクトの背景・目的と実施内容説明（10分）
- プレゼンテーションと質疑のルール（3分）
  - プレゼン，質疑時間の説明
  - ポジティブな意見，質問を基本にする
  - 結論を出すのではなく継続検討事項を明確にすること　など
- 各チームプレゼン，質疑（プレゼン15分，質疑15分×チーム数）
- 表彰（ユーモア賞，ビジネスモデル賞，チームワーク賞など）（5分）
- 各メンバーの学び（異業種アイデアソンを通じて学んだこと）（30秒/人×メンバー人数）
- 各社の経営トップの総括コメント（3分×会社数）
- 事業構想フェーズまでのアクション（3分）
- 閉会挨拶（1分）
- 交流懇親会案内（1分）

第 **4** 章

戦略計画段階

1 戦略計画段階とは

　戦略計画段階とは，戦略仮説構想段階の準備フェーズやアイデアソンフェーズを経て，機密保持契約を結び，デジタル異業種連携戦略の戦略計画を本格的に企画するものです。戦略仮説構想段階は情報収集，アイデア出しといったオープンな活動が中心でしたが，戦略計画段階は，機密保持契約を結んだ限定されたパートナー企業・組織で議論します。また，合弁事業といった資本提携，業務提携を絡めた強い提携を前提に新事業開発に関する議論を進めます。

　戦略計画段階は，事業構想企画フェーズと事業計画フェーズの2つのフェーズで構成されています。事業構想企画フェーズは，デジタル異業種連携戦略の新事業開発とその戦略コンセプトを企画し，市場検証し，戦略構想書としてまとめるフェーズです。事業計画フェーズは，事業構想企画フェーズの内容の実行可能性を検証し，事業計画にまとめるフェーズです。いずれもデジタル異業種連携戦略プロジェクトの中核となるフェーズです。

2 | 事業構想企画フェーズ

(1) 参加の意向確認と機密保持契約

事業構想企画フェーズ参加の意向確認を確認する

　アイデアソンフェーズが終わったら，プロジェクトの事務局は，事業構想企画フェーズ参加の意向を各社の担当者に聞きます。最終的には各社のスポンサーである経営トップの意思決定を仰ぐことになります。各社の経営トップにアイデアソンフェーズのトップ報告会に参加していただいていれば話は早いでしょう。

　参加意向を伺う際には，**図表4-1**のような，事業構想企画フェーズ参加意向確認のためのドキュメントが必要です。これはプロジェクト事務局が作成し，各社の担当者に渡して説明します。この時にキーになるのは，事業構想企画フェーズのアウトプットとコミットメントの度合いです。

　事業構想企画フェーズの成果物は，**図表4-2**のようなデジタル異業種連携戦略の事業構想書です。ここでは，デジタル異業種連携戦略プロジェクトでの

図表4-1　事業構想企画フェーズ参加意向確認のためのドキュメント

✓ アイデアソンフェーズのアウトプットと質疑の結果のまとめ
✓ 事業構想企画フェーズの狙い，成果
✓ 事業構想企画フェーズの実行組織体制案
✓ 事業構想企画フェーズの成果物目次
✓ 事業構想企画フェーズの進め方，スケジュール
✓ 参加メンバーの役割，条件
✓ 機密保持の考え方と機密保持契約案

各社の担当者を通じて各社の経営トップや関係者へ打診

各社の狙い，メリット，デメリットを検討して2，3週間以内に返答

図表4-2　事業構想書

- エグゼクティブサマリー
- 事業の背景，理念，ビジョン，ゴール
- 事業環境分析と事業成功の鍵
  - 市場環境分析（マクロ環境，顧客，競合分析）
  - 参加企業のコア・コンピタンスの分析
  - SWOT分析とK・F・S（事業成功の鍵）分析
- 事業戦略
  - 主な製品・サービスと顧客提供価値戦略
  - 事業ドメイン，市場ポジショニング
  - エコシステム・ビジネスモデル戦略
  - バリューチェーン・プラットフォーム戦略
  - マーケティング戦略
  - 技術戦略
  - 参加各社の役割分担と経営資産の確認
- 組織・利益計画，リスク分析
  - 財務目標，利益計画
  - 投資計画
  - リスク分析
  - 事業・組織形態
- 事業開発ロードマップ
- 当面のアクションプラン

事業戦略と財務計画，実施組織体制などが構想されます。詳細な投資計画，利益計画，実行計画などまでは企画されませんが，事業がどのようなものであり，実現可能か否かがここで明確になります。

　また，事業構想企画フェーズでは事業への正式なコミットメントは問われません。事業へのコミットメントを最終的に判断するのは，次の事業計画フェーズの後です。しかしながら，アイデアソンフェーズのレベルとは異なり，機密保持契約を結び，各社の情報ノウハウも開示するため，基本的には事業参加が前提となります。

　参加検討期間はアイデアソンフェーズ終了後，2〜3週間ぐらいが適切かと思います。参加を検討する各社内で，事業構想企画フェーズへの参加の目的，

第4章　戦略計画段階　133

狙うべき成果，メリット，デメリットを検討します。検討にあたってはプロジェクト事務局が，事業構想企画フェーズでの具体的な企画検討項目とそのスケジュールを書面で示します。

参加企業とメンバーの調整

アイデアソンフェーズには参加したが，事業構想企画フェーズに参加しないという意向を表明した企業・組織が出た場合，プロジェクト事務局は，参加意向を表明した会社・組織だけで事業構想企画フェーズを実施するのか，新たに別の会社・組織をリクルートするのかを検討する必要があります。新たに別の会社をリクルートするとなると，その候補企業・組織のリストアップと打診・交渉を行わなければなりません。新参加企業・組織が決まるまでは最低1，2カ月はかかると考えるべきです。

参加企業・組織が決まったら，各社の参加メンバーを決める必要があります。参加メンバーもアイデアソンフェーズ参加メンバーがそのまま継続参加するのか，事業構想企画フェーズでは参加メンバーを入れ替えるのかは各社の判断となります。新メンバーであれ，アイデアソンフェーズ参加経験メンバーであれ，事業構想企画フェーズに参加するのにふさわしいメンバーなのかを各社は十分に考える必要があります。また新メンバー参加の場合は，アイデアソンフェーズで出されたアウトプット内容に関して十分な引き継ぎを行う必要があります。参加企業も重要ですが，参加するメンバーの意識，能力，知識，時間の確保も重要です。メンバーの意識，資質，時間資源の配分はプロジェクト全体の成否にかかわりますので，注意しなければなりません。

機密保持契約を結ぶ

事業構想企画フェーズでは，各社の技術，ノウハウの開示が必要となります。また異業種での議論の中では，具体的企画が技術特許，著作権などの知的財産となる可能性のあるものも出てきます。したがって，機密保持契約を結ばなければなりません。

機密保持契約はプロジェクト事務局が中心になり作成します。機密保持契約を締結することによって，開示された機密情報を秘密として厳格に管理し，第三者に漏らさないようにすること，異業種連携プロジェクトの目的以外には使用しないことを約束することが目的です。

　機密が開示された後，事業化が実現されずに事業構想企画フェーズでプロジェクトが解散になった場合，どこかのパートナー企業・組織が機密情報を使って事業を行い，それがわかったとしても，損害賠償の裁判を起こすのは実際難しいと言われています。証拠を押さえるのが困難であることと，損害額を特定するのが難しいためです。一方，そういったリスクを極限まで押さえようとして厳しい機密保持契約の締結を要求すると，その後の交渉が進みにくくなったり，信頼関係を失ったりということになりかねません。以上のようなことを前提に，異業種連携戦略プロジェクトに参加する場合には，プロジェクトが途中で解散になったときの影響も考慮し，社内の機密情報に関しては開示する範囲を明確に限定しなければなりません。

　機密保持契約の主な項目は**図表4-3**です。機密保持契約を結ぶにあたって最も問題になるのは，参加企業中で，機密情報の範囲，定義が曖昧な企業です。そのような企業・組織は，オープンにすべき情報，限定的に開示する情報，開示しない情報の仕分けの方針がないのです。これでは事業構想企画フェーズに参加するメンバーは困ります。社内情報であっても，異業種連携戦略プロジェクトに参加する場合は，担当する役員や管理職は，知財部門と連携し開示範囲の方針を明確に出すべきです。

図表4-3　機密保持契約の基本

- ◆ 機密保持契約の目的を設定する
- ◆ 機密情報の定義，特定方法，例外規定を設定する
- ◆ 機密情報を開示する者の範囲と利用方法を限定する
- ◆ 機密管理体制と期間を設定する
- ◆ 機密情報の返却・破棄の取り決めを行う
- ◆ 違反した場合の効果を定める

第4章　戦略計画段階　　135

機密保持契約はどこか1社と参加企業・組織が1対多で結ぶ形ではなく，参加するすべて企業・組織が連名での契約になります。

事業構想企画フェーズのプロジェクト実施期間中の議論で，共同で生み出したアイデアや技術が著作権などの知的財産にあたるものは，共同開発の成果物として事務局がドキュメント化し，管理する必要があります。期間中，期間後に，メンバー企業が自社のためにその共同開発の知的財産を使用する必要が出た場合は，事務局にその目的と使用範囲を申告するルールが必要です。ただし，この段階では，独立した事業組織ができていませんし，共同での技術開発を行っていませんので，パテントプールなどの共同で知財を持ち，使用者にライセンスしてライセンス料を徴収することまでは検討する必要がない場合がほとんどです。

(2) いわば「1つのスタートアップチーム」として事業構想をつくる

事業構想企画フェーズのチームマネジメントのイメージは「スタートアップ企業」です。つまり多様なメンバーが一体となって事業構想を創り上げる。その過程で発生するさまざまなトラブルを乗り越えていくマインドセットと行動力，判断力を持たなければなりません。

したがって，デジタル異業種連携戦略プロジェクト全体としてのチームづくりが必要となります。まずプロジェクトリーダー，サブリーダーを選出します。立候補でも推薦でもよいのですが，事業構想企画フェーズをリードするマインド，スキル，知識がなければなりません。専門的な知識は必要ありませんが，最も大事なのは会社や専門を超えた多様なメンバーをリードする共創型のリーダーシップを身につけた人が必要です。成り行きや会社の力関係でリーダーを決めがちですが，それではプロジェクトは進みませんし失敗します。誰がリーダーを務めるかが最も重要であることは間違いありません。ふさわしい人がいなければ各社で適任者を探し，新たに依頼することも必要かもしれません。将来ジョイントベンチャーのような形で分離した際に，経営にコミットしてくれる外部のコンサルタントやフリーランスの人でふさわしい人がいれば，そう

図表 4-4 デジタル異業種連携戦略プロジェクトチームの全体像と役割

デジタル異業種連携戦略プロジェクトチームは，参加するパートナー企業・組織メンバーから選抜する

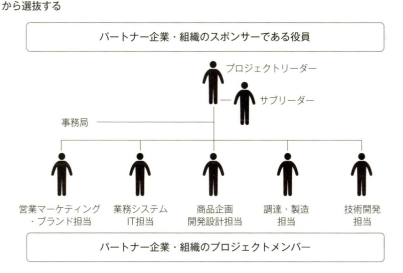

いった人をアサインしてもいいでしょう。いずれにせよリーダー選びでの妥協は禁物です。

　チームをスタートアップ企業的な組織にするには，メンバー数はあまり多くてもいけません。せいぜい10名，7，8名がちょうどよいでしょう。メンバー間では頻繁なコミュニケーションが重要です。

　プロジェクト開始初期の段階でチームワークをよくするために，チームビルディングを行います。事業構想企画フェーズの最初の段階で合宿などを行い，事業に関して集中討議するのもよいと思います。その中でメンバーが互いを知ることと，信頼関係づくりを行います。

　また，プロジェクト立ち上げの時に，プロジェクトの理念や行動指針を皆で議論するのも効果的です。特にプロジェクトの行動指針は，プロジェクトが進み何か困難なことにであった際のよりどころになります。

　異業種連携戦略プロジェクトでは，一企業内のプロジェクトにない多くの障

第4章　戦略計画段階　137

図表4-5　異業種連携戦略プロジェクトの行動指針の例

> 1．人が自分らしさを見出す独自のサービスを創発する
> 2．過去の発想を破壊した産業横断の連携を自らが実践する
> 3．ベンチャー組織として常識を超えたチャレンジをし続ける
> 4．結果から考え，小さな実験と挑戦を繰り返す
> 5．問題があれば常に仲間と共有し，スピーディーに解決する

害，困難さがあります。スタートアップ組織とはそのような障害や困難さを1つひとつ解決していく過程で，チームメンバー間の信頼関係と結束力をつくり上げていきます。プロジェクトリーダーやサブリーダーは，プロジェクトの障害や困難をチーム成長の機会と捉え，積極的に関与していくべきです。

⑶　事業構想企画にかける期間は3カ月（90日）が適切

　事業構想企画は時間を要する作業ですが，スタートアップ組織をイメージしたとすれば，できれば四半期3カ月（90日）が適切です。ネットの影響もあり，時代の変化が激しく，半年も経つと周りの状況も変わり，異業種連携戦略プロジェクトの事業構想を評価し難くなることも少なくありません。90日ですと人の集中力も維持でき，毎日，毎週のアクションを確認でき，緊張感が途切れることはありません。

　このように事業構想企画では，あえてスピード感を出すことが大事です。大企業のリズム，スピード感を壊すことや，結果からバックキャストで考え，スピーディーに思考し，行動することがデジタル異業種連携戦略プロジェクトには必要です。そのためには各参加企業において，プロジェクトに参加するリーダーや担当者への思い切った権限委譲が必要です。いちいち参加企業の了解を得ながらではプロジェクトは前に進みません。またプロジェクトオフィスも，どこかの企業の会議室をプロジェクトルームにするのではなく，多くのベンチャーが入居するシェアオフィスなどを借りるのがよいと思います。異業種連携でスタートアップの雰囲気づくりをすることで思考，行動は大きく変わりま

す。

　事業構想企画フェーズは**図表4-6**にあるように主に4つのステップで展開します。各ステップにかける期間は，仮説の再確認10日，市場検証40日，差別化戦略20日，内部検証20日が一応の目安ですが，実際は同時並行的に進めていくべきです。

図表4-6　事業構想企画フェーズのステップ

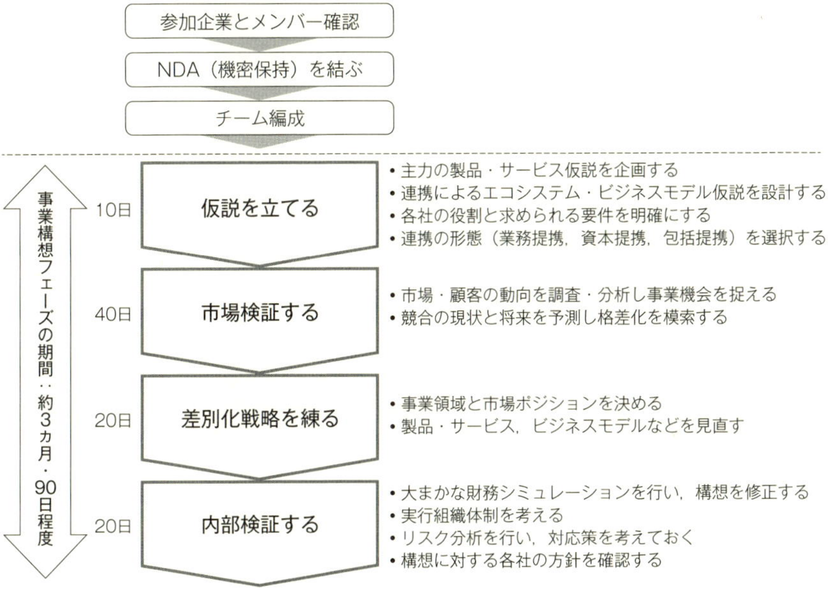

参加企業とメンバー確認

NDA（機密保持）を結ぶ

チーム編成

事業構想フェーズの期間：約3カ月・90日程度			

10日	仮説を立てる	・主力の製品・サービス仮説を企画する ・連携によるエコシステム・ビジネスモデル仮説を設計する ・各社の役割と求められる要件を明確にする ・連携の形態（業務提携，資本提携，包括提携）を選択する
40日	市場検証する	・市場・顧客の動向を調査・分析し事業機会を捉える ・競合の現状と将来を予測し格差化を模索する
20日	差別化戦略を練る	・事業領域と市場ポジションを決める ・製品・サービス，ビジネスモデルなどを見直す
20日	内部検証する	・大まかな財務シミュレーションを行い，構想を修正する ・実行組織体制を考える ・リスク分析を行い，対応策を考えておく ・構想に対する各社の方針を確認する

第4章　戦略計画段階　　139

⑷　仮説を立てる

仮説検証型のリーンスタートアップが必須

　事業構想企画フェーズは，アイデアソンフェーズで議論した内容を基に仮説の企画から始めます。そもそも90日で事業構想を企画するには，積み上げ式では時間的に間に合わないし，バックキャストで発想し，行動しないとよい事業構想企画はできません。

　多くの日本企業が仮説検証型と言葉で理解しても，いざ計画に入ると積み上げ型に戻っているケースがよくあります。積み上げ型の思考を避けるためには，検証すべき仮説に対し，常にKPI（Key Performance Indictors：重要業績指標）の数値を意識することが効果的です。KPIを意識することで仮説が明確になります。その結果，リーンスタートアップの思考と行動で仮説を企画できるようになります。

製品・サービス仮説を企画しKPI化する

　製品・サービス仮説は，アイデアソンフェーズで企画した仮説を見直し，詳細に企画します。企画にあたっては，圧倒的な顧客提供価値，市場に大胆なイノベーションを起こしうるエコシステム・ビジネスモデル戦略を前提にします。

　これまでも何回か述べていますが，圧倒的な顧客提供価値とは，既存製品・サービスの2倍以上の価値であり，市場に大胆なイノベーションを起こしうるエコシステム・ビジネスモデル戦略とは，市場の参加プレイヤーの半分が入れ替わるか，プレイヤーの数が2倍以上増えるぐらいのものです。

　製品・サービスの企画は，パートナー企業・組織のデジタル異業種連携によるものですから，上記のような革新的な顧客提供価値やエコシステム・ビジネスモデル戦略の要件にも応えることは可能であると考えます。

　製品・サービスの企画は，アイデアソンフェーズでも行ったように，基本コンセプトを基軸に，BtoCビジネスであれば機能的要素，情緒的要素，自己実現的要素の3つのコンセプト要素の具体的な内容をブレイクダウンします。

製品・サービスの各要素の主なブレイクダウンすべき項目は**図表4-7**のとおりです。前述したように，自己実現的要素とは，人の価値観，生き方，ライフスタイルに関わることです。ここではマズローの5段階要求説の上位3つの要求項目にブレイクダウンしてみました。情緒的要素とは製品・サービスが結果的にどのような感情をつくり出すかということと，その感情はどのように生成されるかを五感の項目で示すことです。五感すべてが網羅されていなければならないということではありません。機能的要素は，その製品・サービスになくてはならない基本機能とオプションまたは追加的に存在する付加機能に分かれ，その内容は製品・サービス特性によって異なります。

　3つのコンセプト要素の具体的な内容をブレイクダウンできれば，項目ごとにKPI化します。この段階ではKPI化が難しいものもあるかもしれませんが，仮説レベルでKPI化を試みます。BtoBでは，機能的要素が主で，BtoBtoCを意識する戦略であれば，情緒的要素，自己実現的要素も企画しKPI化します。

　さらにその実現方法・技術の仮説を企画しておきます。実現方法・技術をKPI化しておくとコンセプト実現の課題も明確になります。

　各項目は必ずしも独立して存在しません。機能的要素が情緒的要素となり，その結果自己実現的要素になるような因果関係を伴っているものがよいコンセプトであると言えます。各項目のKPI同士に因果関係があるかどうかを検討するとよいと思います。

第4章　戦略計画段階　　141

図表4-7　製品・サービス企画シート

エコシステム・ビジネスモデル戦略からの要求	狙うべき顧客提供価値
・データの自動・継続的収集，セキュアな流通，サービス提供のためのプラットフォーム ・データ利活用による業界横断型新製品・サービスの開発，進化継続 ・大学・研究機関との連携，分析によるエビデンス確保	・ペットの夢分析や通訳機能などの斬新で面白さがあり，継続することでサービスがカスタマイズ化され進化する ・健康増進サービスと保険機能の併用による安心 ・高付加価値，高額でもコストパフォーマンスの良い提供価格 ・利便性だけでなく，幸福度を高める

基本コンセプト	価格・コスト
「Wanyamo」でペットも飼い主もハッピーMax！	・月額：5,000〜8,000円（プレミアムプラン＋3,000円） ・データセンター利用料，アプリ運営管理費

コンセプトの要素	基本項目	KPI（指標）	実現方法・技術
自己実現的要素	自己独自性追求	・業界初サービス投入数 ・カスタマイズ機能数	・ビッグデータによるペット種ごとの特徴抽出，モデル作成 ・縦断データ取得によるカスタマイズ化
	社会承認欲求	・利用インフルエンサー数 ・SNSフォロワー数	・サービス内SNSの設計 ・インフルエンサー認定制度
	所属欲求	・幸福感，愛情度，楽しさ	・ペットの健康増進，健康寿命延伸サービス ・ペットの感情可視化，飼い主との相思相愛度評価
情緒的要素	結果としての感情	・幸福感，愛情度，楽しさ	・ペットの健康増進，健康寿命延伸サービス ・ペットの感情可視化，飼い主との相思相愛度評価
	感情をつくる5感要素（触覚，視覚，味覚，嗅覚，聴覚）	・使いやすさ ・アプリのインタラクティブ性	・スマホアプリでペットの通訳，夢分析 ・センサによるペット交友関係図表示，散歩時のガイド
		・ペットとの一体感，共感	・首輪カメラでのペット視点体験 ・ペットの感情表示
		・ペットと飼い主の声色，活動，バイタルをもとにした健康度	・ペット生涯シミュレーションとサービス利用による変化報告 ・ペットと過ごす前後での飼い主のメンタル変化解析
機能的要素	基本機能	・健康度	・健康モニタリング，ケア製品利用，保険による健康増進，健康寿命延伸
		・事故リスク削減 ・不調の早期発見	・音声，カメラ，バイタルセンシングによる見守り ・データ解析によるリスク評価，予測 ・ペットの交友関係によるトラブル予測，予防策提案
	付加機能	・幸福度	・食事中，散歩中，空調使用，グッズ使用中などのペットの幸福度を表示
		・コミュニケーション活性度	・通訳，夢分析によるペットの感情把握 ・旅行等レジャー時の感情変化可視化，思い出アルバム作成

エコシステム・ビジネスモデル仮説を設計する

　製品・サービス仮説が企画できたらデジタル異業種連携戦略によるエコシステム・ビジネスモデル仮説を設計します。これも製品・サービスの企画と同様にアイデアソンフェーズで企画したものを詳細に再設計します。

　エコシステム・ビジネスモデルは，顧客提供価値を実現するための仕組みで

すから，まずは顧客提供価値とそれの具体化されものとしての製品・サービス企画内容を確認します。その上で次のような手順で再設計します。

【1：異業種連携で構成する独自のコア・コンピタンスの設計】

顧客提供価値とそれの具体化されものとしての製品・サービスを実現させるためのコア・コンピタンス（中核能力）を定義します。それは，デジタル異業種連携戦略ですから，各パートナー企業・組織のコア・コンピタンスを組み合わせたものになりますので，具体的には組み合わせる各パートナー企業・組織のコア・コンピタンスは何かを明確にします。そしてそれをどう組み合わせてデジタル異業種連携戦略のコア・コンピタンスにするかを考えます。

その際，各パートナー企業・組織のコア・コンピタンスはどのような形式で提供されるのか，たとえば，設計技術か，その部品などのモノか，情報システムのような仕組みか，ソフトウエアプログラム，サービス（情報サービス，人的サービス）なのかなどを確認ししておく必要があります。またそのコア・コンピタンスに求められる要求水準はおおよそどの程度なのかの確認も必要です。さらには，それら各パートナー企業・組織のコア・コンピタンスが本当に組み合わせ可能かどうかも検討しておかなければなりません。

【2：最終需要者，顧客からの情報，ノウハウのフィードバック】

エコシステム・ビジネスモデル戦略で最も重要なことは，最終需要者や顧客からの情報・ノウハウのフィードバックループが構築できるかどうかです。基本的にフィードバックの仕組みはICTを活用したものでなくてはいけません。ここがデジタル異業種連携戦略の最も大事なポイントの1つです。

デジタル異業種連携戦略における情報・ノウハウのフィードバックの基本は「顧客のため」です。情報・ノウハウのフィードバックを，こちら都合ではなく「顧客提供価値のため」にしなければなりません。わかりやすく言えば，「お客様がこの製品・サービスの顧客提供価値を得るためには，お客様がお持ちの情報や使用情報をいただく必要があります」という関係でなりれればなりま

第4章　戦略計画段階　　143

図表4-8　フィードバックループの設計のチェックリスト

- ✓ 取引するごとに蓄積される膨大な専門情報・ノウハウを，顧客の問題解決やリスク低減に活かすことはできないか
- ✓ そのために取引ごとに集める顧客情報の量＆質を高められないか
- ✓ 自社の商品・サービスを利用する顧客が増加するほど，顧客のベネフィット増加，コスト低減を実現することができないか
- ✓ 顧客同士の情報交換や取引を活発にできないか
- ✓ 顧客の製品・サービス利用情報をリアルタイムで入手することで，企画・開発・マーケティングを有利に進められないか。その代わりに利益の一部を顧客に返すなどができないか
- ✓ 異業種連携するパートナー企業・組織やその他のパートナーからの情報・ノウハウのフィードバックが得られないか
- ✓ 情報技術を活かし，既存顧客への情報・サービスを効率的に提供し，顧客を囲い込めないか

せん。

　また，情報・ノウハウのフィードバックは顧客からだけでなく，異業種連携のパートナー企業・組織やその他のパートナーからも得られるようにし，反対にデジタル異業種連携戦略プロジェクトが顧客から受け取った情報・ノウハウを異業種連携のパートナー企業・組織やその他のパートナーに提供する仕組みにするとエコシステム・ビジネスモデルはさらに強くなります

　その情報・ノウハウのフィードバックの要素は，新事業が創り出す製品・サービスの中に埋め込んでおくことが必要になります。つまり，エコシステム・ビジネスモデル戦略と製品・サービスの企画は切り離して考えることはできません。

　その他のフィードバックループ設計のためのチェックするべき点を**図表4-8**に示しましたのでご参考にしてください。

【3：新たなパートナー企業・組織の参画の誘発】

　デジタル異業種連携戦略は，異業種連携のパートナー企業・組織との連携をベースに事業戦略を企画するのですが，プロジェクトのパートナー企業・組織

以外の多くのパートナー企業・組織を巻き込むことも可能です。有名な事例ですが，米国GAFA（Google, Apple, Facebook, Amazon）のビジネスモデルには無数のパートナーが存在し，そのパートナーのビジネス拡大が，GAFAのビジネスモデルを拡張させる原動力になっています。

デジタル異業種連携戦略で生み出される製品・サービスやエコシステム・ビジネスモデルは，どのような新たなパートナー企業・組織を必要とし，一方，その新たなパートナー企業・組織から見てその製品・サービスやエコシステム・ビジネスモデルは，ビジネス上どのような利用価値があるのかを分析し，新たなパートナー企業・組織が大きな負担なく参加する仕組みをつくれれば，新たなパートナー企業・組織の増加とともに，そのエコシステム・ビジネスモデルは指数関数的に成長する可能性が見い出せます。

【4：多様な収益源の設計】

日本企業，特に製造業の収益源の多くはモノの販売が中心で，それ以外では，せいぜい保守メンテナンス料をもらう程度でしょう。しかし，これでは研究開発，製品・サービスの開発投資を回収するのは難しいと思います。収益源を製品・サービスや保守，メンテナンスだけでなく，情報提供料，情報の分析とフィードバック，パートナー企業・組織の販売窓口によるコミッション，プラットフォーム利用料，技術・商標などのライセンス料など多様な収益源をつくるよう努力する必要があります。

エコシステム・ビジネスモデル戦略において多様な収益源を企画することは，パートナー企業・組織との取引関係を設計することです。パートナー企業・組織の収益力をいかに高めるかを，パートナー企業・組織の観点からソリューションする企画力が求められます。

【5：プラットフォームの企画】

アイデアソンフェーズでも述べたとおり，顧客，パートナー企業・組織が活用する共通の土台をプラットフォームと呼び，いかにそのプラットフォームを

第4章　戦略計画段階　　145

構築できるかが重要です。戦略性の高いプラットフォームを構築することがデジタル異業種連携戦略プロジェクトの最大のミッションと言っても過言ではありません。

プラットフォームには「技術プラットフォーム」「製品プラットフォーム」「共創プラットフォーム」など，いくつかのレイヤーがあります。そのためか“プラットフォーム”というキーワードが明確な定義なくさまざまな場面で使われ，議論がかみ合わないこともしばしばあります。

ここでは２つのプラットフォームを企画します。１つはビジネスプラット

図表4-9　エコシステム・ビジネスモデル設計シート

コア・コンピタンス	顧客提供価値	収益源
• センシングによる縦断データ蓄積 • 製品・サービス開発スピード • エビデンスに基づいた多様で包括的な製品・サービス	• ペットが健康でいられることの喜び，安心 • コミュニケーションをとれることによる幸福感 • 包括サービスによるトータルコスト節約と利便性向上	• ペットフード，用品，保健販売手数料 • 関連サービスの広告収入 • ビッグデータ販売収益

パートナー企業・組織	情報・ノウハウのフィードバック
通信キャリアA社，センサB社，ペット薬剤C社 ペット保険D社，ペットフードF社，ペット用品G社， ペット介護H社，大学・研究機関	• 消費者（利用者）→ペットの健康状態，病気リスク予測，飼い主の幸福度 • 生命保険会社→ペット種ごとの寿命，既往歴，健康リスク，生活データ • ペットフード・用品メーカー→顧客データ，経年変化，ペットの健康への影響，効果

エコシステム・ビジネスモデル

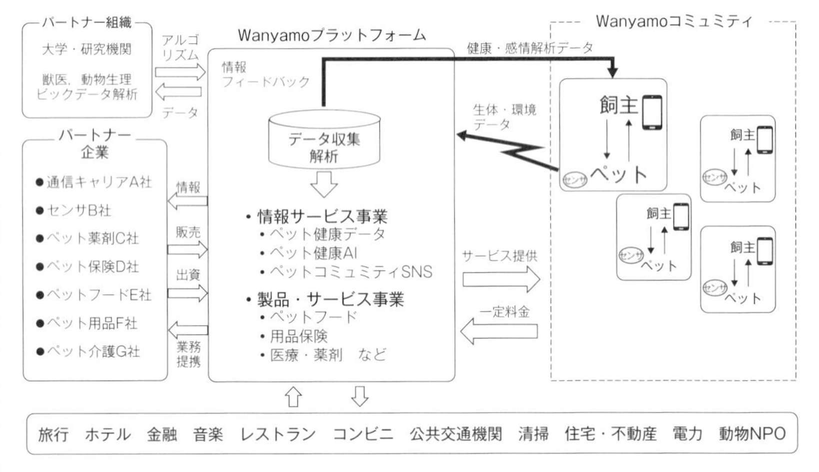

フォームです。これはビジネスモデルとほぼ同義語と考えていただいてよいのですが，顧客，パートナー企業・組織とのビジネス上の取引の仕組みやルールを図解化し，説明したものとお考えください。もう1つはICTプラットフォームです。ビジネスプラットフォームを支える，ICTの仕組み，システムです。

各社の役割と求められる要求レベルを明確にする

各パートナー企業・組織のコア・コンピタンスの組み合わせによってできる異業種コア・コンピタンスが設定されれば，それぞれ各社に求められる要求レベルも明確になります。

図表4-10　コア・コンピタンス設計シート

コア・コンピタンス	各社に求められる要求レベル						
	通信キャリアA社	センサーB社	ペット薬剤C社	ペット保険D社	ペットフードF社	ペット用品G社	ペット介護H社
ペット生体データ解析	通信環境の企画，設定，工事\n\nキャリアサービス活用の決済機能\n\nプラットフォームの企画開発	各種生体センサー企画開発\n\n外部調達品の評価，購買\n\nデータの一次処理	ペットの生体に関する知識\nペット状況と必要な薬剤の判断	生体データと発病の関連分析\n生体データに基づく保険商品の開発			
ペット心理データ分析					生体データに基づくフードの企画\nペットの感情分析とフードの関係把握	生体データに基づく各種用品の企画\nペットの感情分析と各種用品の関係把握\n飼い主コミュニケーションと用品の関係把握	生体データに基づく介護の方法の企画\nペットの感情分析と介護の方法の関係把握\n飼い主コミュニケーションと介護の関係把握
ペット・人コミュニケーション技術				各社の製品・サービスに関連する人とペットのコミュニケーション知識・スキル			
サービスプラットフォーム企画，運営							
データに基づく新サービス開発				生体データと発病の関連分析\n生体データに基づく保険商品の開発	生体データに基づくフードの企画\nペットの感情分析とフードの関係把握	生体データに基づく各種用品の企画\nペットの感情分析と各種用品の関係把握\n飼い主コミュニケーションと用品の関係把握	生体データに基づく介護の方法の企画\nペットの感情分析と介護の方法の関係把握\n飼い主コミュニケーションと介護の関係把握

デジタル異業種連携戦略で重要なのは，この「各社に求められる要求レベル」です。そしてその要求レベルに対して，質と量的面で各パートナー企業・組織がそれに応えられるかどうかです。各社それぞれ異なる業種ですから，微妙に要求レベルに対して認識のズレがあるかもしれません。現段階は仮説ですから，求められる要求レベルを単に設定すればよいと割り切ってもいいでしょう。しかし，仮説であっても，要求レベルと現実にあまりにも大きなギャップがあれば，製品・サービスや顧客提供価値，それに求められるコア・コンピタンス，ビジネスモデル戦略など戦略すべての見直しが必要になります。またはパートナー企業・組織を入れ替えることや，新たなパートナー企業・組織を加える検討が必要になるかもしれません。

連携の形態（業務提携，資本提携，包括提携）を選択する

顧客提供価値，製品・サービス，ビジネスモデル，コア・コンピタンスなどが明確になれば，異業種各社の役割と求められる要求レベル，各社が得られるものもおおよそ明確になります。そこでどのような形態の連携をするかを検討します。

連携の形態は「契約」を前提としますので，法務的観点で連携の形態を検討します。法務的観点での連携の形態は，資本の移動が伴わない業務提携，資本の移動をともなう資本提携，業務提携と資本提携を合わせた包括提携の3つに分類されます。

【業務提携1】販売店契約

販売店契約とは，販売店（ディストリビューター）が自己の名前と計算で仕入れた製品を，指定されたテリトリー内で再販売する形態で，販売店が在庫リスクを負担する契約です。販売店は自社の顧客に対し販売価格を設定して利益を得ますが，販売できない場合は損失を負担することになります。顧客資産は基本的に販売店のものです。

図表4-11　販売提携

販売提携の主な形態として販売店契約，代理店契約がある

販売店契約
- 販売店契約とは：
  - 販売店が自己の名前と計算で仕入れた商品を，指定されたエリア内で再販売する形態
  - <u>在庫リスクを販売店が負担する</u>
  - 特約店契約という場合もある
- 販売店にとってのメリットとデメリット
  - メリット：自ら顧客への販売価格を設定し高い利益をとることができる
  - デメリット：販売できない場合その損失を自己負担する

代理店契約
- 代理店契約とは：
  - 代理店がメーカーの名前と計算で仕入れた商品を，指定されたエリア内で顧客と売買を行い，メーカーからその売買に応じた手数料を取る形態
  - <u>代理店は在庫リスクは負わない</u>

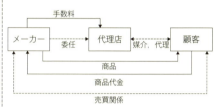

（出所）髙橋透・淵邊善彦（2011）『ネットワークアライアンス戦略―企業提携「再構築」のための実務対応』日経BP

【業務提携2】代理店契約

　一方代理店契約は，代理店（エージェント）がメーカーの名前と計算で決められたテリトリー内で顧客と売買を行い，メーカーからその販売に応じた手数料をとる形態です。代理店は在庫リスクを負いません。

【業務提携3】技術提携

　技術提携は，ライセンス契約，共同開発契約等の形で締結されます。許諾する知見は知的財産権で，主には特許，ノウハウなどの技術ライセンスですが，商標，ブランドのライセンス，ソフトウエア，キャラクターなどの著作権ライセンスが付与されることも多くあります。許諾を受けたライセンシーは，ライセンスの契約条件の下で自由に利用できることになります。その対価としてロイヤリティを支払うのが通常のライセンス契約ですが，異業種連携戦略の場合，相互にライセンスするクロスライセンスなどになるケースが多いと思われます

ので，ロイヤリティの支払いが生じるか否かは，どのような契約をするかによります。

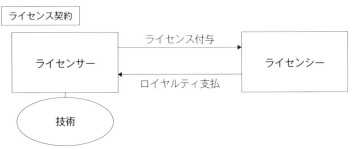

図表4-12　技術提携

(出所) 高橋透・淵邊善彦 (2011)『ネットワークアライアンス戦略―企業提携「再構築」のための実務対応』日経BP

【業務提携4】生産委託契約

　生産委託契約とは，モノの生産や生産の一部を委託する契約です。生産委託にあたっては製造する製品の仕様，品質レベル，原材料，製造数量，検収方法が重要です。製品の品質管理や欠陥が生じた場合の責任が問題になるので，契約上の取り決めが必要です。委託者の技術を利用させて生産委託する場合は，技術ラインセンス契約が必要です。共同開発的な要素がある場合は，契約当初は仕様が確定していないこともあり，委託先の責任を明確にしておかなければなりません。

図表4-13 生産提携

- 生産提携の目的は，相手方に対し生産の一部や製造工程の一部を委託することにより
  ①生産能力を補充すること，
  ②製造施設・設備に対する投資リスクを避けること，
  ③受託者の安い製造コストを利用すること，などである
- 委託時に明確化すべきポイント：製品仕様，品質レベル，原材料，対価，検収方法
- 問題となりやすい事項：日常的な品質管理や欠陥が生じたときの責任

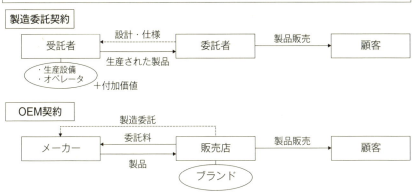

(出所) 高橋透・淵邊善彦 (2011)『ネットワークアライアンス戦略—企業提携「再構築」のための実務対応』日経BP

【業務提携5】OEM契約

　OEM（Original Equipment Manufacturing）契約とは，受託者が委託者の商標で販売する製品の製造を受託する契約です。受託者は委託者の商標をつけた製品を製造し，委託者はその製品を受託者から購入して再販売するため，顧客からは委託者が製造した製品であるように見えます。電子，電気，自動車などの業界で広く活用されています。委託者は受託者に対し，仕様，図面，原材料などを供給し，それらの機密保持を取り決めておく必要があります。OEM契約は，委託者から見ると生産委託の側面があり，受託者から見れば自社の製造した製品を相手ブランドで販売する販売提携の側面もあります。

【資本提携1】少数資本参加

　出資先会社をつくる，またはすでに存在している会社に対し出資する場合，

少数の株式を持ち経営発言権を持たない場合を，少数資本参加と呼びます。この場合，株主間契約を結んで権利，義務について定めることはしません。議決権所有比率が20％（または15％以上で一定の支配権を持つ場合）以上になると原則として持ち分法適用会社となり，連結財務諸表に損益が反映されることになるので，それより少ない割合にします。

デジタル異業種連携戦略の場合は，出資会社が出資先の企業のリスクを切り離し，独立性を持たせる場合に少数資本参加が効果的と言えます。つまり出資者の経営関与はかなり低いと言えます。

図表4-14　資本提携

（出所）高橋透・淵邊善彦（2011）『ネットワークアライアンス戦略─企業提携「再構築」のための実務対応』日経BP

【資本提携2】合弁会社

株主が経営に一定の発言権を有する場合は，出資する当事者が出資してできた独立の企業体を合弁会社と呼びます。合弁会社の場合は，事業自体が合弁会社に移りますので，合弁事業に対する株主のコントロールは制約されます。合弁会社の運営や管理に関する契約を，合弁契約または株主間契約と呼び，合弁

会社の組織構成，意思決定のプロセス，合弁事業の解消方法などについて詳細な規定を設けます。連携するそれぞれの会社と合弁会社との間で各種業務提携を結ぶことが多くなります。

【包括提携】業務提携×資本提携

　包括提携とは，業務提携と資本提携の組み合わせた形態です。先に述べたとおり，資本提携は，出資が少額である少数資本参加の場合と，20％（または15％以上で一定の支配権を持つ場合）以上で経営への発言権を持つ合弁会社の場合に分かれますが，いずれにせよ出資会社もしくは合弁会社と業務提携を結びます。デジタル異業種連携戦略で一番多く想定されるのがこの包括提携です。複数の業務提携だけで連携することも考えられますが，連携する事業がスタートの際にまとまった資金が必要な場合や，連携する事業において技術開発要素が多い場合などは，資本提携を伴った包括提携が適していると思います。一方，交渉が破談した場合や提携を解消する場合には，連携する企業それぞれにダメージが生じますので，慎重に検討する必要があります。

図表4-15　包括提携

包括提携とは，合弁会社の形態をとり，その合弁会社と出資会社が販売提携，技術提携，生産提携などの業務提携を行う形態。
デジタル異業種連携戦略で最も活用される契約形態。

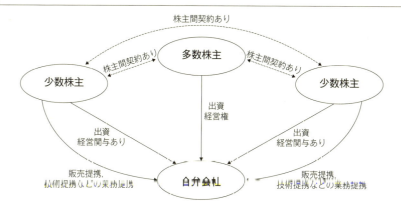

第4章　戦略計画段階　153

⑸　市場検証

顧客検証
【顧客検証のPDCAは上市後永続的に回す】

　デジタル異業種連携戦略プロジェクトでは，製品・サービスを市場に出した後も，継続して市場からフィードバック受け，スピーディに製品・サービスを改良し続けることが重要です。それはデジタルだからこそできることでもあります。

　この事業構想企画フェーズの段階での市場・顧客動向調査や最初の顧客検証は，市場や顧客を理解する1つのスタートに過ぎません。調査してみて製品・サービスの企画に改善の必要性があれば，すぐに企画を見直し，再度調査し，ある一定以上の成果がでるまで「企画→顧客検証→改善点の発見→企画……」とPDCAサイクルを回していきます。

　したがって，事業構想企画フェーズでの市場・顧客動向調査や最初の顧客検証は，市場検証のPDCAサイクルのスタートです。

【市場をセグメントし，ターゲット顧客を設定する】

　はじめに製品・サービスコンセプト仮説の対象市場を決め，その市場をいくつかの属性で層別します。この層別することを市場セグメンテーションもしくは顧客セグメンテーションと呼びます。

　セグメンテーションで活用する属性とは，BtoCであれば性別，年齢，住居地域，所得，貯蓄金額など公の統計データいわゆる「デモグラフィック」や，ライフスタイルや自己イメージなどの「価値観」，1日の時間の使い方，アクセスするメディアなどの「行動」などがあります。BtoBであれば，産業分類，事業規模，従業員数などの「産業デモグラフィック」，BtoCの価値観に相当する企業の「理念や戦略」，企業の「業務プロセス特性」等があります。またBtoCもBtoBもニーズ特性をセグメンテーションの属性にすることもありますが，ニーズがわからない場合がほとんどですから，他の属性でセグメンテーション

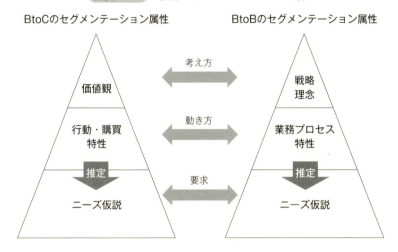

図表4-16　顧客セグメンテーションの属性

を行い，そこから一旦ニーズ仮説を推定し，その上でニーズ調査を行います。

　市場セグメンテーションの次に製品・サービスのターゲット顧客を決めます。ターゲット顧客とは，その顧客を対象にマーケティング活動を行えば，中長期的なスパンで見たとき，結果的に利益の最大化をもたらす顧客を意味します。決してターゲット顧客向けだけにビジネスをするのではありません。ターゲット顧客を梃子に，顧客を効果的に広げるのです。ターゲット顧客は，他のセグメントの顧客にも製品・サービスのブランドをイメージさせる要素になりますので極めて重要です。

【試作品もしくはコンセプトボードで顧客検証を行う】

　市場セグメントとターゲット顧客が決まれば，製品・サービスの必要最小限の試作品もしくはコンセプトボードを作成し，それを使って顧客検証を行います。コンセプトボードとは，製品・サービスのコンセプトが顧客にわかりやすい文字や写真，図表で表したボード（プレゼン用の大きなボード）のことです。作成した試作品やコンセプトボードを活用して，検証すべき項目を明確にします。たとえば，スマートフォンのアプリやITプラットフォームであれば，

- 顧客とのタッチポイント何か（どのようにして知るか）
- そこで顧客は何を期待するのか
- 顧客の最初の行動は何か，実際に行動してくれる顧客はどのぐらいいるか
- 対象製品・サービスを選択し，試してくれるか。どれぐらい滞在してくれるか
- 楽しんだ上で購買してくれるか
- 最初は何から買ってくれるか

などです。

　つまりプロモーションでよくいうAIDMAのような顧客の経験ヒストリーを検証しなければなりません。AIDMAとは，その製品・サービスの存在を知り「Attention」，興味を持ち「Interest」，欲しくなり「Desire」，記憶してくれ「Memory」，購買してくれる「Action」の略称です。AIDMAの各ポイントで何人が次に進むか？　途中で断念した人の理由は何か？　最後まで残ってしようしてくれた人はどんな達成感を味わったか？　といったことを検証します。

　顧客検証は，リーンな調査を心がけることが求められます。つまり仮説が違っていたら即座に新しい仮説を立て直します。具体的には製品・サービスの試作を作り直し，再び顧客検証を行います。それを何度も繰り返し，ある一定以上のレベルになったら上市します。しかし，上市してからもこの顧客フィードバック，修正，検証は続きます。つまり顧客検証とはあるべき姿に向かう学習プロセスそのものなのです。しかも速く学習することが勝者の条件となります。検証にあたっては次のようなことに注意してください。

- 結果をKPI（指標数値）で計測する。そして想定とどのぐらいギャップがあるかを測定する。たとえば，アクセス率，購入率，購入単価，リピート率など
- そのギャップの原因は何かを追求し，そのギャップを埋める方法は何かを考える
- 顧客は製品・サービスから実際にベネフィットを実感するか？　どのタイミングで，どのようにそのベネフィットを実感するのか？　そのベネ

図表4-17　顧客調査・検証シート

ターゲット顧客とシーン
- 犬をペットとして10年以上飼ってるユーザー
- 夫婦2人で子どもはいないか同居していない
- 55歳以上，世帯年収1,500万円以上
- ペットが欠かせない家族の一員
- 仕事を持っていてウイークデイは多忙

検証すべき仮説
1. 犬とのコミュニケーションが出来た際のベネフィットの度合い
2. 獣医，飼育員などの専門家のアドバイスの必要性と満足度
3. フード，用品のサブスクリプションサービスの満足度

検証項目	KPI（指標）	検証方法	検証結果まとめ
コミュニケーションの項目，内容	実施タイミングでの満足度	・N数20名（10頭） ・生体データから感情推定してアプリで表示 ・感情分類は12 ・飼い主のアクションとペットの反応を見る ・人間同士のコミュニケーションも検証	・これまでにない高い満足：80% ・予想以上の満足：5% ・使用に手間がかかる：15% ・飼い主のアクションへの感情反応のタイムラグにはあまり不満はない ・感情12分類でもしばらくは楽しめる ・人同士の会話も活性化する傾向あり
専門家アドバイス	必要タイミングでのアドバイスの満足度	・ペットに問題が生じた場合 ①スマホのチャットボットで問い合わせ ②電話，メールで直接問い合わせ ・各人3回以上実施	・チャットボットのレスポンスで満足：30% ・専門家が直にネット，電話で返答した場合の満足度：75% ・細かい個別状況に応じた対応が重要
サブスクリプションサービス	使用前 使用中 使用後の満足度 処理時間	・一定料金で 　・フード 　・用品 　・医療，美容 のサービスを受ける	・コストが高い：70% ・コストは高いが便利：90% ・自分で自由に選択したい：40% ・ある特定カテゴリーのみ利用したい：60%

フィットの大きさはどの程度か？　何かそれと匹敵するものはないか？
- 顧客は製品・サービスに対しいくら払うか？　その他顧客が負担すべきことを実際に請け負ってくれるかどうか？
- 顧客は提案した製品・サービスを何と比較するか？　提案した製品・サービスは比較される競合に対してどこが良いのか？　または悪いのか？

などです。

競合検証（競合ベンチマーキング分析）

　顧客はデジタル異業種連携戦略プロジェクトの製品・サービスだけに関心を持つということはありません。必ず何かと比較して選択しています。比較する

第4章　戦略計画段階　　157

図表4-18　競合調査・検証シート（ベンチマーキング分析）

	分析の視点	競合企業	競合の現状	競合の将来戦略
製品・サービスレイヤー	・製品・サービス属性 ・顧客提供価値 ・製品・サービスそのもの	・Panasonic他 ペット見守りカメラ	・ペットカメラの開発販売 ・TV広告の実施 ・ベビーモニターと合わせて展開	・ホームのAI化の一環としての展開 ・サービスまでは考えていない ・表情解析までは考えていない
		・Furboの カメラ＋餌やり	・ペットカメラ機能に餌やり機能を追加 ・ハード中心の販売	・サービス展開までは遠い ・感情解析までは行えない
バリュー・チェーンプラットフォームレイヤー	・顧客提供価値 ・差別化プロセス（活動） ・コア・コンピタンス ・パートナー企業・組織数 ・財務業績	・東京電力 "ペットみるん"	・現在は消費者モニター実施段階 ・電力会社としてのペットモニターは電力消費と関係させて展開する構想はあるだろう	・合弁形態などでペット感情分析やサブスクリプションサービスを展開する可能性は否定できない ・電力のアカウントの多さ，ブランドを活用した展開は脅威
		・ペット保険のPS保険	・獣医電話24時間サービスを保険と合わせて提供	・フード，用品，ネットカメラとの連携も考えられる ・医療AI化は狙ってくる
エコシステム・ビジネスモデルレイヤー	・顧客価値の差別化 ・収益源のポイント（種類）と収益の量 ・コア・コンピタンスのネットワーク ・情報，ノウハウのフィードバックループ ・拡張メカニズムの構築	・NTTドコモ "ペットフィット"	・犬の生体データの入手，簡単解析（加速度，位置センサーのみ） ・通信料の獲得が狙い ・今のところビジネスモデルの拡張は見られないが可能性は十分ある	・犬の感情分析への展開は十分考えられる ・クルマのMaaSの展開を見ると他業態を巻き込んだビジネスモデル展開のへの発展はあり得る
		・Bark Post	・犬のおもちゃ，おやつのサブスクリプションサービス 月額約3,000円，会員2万人，売上年200millドル	・会員コミュニティを意識 ・テクノロジーの利用は見えないがM&Aでの展開はあり得る

対象がデジタル異業種連携戦略プロジェクトから見れば競合です。

　ところが，インターネットそしてIoT，AI技術が発展した結果，業界や市場の区分が曖昧になり，どこが競合なのかわかりにくくなってきています。同時に顧客側も，製品・サービスを購入・使用する意識から，製品・サービスの購入・使用を通じて得られる顧客経験価値を意識するように変わってきています。思わぬ企業，業界，そしてエコシステム・ビジネスモデルが競合になることが多くなってきています。

　そのような市場環境の変化から，競合ベンチマーキング分析は3つのレイヤーで分析します。1つ目が製品・サービスレイヤー，2つ目がバリュー・

チェーンもしくはプラットフォームレイヤー，３つ目はエコシステム・ビジネスモデルレイヤーです。この３つのレイヤーでの競合分析に関して説明します。

【製品・サービスレイヤーの競合ベンチマーキング分析視点】

視点１：製品・サービス属性

競争上，特に重要と思われる点の「対象顧客とニーズ」「製品・サービス構成」「売上・シェア」の３つを調査する。「対象顧客とニーズ」は製品・サービスがターゲットにしている顧客と想定するニーズ，「製品・サービス構成」は製品のラインナップ，「売上・シェア」は製品・サービスの競争力を示す指標。

視点２：顧客提供価値

顧客提供価値とはベネフィットをコストで割ったもの。競合のベネフィットとコストのレベルを定量的に分析する。その他，競合の製品・サービスを市場ポジショニングマップで分析したり，言葉で競合の顧客提供価値を明確に定義してみる（ポジショニングステートメント）。

視点３：製品・サービスそのもの

一般的に製品・サービスの顧客提示価格，製品・サービスをつくり出すための「コスト」，顧客の値引き要請にどれだけ応えられるかという「値引き幅」，製品・サービスにおいて欠かすことのできない「基本機能」，追加的な機能である「付加機能」，顧客からの注文に対してどのぐらいのリードタイムで納品できるかの「納期対応力」，顧客の製品・サービスに対する「ブランドイメージ」。

【バリュー・チェーンもしくはプラットフォームレイヤーの競合ベンチマーキング分析視点】

視点１：顧客提供価値

バリュー・チェーン，プラットフォームが提供している顧客提供価値を定義する。できれば製品・サービス同様に，バリュー・チェーン，プラット

第４章　戦略計画段階　159

フォームから得られる顧客のベネフィットとコストを数値で分析してみる。

視点2：差別化プロセス（活動）

顧客提供価値を実現させるための，競合バリュー・チェーン，プラットフォームの差別化プロセスは何かを特定する。可能であればその差別化プロセスのKPIを分析する。

視点3：コア・コンピタンス

バリュー・チェーン，プラットフォームの差別化プロセスを支える中核となる能力「コア・コンピタンス」を特定する。可能であればそのコア・コンピタンスのKPIを分析する。

視点4：パートナー企業・組織数

バリュー・チェーン，プラットフォームに参加しているパートナー企業・組織数とその成長率を分析する。

視点5：財務業績

バリュー・チェーン，プラットフォームが生み出す財務業績を分析する。バリュー・チェーン，プラットフォームを運営している企業の財務業績か，もしくはバリュー・チェーン，プラットフォームに参加するパートナー企業・組織の売上なども含めた財務業績を分析する。

【エコシステム・ビジネスモデルレイヤーの競合ベンチマーキング分析視点】

視点1：顧客価値の差別化

競合のエコシステム・ビジネスモデルが生み出す顧客価値を定義する。

バリュー・チェーン，プラットフォームが提供している顧客提供価値よりも高い価値を生み出している可能性がある。できればエコシステム・ビジネスモデルから得られる顧客のベネフィットとコストを数値で分析してみる。

視点2：収益源のポイント（種類）と収益の量

競合のエコシステム・ビジネスモデルの中に存在する収益ポイントとそこでの収益の量を分析する。また収益ポイントをつくり出している構造も分析する。

視点３：コア・コンピタンスのネットワーク

　競合のエコシステム・ビジネスモデルに必須な中核能力，つまりコア・コンピタンスを分析する。競合も複数の企業・組織のコア・コンピタンスをネットワーク化させている可能性が高いので，ネットワークされている各企業・組織のコア・コンピタンスも分析する。

視点４：情報，ノウハウのフィードバックループ

　競合のエコシステム・ビジネスモデルのフィードバックループを分析する。どのような情報，ノウハウが，どのぐらいの量と頻度でフィードバックされているかを分析する。

視点５：拡張メカニズムの構築

　エコシステム・ビジネスモデルの構造の中に，どのような拡張メカニズムがあるのかを分析する。拡張メカニズムとは，新たなパートナー企業・組織や顧客が競合のエコシステム・ビジネスモデルに新たに入ってくるメカニズムである。パートナー企業・組織，顧客ともどのぐらいの増加率かを分析する。

　競合分析は競合の現状だけでなく，競合の将来戦略をも予想する必要があります。競合の将来の戦略を予測するのは簡単ではありませんが，上場している企業であれば経営方針として公開されていることも多く，マスコミ，業界紙を丹念に読むことで把握できる可能性があります。また業界関係者や取引先，ユーザーにヒアリングするのも効果的です。

　競合分析の最も大事なポイントは，デジタル異業種連携戦略プロジェクトが考えている独自性，差別性が

- 競合と比較して本当に競争優位にあるか？
- もし競争優位にあるとすれば，それを守りきれるか？
- そしてその根拠は何か？

を冷静に比較分析することです。さらには，

- 将来競合が実行する対抗戦略に対し，どのような対抗戦略を持ち得るか？

- その対抗戦略とは，製品・サービスレベル，バリュー・チェーン・プラットフォームレベル，エコシステム・ビジネスモデルのどこで実現されるものか？

といった競争戦略を企画することになります。

(6) 戦略の見直し（方向転換の可能性もしくは戦略の継続）

　顧客検証や競合検証である競合ベンチマーキング分析を行い，ある程度の検証が終わったら，ここでいったん戦略の見直しを行います。デジタル異業種連携戦略プロジェクトのような新事業では，既存事業と異なり，市場の理解が浅かったり，市場そのものの変化が激しいため，市場検証の後には戦略の見直しが必要となります。もちろん戦略の見直しがほとんどなく，ほぼ仮説段階のものを継続していく場合もあります。

　戦略の見直しをする際に重要なのは市場検証で得たデータです。設定された目標KPIが正しかったのか，正しければその達成率はどのぐらいか。未達であればどのようなギャップがあったのかなどを振り返ってみなければなりません。

　主な戦略の見直しの対象は下記のようなものになります。戦略はすべて繋がった一連の概念ですので，1つの対象を見直せば，他の対象も見直すことになります。

事業の理念，ミッション，目標の見直し

　市場検証の結果を受け，社会や市場における新事業の理念，ミッションの見直しが必要になる可能性があります。競合との違い，顧客への強いインパクトなどを考え，独自の理念，ミッションをつくり直します。理念，ミッションの見直しは，事業領域，製品・サービス，エコシステム・ビジネスモデルなどすべての戦略要素に影響を与えます。

　同時に売上，利益，シェアなどの事業の目標を見直します。期間は事業特性によって異なりますが，3年もしくは5年程度の中期と1年が一般的です。目標設定は経営資産の投入規模にも影響しますから，慎重に行わなければなりま

せん。

事業領域（事業ドメイン）の見直し

どの領域で事業を行うかという事業範囲の見直しを行います。たとえば市場検証の結果，医療領域で展開しようと考えていたが，非医療のヘルスケア領域にシフトしたといったケースです。

デジタル異業種連携戦略プロジェクトのコア・コンピタンスやそこから生まれる製品・サービス，エコシステム・ビジネスモデルが，どの領域であれば相対的に競合に勝てるのかを冷静に判断しなければなりません。今現在話題になっている成長性の高い事業領域よりも，少し成熟した事業領域の方が勝てるかもしれません。

事業領域の見直しは，特に戦略全体に大きなインパクトを与えますので，プロジェクトの中での十分な議論が必要です。

ターゲット顧客の見直し

ターゲット顧客の見直しは，顧客検証で行った市場（顧客）セグメントの範囲内で行う場合と，市場（顧客）セグメント自体をやり直し，その中で新たなターゲット顧客を見つけ出す場合の2つのケースがあります。中長期の視点でどのターゲット顧客がデジタル異業種連携戦略プロジェクトの利益を最大化するかを，事業ドメイン，製品・サービス，エコシステム・ビジネスモデル戦略とともに考え直すことになります。

製品・サービスの見直し

製品・サービスの見直しは，大きく2つあります。製品・サービスのラインナップ（品揃え）の見直しと，製品・サービスの機能，コストなどのコンセプトや価値の見直しです。これらは，顧客検証や競合検証である競合ベンチマーキング分析の結果をベースに議論します。

この段階での製品・サービスの見直しは，すでに市場での検証が済んでいる

第4章　戦略計画段階　　163

ことが望ましいです。市場検証のPDCAを何回か回し，これだったらいけるというもの，具体的には目標KPIの達成見込みが立つものであればよいと思います。

顧客提供価値の見直し（エコシステム・ビジネスモデルレベル）

　この場合の顧客提供価値の見直しは，製品・サービスの顧客提供価値を含んだエコシステム・ビジネスモデル全体が生み出す顧客提供価値です。デジタル異業種連携戦略プロジェクトの企画するエコシステム・ビジネスモデルが顧客にどのようなベネフィットをどのぐらいのコストで提供するのかを見直します。

コア・コンピタンス（異業種連携ネットワークでの）の見直し

　デジタル異業種連携戦略プロジェクトによるネットワークされたコア・コンピタンスの見直しを行います。エコシステム・ビジネスモデルの顧客提供価値とエコシステム・ビジネスモデルそのものの構造が見直されれば，必要とされるコア・コンピタンスも変わってきます。コア・コンピタンスの見直しは，デジタル異業種連携戦略プロジェクトのパートナー企業・組織の入れ替えに繋がる可能性がありますので特に慎重に検討すべきです。

エコシステム・ビジネスモデルの見直し

　エコシステム・ビジネスモデルの見直しとは，上記の「顧客提供価値の見直し」「コア・コンピタンスの見直し」をベースに，エコシステム・ビジネスモデルの構造そのものを見直す作業です。特にエコシステム・ビジネスモデルのベースになっているプラットフォームや，収益ポイント，顧客やパートナー企業・組織からのフィードバックループ，拡張メカニズムなどを見直します。

理念ビジョンと市場検証結果データを基に議論する

　戦略の見直しは，デジタル異業種連携戦略プロジェクト全体に大きな影響を与えます。プロジェクトから離脱せざるをえなかったり，新規に加えるべき企

業・組織が発生する可能性もあります。

　そのため，プロジェクトリーダーには，連携する企業・組織やプロジェクトメンバーを牽引する強いリーダーシップが求められます。その強いリーダーシップの根源は，プロジェクト初期の段階に打ち立てた理念とビジョン，市場検証で得られたKPIの結果データです。理念とビジョン，KPIの結果データを基に，オープンに議論し，決断し，説得することが大事です。

⑺　内部検証する

大まかな財務計画を立て，事業構想企画を検証する

　事業構想企画フェーズでの財務計画の目的とは，事業構想を大まかに財務数値でシミュレーションしてみて，事業が成り立つかどうかを財務視点で検証することです。売上はいつまでにどのぐらいになりそうか，初期投資，追加投資は何にどれぐらいかかるか，原価や販売管理費の金額と内訳はどのようになるかなどを見積もります。さらに，コストを固定費と変動費に分け，損益分岐点を分析し，売上目標を立てます。

　デジタル異業種連携戦略事業は財務面から見ても，単独で事業開発を行うよりも多くのメリットがあります。そのメリットとは次のようなものです。

- パートナー企業・組織との業務提携により，単独のスタートアップ企業よりも投資と経費が少なくて済む可能性が高い
- 上記の理由で固定費が少なく，損益分岐点が低い
- 事業投資から売上，利益計上の時期までの期間が短く，投資回収期間も短い
- 成長が加速した際の資金調達先は，各社パートナー企業・組織だけでなく，ベンチャーキャピタルなど多様である。またパートナー企業・組織が連携している事業であるため信用力も高い
- 親会社などからの優秀な人材資源の調達ができるため，人材調達，育成のコストが低い

などです。

第4章　戦略計画段階　　165

以下で主な財務計画の項目と内容を解説します。

【売上計画】

売上計画は、基本的に製品・サービスの単価と数量、製品・サービスのバリエーションで展開されます。必要であれば顧客セグメント別にも売上展開します。

【利益計画】

利益計画とは、売上から売上原価、販売費及び一般管理費を差し引いた営業利益の時間的な推移を計画するものです。上記の売上計画に対して、どのような売上原価、販売費及び一般管理費を設定するのかで決まってきます。

図表4-19　財務計画①利益計画シート

(百万円)

	1年目	2年目	3年目	4年目	5年目
売上	2,600	10,250	27,500	58,000	86,000
センサ売上	100	250	500	1,000	1,000
サービス売上	2,500	10,000	27,000	57,000	85,000
売上原価	1,675	6,625	17,800	37,550	55,750
センサ原価	50	125	250	500	500
サービス原価	1,625	6,500	17,550	37,050	55,250
売上総利益	925	3,625	9,700	20,450	30,250
売上総利益率	35.6%	35.4%	35.3%	35.3%	35.2%
販売費及び一般管理費	1,942	4,526	6,988	13,921	22,293
人件費	220	300	430	850	1,200
オフィス賃料	3	5	7	12	17
開発費	1,200	1,700	2,200	4,000	6,000
PC・OA機器	8	8	13	20	28
広告宣伝費	500	2,500	4,300	9,000	15,000
減価償却費	7	7	27	27	27
その他販管費	4	6	10	12	20
営業利益	-1,017	-901	2,711	6,528	7,956
営業利益率	-39.1%	-8.8%	9.9%	11.3%	9.3%

以下，それぞれの項目の詳細およびそれらのコスト構造を固定費と変動費という視点で説明します。

【売上原価】

　売上原価は製品・サービスの原価企画によって見積もられます。原価企画とは，想定される顧客の要求レベルを充足し，かつ顧客が購入してくれる価格を基準として，製品の目標コストを算定することです。価格と利益を両立できる目標コストを設定するためには，以下のことを検討します。

- 事業の利益率の目標から製品・サービスに求められる利益を決める
- 製品・サービスを販売する適正な価格を想定する
- 利益と価格が決まることで，製品・サービスのコストとして許容される上限である目標コストが決まる
- 目標コストを機能別の目標コストに分解し，機能や部品とコストを対応させる

【販売費及び一般管理費】

　この段階で見積もるべき販売費及び一般管理費とは，人件費，事務所費用，研究開発費，広告宣伝費などのマーケティング・販売費用，物流費，製造設備などの減価償却費などです。事業構想企画に沿ってこれらの費用を調査し見積もります。

【固定費と変動費】

　費用には，販売・生産数量の増減に比例して増減しない固定費と，増減する変動費があります。固定費とは，売上高や販売数量，生産数量の増加に関わらず，一定額かかる費用です。製造業の場合，間接労務費，間接経費，人件費，広告宣伝費，減価償却費，賃借料，リース料，備品消耗品費，研究開発費，支払利息などです。変動費とは，売上高や販売数量，生産数量が1単位増えることに，一定額増加する費用です。製造業の場合，材料費，直接労

務費，直接経費（一部の外注費），物流費などです。

　固定費と変動費の額は，アウトソーシング戦略，アライアンス戦略などを組み込んだビジネスモデル戦略では大きく変わります。つまり固定費と変動費の割合や損益分岐点売上高を戦略的に設計することで，エコシステム・ビジネスモデル戦略を財務的に裏付けることができます。

【投資計画】

　投資計画では，事業構想実行に必要な資産について，「何に」「いつ」「どれだけ」の資金を支出するのかを大まかに整理します。投資する資産の金額を耐用年数にわたって規則的に配分する費用を減価償却とし，販売費及び一般管理費の固定費となります。

図表4-20　財務計画②投資計画シート

	投資内容		投資額 （総額）
	内容	時期	
販売投資	展示会出展（日本）	毎年	5億円
	Web，雑誌広告	毎年	50億円
	TV CM	3年目以降	50億円
	イベントスポンサー・協賛	毎年	50億円
開発投資	プラットフォームシステム移管	初年度	1億円
	分析エンジン開発	毎年	15億円
	アプリ開発ツール・ソフトウェア	毎年	5億円
	第二世代プラットフォーム開発	4年目以降	8億円
設備投資	開発用サーバーマシン	毎年	3.5億円
その他投資	H大学への研究委託	初年度	3,000万円
	研究機関への助成	2年目以降	1.5億円

事業構想企画の修正

　財務計画の作成は事業構想の修正と並行して行われます。獲得できる顧客数と単価から目標とする売上が算出されます。その背景には，どのような製品・サービスで，どのようなマーケティング・営業活動を行うのかといったマーケティング戦略が存在するはずです。

　また原価や販売管理費は，どのような技術でつくられた製品・サービスで，

その原価はいくらぐらいか，それを販売するための営業や広告宣伝にかかる費用はいくらぐらいかなどの戦略の裏付けが必要です。つまり，すべての財務数字は事業構想の裏付けがなければなりません。

　目標とする財務目標に明らかに到達しない大きなギャップが生じた場合は，戦略の見直しが必要になります。実際には，前述した（6）戦略の見直し（方向転換の可能性もしくは戦略の継続）と財務計画は同時並行的に実施するのが効果的と思われます。

内部検証として実行組織体制を検討する

　事業構想企画フェーズ段階で組織体制を議論するのは少し難しいことですが，内部検証としてあえて実施してみます。つまり，事業構想を実現させるための組織が成り立つのか，組織のポストにふさわしい人材がいるのかを検討してみることを通じて，人・組織の視点で事業構想企画を検証するのです。

　人・組織の視点による事業構想企画の検証は，おおよそ以下の手順で行います。

【1：事業構想企画の確認】

　人・組織の視点で，事業構想企画の内容を確認します。まず事業構想全体を確認し，事業形態を検討します。事業形態とは前述したような業務提携なのか，包括提携を含んだ合弁会社を設立するのかなどです。

【2：組織構造の設計】

　事業構想，事業形態などから組織構造を設計します。まずは，役員など上層部の意思決定，権限などの機関設計を行います。次に，事業構想を実現させるための組織機能を考え，組織図を作成します。

【3：人・組織の要件定義と配置】

　組織構造から人・組織の要件を考えます。その要件に合いそうな人をテン

タル異業種連携戦略プロジェクトのパートナー企業・組織の中から選び，仮に配置してみます。あくまでも仮です。不足する人材は外部調達を検討します。実行組織体制のための人材配置を検討する際には，各パートナー企業・組織の利害を超えた議論をしなければなりません。そうでなければ単なる政治的な力関係の調整となる可能性があります。

組織体制案の企画

デジタル異業種連携戦略での包括提携による合弁事業を想定すると，最低限以下のような組織体制が必要になります。

【取締役会（社内／社外）】

出資，業務提携など各社のリスクを考慮した役員構成にします。デジタル異業種連携戦略プロジェクトでは参加する各パートナー企業・組織のマイノリティ投資を前提にしていますので，各社1人ずつの取締役参加も検討すべきです。

【代表取締役】

参加する各パートナー企業・組織からの選出でも外部からの登用でもいいですが，いずれにせよ事業構想の要件にあった代表取締役を検討します。

【取締役】

代表取締役同様，参加する各パートナー企業・組織からの選出でも外部からの登用でもよいのですが，いずれにせよ事業構想の要件にあった人を検討します。

【監査役】

取締役および会計参与の業務を監査する役割。株主総会，取締役会と並ぶ株式会社の機関の1つで，会社経営の業務監査および会計監査によって，違

法または著しく不当な職務執行行為がないかどうかを調べ，それがあれば阻止・是正する役割。パートナー企業・組織内もしくは外部の人選を検討します。

【経営管理，財務・会計，総務・人事，法務・知財などのスタッフ部門】

　取締役と開発，製造，営業などのライン部門を支える支援部門。経営管理部門は経営計画や業績管理を，財務・会計部門は資金の調達，投資，支出，収入の管理などを行います。総務・人事部門は，事務所，ネット環境などの会社のファシリティや人事・労務管理などを行います。法務・知財部門は各種コンプライアンスと対外的な契約，技術特許，商標などの知財マネジメントを行います。

　デジタル異業種連携戦略プロジェクトがスタートアップ的な規模で事業開始することを考えれば，初期の段階ではスタッフ部門は最小限に押さえ，アウトソーシングを活用するのが適切です。各部門の組織のトップのみを具体的に検討し，その他は人数のみの検討でよいでしょう。ただし事業構想上，特殊な知識・スキルが必要の場合は，それを実行できる人材がいるかどうかを調査します。

【開発部門，製造・物流部門】

　開発部門は，製品・サービスを企画開発する組織です。事業によっては研究部門も必要かもしれません。製造部門は，開発部門が企画開発した製品・サービスを求められる品質とコストで納期通り製造し，顧客に届けるのが役割です。インターネットビジネスではシステムが中心になるため，開発部門と製造部門が一緒になるかと思います。これもスタッフ部門同様に各部門の組織のトップのみを具体的に検討し，その他は人数のみの検討でよいでしょう。ただし事業構想上，特殊な知識・スキルが必要の場合は，それを実行できる人材がいるかどうかを調査します。

第4章　戦略計画段階　　171

図表4-21　実行組織イメージ（合弁事業の場合）

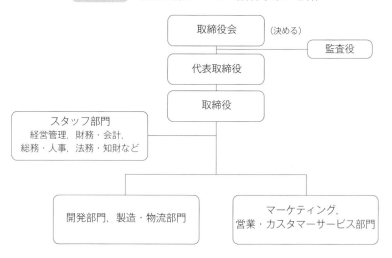

【マーケティング，営業・カスタマーサービス部門】

　　マーケティング部門は市場導入戦略を企画し実行します。具体的には価格戦略，広告・販売促進戦略，チャネル戦略，ブランド戦略などです。営業・カスタマーサービス部門は，顧客に製品・サービスを提案し，受注し，納入とその後のカスタマーサービスをするのが仕事です。スタートアップの段階ではマーケティングと営業・カスタマーサービス部門は一緒の組織でよいと思います。これもスタッフ部門同様各部門の組織のトップのみ具体的に検討し，その他は人数のみの検討でよいでしょう。ただし事業構想上，特殊な知識・スキルが必要の場合は，それが実行できる人材がいるかどうかを調査します。

リスク分析を行い，対応策を考えておく
【リスク分析とは】

　　リスク分析では，これまで企画してきたデジタル異業種連携戦略の事業構想企画に関する外部環境，内部環境で発生すると予測されるリスクを分析します。

図表4-22　主なビジネスリスク

	主なビジネスリスク	概　要
外部環境リスク	競合他社動向のリスク	• 既存の競合の戦略の変化 • 新規参入，代替品・サービスの出現 • 競合のM&A，アライアンスの可能性
	業界構造変化のリスク	• 経済環境，金融，資源，技術などのマクロ環境の変化 • サプライヤーや販売チャネル，顧客の顧客の変化 • 業界プレイヤーの変化，業界規制の変化
	顧客動向のリスク	• 顧客セグメント，ニーズの変化 • 顧客価値観，顧客行動の変化 • 顧客の経済環境の変化
	市場ライフサイクルのリスク	• プロダクトライフサイクルの成熟化，衰退化 • プロダクトライフサイクルの急速な立ち上がり • イノベーションによる新たな製品参入
内部環境リスク	資金調達のリスク	• 借入れ，資本調達 • 為替変動 • 売掛金回収，回収期間の長期化
	ブランド価値のリスク	• コーポレートブランド，事業ブランド棄損 • 相対的ブランドポジション低下 • カテゴリー自体の陳腐化，低迷
	エコシステム・ビジネスモデルのリスク	• 既存収益に対抗する新商品，サービスの出現 • 他業界の新たなアライアンスによるビジネスモデルの変革 • 情報ネットワークによるビジネスモデル革新
	プロジェクトのリスク	• 研究開発，新事業開発などのプロジェクトに関するリスク • M&A・アライアンスに関するリスク • 情報システム，プロセス改善に関するリスク
	人材のリスク	• 人材の流出 • モチベーション低下 • 人材育成の難しさ

　外部環境のリスクとは，デジタル異業種連携戦略プロジェクトの外で発生するリスクで，マクロ環境，エコシステム・ビジネスモデル，顧客，競合などが分析の対象です。基本的にデジタル異業種連携戦略プロジェクトがコントロールできないリスクです。

　内部環境のリスクとは，デジタル異業種連携戦略事業内で発生するリスクで，技術開発，製品・サービス企画，製造・物流，マーケティング・営業などのライン業務や，ブランド，知財・法務，コンプライアンスなどスタッフ部門などが対象です。外部環境のリスクと違って，主体であるデジタル異業種連携戦略プロジェクトがコントロールできるリスクです。

　大企業とスタートアップ企業ではリスク感覚が少し異なります。大企業でのリスクは多くの事業はすでに成熟期にあり，安定して収益を獲得する段階に

入っていますので，その安定収益確保という点でのリスクが重点になります。コンプライアンス，すでに確立したブランドイメージの毀損，大きな環境変化への対応などです。しかしスタートアップ企業は，多くの競合企業の出現，顧客の購買行動の変化，技術の進歩などの外部の変化に対する許容量が小さいため影響を受けやすい状況にあります。また社内も，人材の能力不足，スタートアップ混乱期における退職，メンタルなど健康面のリスクなど大企業と比べてリスク要因の数と影響度合いはかなり高いと言えます。

　リスク分析というと定性的になりがちですので，会社の想定貸借対照表とバランスシート，キャッシュフロー計算書の財務3表でリスクを「見える化」することをお勧めします。たとえば顧客の変化は，単価，数量，投資した資産にどの程度の影響があるのかを定量的に把握します。そうすると企業が継続できるか否かが明確になり，緊張感が生まれます。その会社が生きるか死ぬかの緊張感がまさにスタートアップのパワーの源でもあります。

【デジタル異業種連携戦略によるスタートアップ企業特有のリスク】

　デジタル異業種連携戦略によるスタートアップ企業は，大企業とは異なるリスクがあります。主には以下のようなものです。

- 各社の本業との利益相反，利害関係の不一致による連携解消のリスク
- 各社の連携がうまくいかず，製品・サービス，事業開発が遅延するリスク
- 各社から派遣される人と，求められる人材との要件のギャップ，人事の待遇の差などの人材に関わるリスク
- 各社が合弁事業と業務提携した場合の対象業務の品質レベルのリスク。また生産などのキャパシティの問題
- 参加企業の不祥事，事故，経営危機などのリスク
- 研究開発，技術開発，設計技術，生産技術などの技術開発，特にデジタル化，ネット化などの技術で競合に遅れをとるリスク
- 市場参入して初めてわかる技術開発，製造設備など予想しない大きな投資が必要になるリスク

- 技術特許などの知的財産の侵害やそれによる製品・サービス販売の差し止めのリスク
- エコシステム・ビジネスモデレベルでの予想しない業界，企業の市場参入のリスク
- 新興国企業などの破壊的な参入による価格低下のリスク
- 国際標準化（デファクト標準，デジュリ標準）による孤立のリスク（いわゆる"ガラパゴス化"）

図表4-23　リスク分析シート

	リスク	評価		対応方針
		発生確率	影響度	
外部環境リスク	景気悪化低迷によるペット関連支出の減少	2	2	景気予測，価格，コスト戦略
	人口減少によるペット保有者の減少	3	2	海外展開の加速化
	新種の感染症の発生	1	3	サービス力強化，機会転換
	ペット保有に関する規制強化	1	2	サービスアップ，機会転換
	ペット税の発生の可能性	1	2	価格，コスト戦略
	競合既存事業者の新規参入の増加	3	3	サービス強化，ブランド戦略
	海外を含めたネット関連ベンチャーの参入	3	3	サービス強化，ブランド戦略
	獣医などの専門家からの反発，リアクション	3	3	サービス強化，ブランド戦略
内部環境リスク	パートナー企業・組織の利害対立	3	3	新会社の独立性の早期強化
	複雑な企画であるための進捗の遅れ	2	3	優先順位化，ロードマップ作成
	中核になる感情解析技術の遅れ，失敗	2	3	優先順位化，ロードマップ作成
	サブパートナー企業・組織が入ってこない	1	3	プラットフォームの強化
	プラットフォームの不具合，トラブル	3	3	ロードマップの作成，実行管理

1：低い，2：中程度，3：高い

【リスクの評価と対応策の検討】

　リストアップされたリスクは，発生確率と影響度の2つの視点で評価します。そしてリスク項目ごとに対応方針を企画します。この段階で，事業構想の根幹に関わるリスクが見つかった場合，戦略そのものの抜本的な見直しを行うことになります。

(8)　事業構想書にまとめ，各社の方針を確認する

検証内容を事業構想書にまとめる

　これまでの市場検証を通じた何度かの戦略の見直しの後，ここで事業構想書としてまとめ，各パートナー企業・組織の経営トップの意思を確認します。事業構想書の目次例は**図表4-24**のとおりですが，事業内容や特性，まとめる時間的制約を考慮してアレンジしてもかまいません。経営トップに説明する場合には，あくまでも原則このような目次と内容が必要であると認識して活用してくだされればと思います。

　デジタル異業種連携戦略において事業構想書は，各社の経営トップにとって魅力的な投資案件であることが求められます。具体的には以下のようなことが事業構想書には求められます。

- 自社単独ではできないテーマの事業であること（包括的なサブスクリプションビジネスなど）
- 本業の延長線では開発できない新たなエコシステム・ビジネスモデルの開発であること（ビジネスの仕組み，やり方）
- 異業種連携での事業を通じて本業においてもイノベーションの企業文化をつくり出せる可能性があること（スタートアップ文化）
- 事業開発を通じて新たなノウハウ獲得や人材育成が可能であること（新たなコンピテンシーの獲得）
- 少ない投資で大きな成長が見込め，財務的なリターンも期待できること（財務的魅力）

図表4-24　事業構想書の目次（再掲）

- エグゼクティブサマリー
- 事業の背景，理念，ビジョン，ゴール
- 事業環境分析と事業成功の鍵
  - 市場環境分析（マクロ環境，顧客，競合分析）
  - 参加企業のコア・コンピタンスの分析
  - SWOT分析とK・F・S（事業成功の鍵）分析
- 事業戦略
  - 主な製品・サービスと顧客提供価値戦略
  - 事業ドメイン，市場ポジショニング
  - エコシステム・ビジネスモデル戦略
  - バリュー・チェーン・プラットフォーム戦略
  - マーケティング戦略
  - 技術戦略
  - 参加各社の役割分担と経営資産の確認
- 組織・利益計画，リスク分析
  - 財務目標，利益計画
  - 投資計画
  - リスク分析
  - 事業・組織形態
- 事業開発ロードマップ
- 当面のアクションプラン

事業構想書のまとめ方

　市場検証の結果とそこからの戦略の見直しを基に，**図表4-24**の事業構想書の目次に沿って事業構想書としてまとめます。事業構想書には，一般の事業戦略フレームワークを使います。ただし，その内容はデジタル異業種連携戦略であり，その特異な点はこれまで詳しく解説してきましたので，それらを踏まえればうまくまとめられるでしょう。

　事業構想書をまとめるプロセスを通じて，各パートナー企業・組織が1つの会社のように一体となり，皆で事業開発に挑戦しようという意識が高まることが大事です。

　以下に事業構想書の基本フォーマットに事例を入れたものを紹介します。

第4章　戦略計画段階　177

図表4-25　エグゼクティブサマリー

結論	➤既に大規模であるが，ニッチ市場から成長してきたペット市場は業界縦割りが強く，またIoT化が遅れている ➤デジタル異業種連携戦略で，ペット生体の情報のIoT化を切り口にサブスクリプションサービスビジネスへ展開することで市場を大きくイノベーションできる ➤結果，5年後880億円のビジネスに拡大し，参入3年以降に株式上場目指す

背景・環境

- 高齢化社会，ストレス社会など癒やし，心の繋がりがより求められる社会
- ペット（犬，猫）の登録数は2,000万頭近くに上っており，関連産業の規模も大きい
- 現状は産業縦割りの個別製品・サービスで，日常生活の中でペットを飼う負担は未だ大きい
- そのような中で近年ネットを使ったペットモニターや24時間医療サービスなどもあるが，トータルでのサービスは未だない
- またペットを家族と捉え，生体さらには感情をモニターしコミュニケーションをすることに挑戦している企業は未だない

コンセプト

市場イノベーション	顧客提供価値	コア技術戦略
産業縦割りのペットビジネスを， ①ペットの生体データ把握をゲートウエイに ②ペットフード，用品，サービスのサブスクリプションサービスを展開し ③SNSなどで顧客同士のコミュニティを形成することで，ペット市場を大きく変革し，安心してペットが飼える市場にイノベーションする	①ペットの心身の状態がわかり，飼い主とのコミュニケーションができる ②ペットの心身の状況に応じた医療，ヘルスケア，躾け，遊び，介護，看取り，葬儀などの高度な支援サービスが受けられ，負担が軽減し安心である ③ペットを通じて他の飼い主やペットとの繋がりができる。さらにはペット同士の繋がりもでき，新たな世界観が広がる	①ペット生体データ解析技術，感情分析技術，（ペット種別）各種疾病可能性分析技術 ②アプリケーション技術ペット・飼い主間のコミュニケーション複数の飼い主，ペットとのコミュニケーション ③プラットフォーム構築，運用技術 ④顧客（飼い主，ペット）の購買動向解析技術

成果	• 参入3年目で会員18万人　売上270億円　5年目で会員55万人　売上880億円 • 初期投資　約10億円 • 3年から5年で株式上場

図表4-26　事業の背景，理念

事業の背景・問題意識

- 人とペットの高齢化社会で，高齢ペットが社会問題化しつつある
- ペットの心身の状況をわからず扱い，無意識のうちにペットを虐待してしまっている
- 多くの専門家の知識・スキルが活かされないまま，さまざまな問題が繰り返し発生している

人が生きていく上で欠かせないペットが本当の家族として扱われていない現状

事業の理念
"新家族ペットコミュニティ"

- 重要な家族の一員であるペットとその家族の幸福の最大化のために
- ペットの生体・環境情報をセンシングし，ビッグデータ解析することで
- 家族としてのペットと飼い主の結びつきと，さらには同じ価値観の人，企業，組織をコミュニティとしてネットワークする

事業のビジョン，ゴール

- ペットの生体，環境情報をリアルタイムで収集・分析する
- 収集，解析された情報を基にペットの感情を推定し，家族とペットに最適な新エクスペリエンスを提供する（コミュニケーション，食事，勉強・躾け，遊び，旅行…サービスを企画開発する）
- 参入5年後までに会員を55万人にし，家族とペットの新しいコミュニティをつくる

図表4-27　市場環境分析（マクロ環境，顧客，競合分析）

- ストレス増加，高齢化などで癒やしを求める人が多く，ペットの潜在需要は大きい
- しかし，サプライヤー側は業界縦割りで，ユーザーには不満が大きい
- 情報をキーにして，この不満を解消することで，潜在顧客を発掘できる可能性は大きい

マクロ環境分析
- デジタル化，情報化によるストレスフルな社会で，精神疾患（職場の5％）や自殺者（4万人/年）の増加
- 少子高齢化で，生きがいや癒やしを求める人の増加
- マンションや住宅でのペットに対する理解，住宅環境の向上（防音，防汚）
- ペット産業の巨大化，メジャー産業化による多様な製品とサービスの提供

顧客分析

既存顧客
- ペットの介護問題
- ペットの躾け問題
- 飼育コストの上昇
- 関係悪化からの虐待，ネグレクト

潜在顧客
- 介護や躾けはコストがかかる
- 問題を超えた大きなベネフィットがない
- 他の家族に理解が得られない

→ ペットの問題・課題をブレークスルーすることでの市場イノベーションの可能性

競合分析

ペット販売／フード／用品／保険／医療／情報／ホテル

縦割りバラバラのアプローチ
- ハイコスト
- 低利便性
- 情報バラバラ
- マス対応で個別対応はない

→ 飼主＆ペット

図表4-28　参加企業・組織のコア・コンピタンスの分析

- ペット業界のそれぞれの知見とデータ収集，解析技術を合わせた新サービス開発力
- 顧客（飼い主）に対するブランド力とアクセス力
- ワンストップでのトータルサービス提供

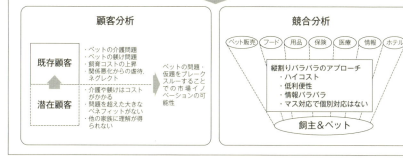

通信キャリアA社
- 膨大な携帯電話加入者
- サービス提供の契約窓口
- IoTの通信ノウハウ

センサメーカーB社
- 身体計測のためのセンサー技術
- 環境計測のためのセンサー技術
- デバイスでのデータ処理技術

Cペット薬剤社
- ペットの心身状態の治験
- ペット向け薬剤商品開発
- 飼い主への信頼，ブランド

ペット介護G社
- ペット介護のノウハウ
- 見送りセレモニー企画力
- 飼い主への対応力

異業種連携によるコア・コンピタンス
- ペット生体データ収集・解析力
- ペットの心理，生態，嗜好の把握と提示
- 飼い主間のネットワークの構築力
- データから製品・サービス販売の誘発力

H大学
- 犬，猫などのペットの生理，心理の研究
- ペット状況把握のアルゴリズム開発

ペット保険D社
- ペット保険老舗のブランド
- 保険商品のメニュー数
- ペット関連企業とのネットワーク

ペットフードE社
- ペットフードのブランド
- 豊富な品揃え
- 商品開発力

ペット用品F社
- アクセサリー，玩具などのブランド
- 商品開発力
- 小売ネットワーク

第4章　戦略計画段階　179

図表4-29　SWOT分析とK・F・S（事業成功の鍵）分析

➤ペットの生体データをキーにしたワンストップは未だ世界に存在しない。
➤その新サービスをどう顧客認知させ，早期にシェアを獲得しブランド力を確立できるか
➤そのためにはパートナー企業・組織で合弁会社を設立し，機動的な事業運営をする

SWOT分析

・ペットに関しての総合力世界No.1 ・ペット生体データ収集，分析力 ・ペットの心理データ分析力 ・新たなサービス開発力 ・異業種連携によるブランド力 ・初のサブスクリプションサービス提供 ・サイバー上のみならず，具体的な製品サービスの展開力	・日本国内のみの展開 ・データ解析，アルゴリズムは技術的差別化を訴求するのが難しい ・中国や米国での類似サービスの可能性 ・異業種間でのコンフリクトの可能性
S W O T	
・日本でのペットの潜在需要はまだ存在する ・ペットの家族化の傾向 ・中国など新興国でのペット需要拡大 ・スマホ，通信インフラの普及 ・周辺IoT技術の発達 ・データエコノミーの普及	・中国/新興国企業の参入 ・世界景気の悪化による需要の停滞 ・ペット購入・飼育コストのアップ ・スマホとクラウドを使ってカテゴリーキラーの登場（ネット系） ・スマホゲームなどの代替娯楽，趣味の拡大

K・F・S分析

✓ 精度の高い解析技術，アルゴリズムとサービスとの関連づけ
✓ 早期の参入と参入障壁としての顧客認知（ブランド）の確立
✓ 独自のサービスメニューの開発
✓ 業界初のサブスクリプションサービスでのシェアの拡大
✓ 合弁企業の設立と出資会社との業務提携，早期上場

図表4-30　主な製品・サービスと顧客提供価値戦略

ペットの生体情報をIoT技術で測定し，
➤ペットと飼い主との新しいコミュニケーションを創造する
➤飼い主同士，ペット同士の新たなネットワークを創造する
➤サブスクリプションサービス，シェアリングに繋げ，大きな収益を獲得する

製品・サービスの基本コンセプト
"Wanayamo　ワールド"
ペットとの新コミュニケーションと，
ペットの生涯安心・安全を提供する次元サービス

製品・サービスの基本構成（アーキテクチャー）

サブスクリプションサービス
生涯安心ペットトータルサポート
・ペットフード
・用品保険
・医療・薬剤　など

シェアリング
飼い主ネットワーク&相互支援
・預かり，宿泊シェア
・用品シェア
・介護シェア

情報サービス
ペットデータのセンシング，解析，フィードバック
・ペット健康データ収集・分析
・ペット健康AI
・ペット感情AI
・ペットコミュニティSNS

顧客提供価値

①ペットの心身の状態がわかり，飼い主とのコミュニケーションができる
②ペットの心身の状況に応じた医療，ヘルスケア，躾け，遊び，介護，看取り，葬儀などの高度な支援サービスが受けられ，負担が軽減し安心である
③ペットを通じて他の飼い主やペットとの繋がりができる。さらにはペット同士の繋がりもでき，新たな世界観が広がる

見える世界：鳴く，吠える　歩く，走る　かみつく，じゃれる
見えない世界：うれしい，悲しい，楽しい，怒る　気分が優れない，イライラする，怖い，不安など
新しいコミュニケーション

図表4-31 事業ドメイン，市場ポジショニング

複数の専門知識により，動物の心身の状況を考慮したトータルな専門サービスを提供し，家族としてペットと安心して暮らせる新サービス事業領域

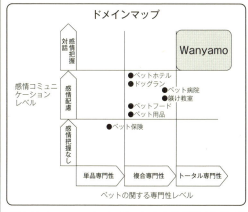
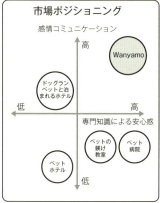

図表4-32 エコシステム・ビジネスモデル戦略

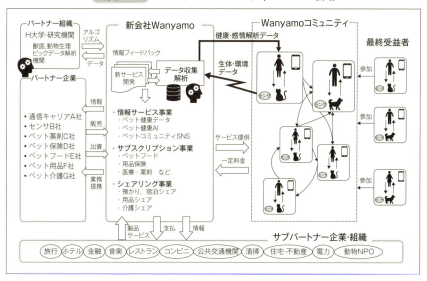

第4章 戦略計画段階　181

図表4-33　マーケティング戦略

- ターゲットをマニア，セミマニアにしてWanyamoのブランドイメージを確立する
- 顧客の経験価値をコミュニティサイトで収集・拡散，蓄積し，それを基にしたマス広告
- 各パートナー企業・組織の販売エージェント化による普及の加速化

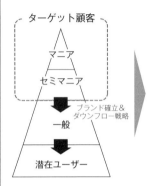

製品・サービス戦略
ペットの情報サービス事業を切り口にしたサブスクリプションサービスを中核に展開し，シェアリングなどの周辺サービスに展開する

価格戦略
ペットの情報サービス事業とサブスクリプションサービスで月単価5,000円～1.1万円で，顧客の価格メリットを出して会員を増やし，スケールメリットと計画仕入れで購買パワーを発揮させる

販売チャネル・パートナー戦略
ダイレクト販売を核にし，各パートナー企業・組織との接点での契約も活用し普及を加速化させる

広告宣伝・販促戦略
Wanyamoコミュニティサイト，お試し販売などの顧客経験価値訴求型広告。ネット広告，立ち上げ6カ月後にマスメディアへの広告（ユーザー体験）

図表4-34　技術戦略

- ペットの生体データ解析技術とその解析結果のアプリケーションへの反映，さらには製品・サービスの受発注のプラットフォーム運用技術への連動をコア技術とする
- ペットの生体データセンシング，各種医療技術，ペットの生活関連の製品・サービス技術は周辺技術に位置づけ，パートナー企業・組織との連携で獲得・活用する

コア技術戦略

ペット生体データ解析技術
　感情分析技術（ペット種別）
　各種疾病可能性分析技術

アプリケーション技術
　ペット・飼い主コミュニケーション
　複数の飼い主，ペットのコミュニケーション

プラットフォーム構築，運用技術
顧客（飼い主，ペット）の購買動向解析技術

周辺技術戦略

ペット生体センシング技術
　加速度，心拍，血圧，音声，表情　など

ペットの各種医療技術
　循環器，外科，内科，精神科など

その他ペットの生活関連技術
　ペットフード，運動，遊び，室温，湿度などの環境

知財戦略
- ペットの生体データ解析技術と感情分析およびアプリケーションの組み合わせの領域の知財戦略
- ペットの生体データから商品・サービスの告知，注文の方法に関する知財
- 各種センサー技術のペット向け用途に関する知財の囲い込み

図表4-35　参加各社の役割分担と経営資源の確認

必要機能	担当会社	経営資源レベル
通信環境の企画，設定，工事 キャリアサービス活用の決済機能	通信キャリアA社	最適な通信環境の企画，販売企画の設定，工事の実施管理，不具合対応 決済機能の設定と運用
各種生体センサー企画開発 外部調達品の評価，購買	センサB社	ペットセンシングに求められる各種生体センサースペック出し センサー企画開発，外部調達品の適確な評価，購買，データの一次処理
ペットの生体に関する知識 生体状況と必要な薬剤の判断 獣医などの医療専門家との連携	ペット薬剤C社	生体センシングデータからの生理状況の関連のプログラム開発 生体データからの薬剤判定プログラムの企画開発 上記を開発するための権威ある獣医との連携
生体データと発病の関連分析 生体データに基づく保険商品の開発	ペット保険D社	生体データと発病の関連分析と確率計算，それによる補償額の計算 生体データに基づく保険商品の企画開発，プロモーション
生体データに基づくフードの企画 ペットの感情分析とフードの関係把握	ペットフードE社	生体データに基づくフード選択のプログラム開発 ペットの感情分析とフードの関係プログラム開発 フードと運動，遊びなどの行動との関連プログラム
生体データに基づく各種用品の企画 ペットの感情分析と各種用品の関係把握 飼い主コミュニケーションと用品の関係把握	ペット用品F社	生体データに基づく各種用品の選択のプログラム開発 ペットの感情分析と各種用品の選択のプログラム開発 飼い主コミュニケーションと用品の選択のプログラム開発
生体データに基づく介護の方法の企画 ペットの感情分析と介護の方法の関係把握 飼い主コミュニケーションと介護の関係把握	ペット介護G社	生体データに基づく介護方法の選択のプログラム開発 ペットの感情分析と介護方法の選択のプログラム開発 飼い主コミュニケーションと介護方法の選択のプログラム開発
生態情報からの動物生理の分析と感情推定 生理データと感情推定のAIプログラム化	H大学・研究機関	生態情報からの動物生理の分析と感情推定（初期12種の感情，5年後には48種の感情推定へ） 生理データと感情推定のAIプログラム開発

図表4-36　財務目標，利益計画

財務目標
- 参入3年目で会員18万人　売上288億円　5年目で会員55万人　売上880億円
- 初期投資　約10億円
- 3年から5年で株式上場を目指す

(百万円)

		1年目	2年目	3年目	4年目	5年目
売上		2,924	11,606	28,877	59,339	88,548
	センサ売上	92	276	553	922	922
	サービス売上	2,832	11,329	28,323	58,417	87,626
	基本プラン	2,124	8,497	23,455	37,175	55,762
	プレミアムプラン	708	2,832	21,242	21,242	31,864
売上原価		1,860	7,396	18,366	37,765	56,463
	センサ原価	46	138	221	368	368
	サービス原価	1,814	7,257	18,144	37,396	56,094
	生命保険	663	2,655	6,638	13,276	19,915
	ペットフード	840	3,363	8,408	17,481	26,221
	ペット用品	265	1,062	2,655	5,753	8,629
	データ利用料	44	177	442	885	1,327
売上総利益		1,063	4,209	10,510	21,574	32,085
売上総利益率		36.4%	36.3%	36.4%	36.4%	36.2%
販売費及び一般管理費		1,150	4,192	6,060	12,165	18,107
	人件費	54	78	120	186	264
	オフィス賃料	3	5	7	12	17
	アプリ・システム開発費	50	20	100	30	30
	システムメンテナンス費	146	580	1,443	2,966	4,427
	研究開発費	2	6	8	8	10
	PC・OA機器	6	8	13	20	28
	広告宣伝費	877	3,481	4,331	8,900	13,282
	旅費交通費	3	4	6	10	14
	水道光熱費	0.6	0.84	1	2	2
	減価償却費	7	7	27	27	27
	その他販管費	0.6	0.84	1	2	2
営業利益		−86	17	4,450	9,408	13,978
営業利益率		−3.0%	0.1%	15.4%	15.9%	15.8%

図表4-37　投資計画

	投資内容		投資額 （総額）	減価償却費／年間費用（万円）				
	内容	時期		1年	2年	3年	4年	5年
販売投資	展示会出展（日本）	毎年	2,500万円	500	500	500	500	500
	Web，雑誌広告	毎年	2,500万円	500	500	500	500	500
	TV CM	3年目以降	3億円	–	–	10,000	10,000	10,000
	イベントスポンサー・協賛	毎年	3億円	–	–	10,000	10,000	10,000
開発投資	プラットフォームシステム移管	初年度	2,000万円	400	400	400	400	400
	アプリ開発ツールソフトウェア	初年度	1,000万円	250	250	250	250	250
	第二世代プラットフォーム開発	3年目	1億円	–	–	2,000	2,000	2,000
設備投資	開発用サーバーマシン	初年度	250万円	50	50	50	50	50
その他投資	○○大学獣医学部への研究支援	初年度	2,000万円	200	300	500	500	500
	研究機関への助成	2年目以降	1,200万円		300	300	300	500

図表4-38　リスク分析

	リスク	評価		対応方針
		発生確率	影響度	
外部環境リスク	景気悪化，低迷ペット関連支出の低迷	2	2	景気予測，価格，コスト戦略
	人口減少によるペット保有者の減少	3	2	海外展開の加速化
	新種の感染症の発生	1	3	サービス力強化，機会転換
	ペット保有に関する規制強化	1	2	サービスアップ，機会転換
	ペット税の発生の可能性	1	2	価格，コスト戦略
	競合既存事業者の新規参入の増加	3	3	サービス強化，ブランド戦略
	海外を含めたネット関連ベンチャーの参入	3	3	サービス強化，ブランド戦略
	獣医などの専門家からの反発，リアクション	3	3	サービス強化，ブランド戦略
内部環境リスク	パートナー企業・組織の利害対立	3	3	新会社の独立性の早期強化
	複雑な企画であるための進捗の遅れ	2	3	優先順位化，ロードマップ作成
	中核になる感情解析技術の遅れ，失敗	2	3	優先順位化，ロードマップ作成
	リブパートナー企業・組織が入ってこない	1	3	プラットフォームの強化
	プラットフォームの不具合，トラブル	3	3	ロードマップの作成，実行管理

図表4-39　事業・組織形態（JV，ベンチャー投資，アライアンスなど）

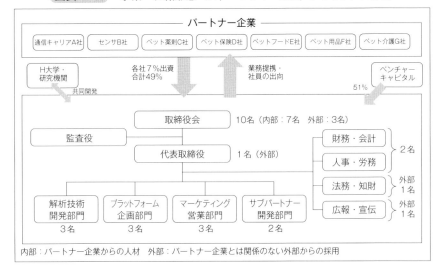

図表4-40　事業開発ロードマップ

図表4-41　当面のアクションプラン

	プロジェクト名	目的・概要	ゴール	納期	リソース	希望参加メンバー	優先順位
マーケティング開発	情報サービス事業企画PT.	感情エンジンVer1の企画,仕様設定	仕様書	初年度6月	人材	マーケ・営業2名 技術開発3名	高
	サブスクリプション事業企画PT.	スタート時のサブスクリプションサービスの企画・実行計画	実行計画	初年度7月	人材	マーケ・営業2名	中
	シェアサービス事業企画PT.	スタート時のシェアサービスの企画・実行計画	実行計画	初年度7月	人材	マーケ・営業2名	中
技術開発	感情分析エンジンVer1企画開発	感情分析エンジンVer1デモ版の開発	デモ版の開発	初年度9月	人材 開発費0.2億円	技術開発3名	高
	コミュニケーションエンジンVer1企画開発	コミュニケーションエンジンVer1デモ版の開発	デモ版の開発	初年度10月	人材 開発費0.1億円	技術開発3名	高
	感情分析エンジンVer2・顔認識,音声認識開発	感情分析エンジンVer2の要件定義と開発計画	開発計画	初年度12月	人材 調査費0.1億円	技術開発2名	低
その他	ホームページ作成	ホームページ作成・アップ	実施	初年度6月	人材 HP作成と発信外注（3百万円）	マーケ・営業1名	高
	プレスリリース,情報発信	プレスリリースの企画と実施	実施	初年度6月	人材 リリース作成と発信外注（2百万円）	マーケ・営業1名	中
	パートナー企業を活用した会員獲得	パートナー企業経由の申し込み方法の企画・計画	計画	初年度6月	人材	マーケ・営業1名	高

事業構想書に対する各社の方針を確認する

　事業構想書がまとまったら，各社の経営トップに対し，各社またはデジタル異業種連携戦略プロジェクトの主要メンバーでプレゼンし，経営トップの方針を伺います。その際の各社の経営トップの判断ポイントは以下のようなものです。

- デジタル異業種連携戦略ならではの事業構想の魅力（前述「検証内容を事業構想書にまとめる」（p.173）を参照）
- 合弁会社への自社の出資額，出資比率
- 合弁会社への役員派遣とその人数
- 自社に求められる役割期待の認識とそれに対する経営資産レベルの確認とその確保
- 本業と利益相反がないか，その他コンフリクトがないか，社内調整は可能か
- 自社からの参加メンバーの要件と具体的な人材

もし事業構想書の段階で問題があれば，社内で解決できるものかどうかを判

断し，社内で解決できない場合は，プロジェクト全体として解決できないかを検討します。その際，事業構想書全体の見直しが必要になる可能性もあります。一企業で解決できない場合であっても，プロジェクトメンバー全員が協力して解決する方法を考えることが重要です。

3 | 事業計画フェーズ

⑴ 各社の経営資産のデューデリジェンス

デジタル異業種連携戦略におけるデューデリジェンスとは

デジタル異業種連携戦略は，一種の異業種でのアライアンス戦略です。異業種の各パートナー企業の保有する技術，販売，生産，物流，ブランドなどの経営資産を組み合わせて新事業開発を行いますので，各社の持つ経営資産の範囲，品質，量的対応力（キャパシティ）などが，対象の新事業開発で要求されるレベルに合っているかどうかが重要になります。

そこで事業構想書策定の過程で明確になった，各社に求められる経営資産を相互に確認する必要があります。その確認作業のことをデューデリジェンス（精査）呼びます。事業構想書作成まで数カ月の時間を共にしてきていますから，各パートナー企業・組織について，おおよその経営資産のレベルはわかっているような気がしますが，正式に確認，精査，つまりデューデリジェンスを行わないと後でトラブルになる可能性がありますので，必要な過程です。

デューデリジェンスの結果は，各社がデジタル異業種連携戦略事業に提供する経営資産の品質維持と量的対応力（キャパシティ）などの保障，約束として，契約書に反映させなければなりません。

一方この段階で，あるパートナー企業・組織で，期待される経営資産の品質，量的対応力（キャパシティ）に対応できそうもないことが判明し，その代替手段が見つからない場合は，プロジェクト自体を断念するか，対象のパートナー企業・組織を替える必要があります。

デジタル異業種連携戦略のようなアライアンス戦略でのデューデリジェンスは，M&Aとは違って会社をすべて買収するわけではないので，企業や事業全部の情報の開示は行われず，対象となる経営資産に絞ったデューデリジェンスとなるため，デューデリジェンスの限界も認識しなければなりません。

デューデリジェンスのリスクとは

　アライアンスのデューデリジェンスでは，企業や事業全部の情報は開示されず，アライアンスに求められる経営資産に関する情報のみが開示されます。そのことにより，いくつかのリスクが発生します。主なリスクを3つ挙げます。

　1つ目は，パートナー企業・組織の隠れた財務上の問題や，会社の存続を揺るがすようなコンプライアンス問題などです。このような連携事業を継続できなくなる事態に発展する可能性があるリスクは，このデューデリジェンスでは把握できません。

　2つ目は，パートナー企業・組織が，これまでデジタル異業種連携戦略プロジェクトで協議し，企画してきた事業構想と類似した契約を他社と結んでいて，その契約の中に競合禁止条項があり，事業構想で検討したアライアンスをすること自体が，他社との重要契約に違反する可能性から，契約できないリスクです。

　3つ目は，先述したような，事業構想で求められる経営資産の品質や量的対応力（キャパシティ）を評価しきれず，事業がスタートアップする直前もしくはスタートアップ後に問題が発生するリスクです。

　これらのリスクを完全に無くすことは不可能です。しかし，できる限り互いが情報をオープンに開示し，それをデューデリジェンスする側が高い専門知識を持ち情報収集，分析し，厳しく評価し，必要に応じて対応策を早めにとることで，事業スタートアップを成功させることができます。

第4章　戦略計画段階　　189

デューデリジェンスの実施方法，必要専門知識

　デューデリジェンスの実施方法は，大きく分けると資料の収集とインタビューの2つになります。この2つの方法で得られた情報を分析し，対象となる経営資産が，事業構想で要求された品質や量的対応力（キャパシティ）に適合しているかどうかを判断しなければなりません。具体的には以下のような方法で実施します。

【互いに要求する資料リストの作成，提示】

　事業構想で要求された経営資産の種類,品質や量的対応力（キャパシティ）などを確認するための調査項目とそれを確認するための資料リストを作成し，デューデリジェンス対象企業の担当者に開示の依頼をします。

【相互に開示した資料の分析】

　事業構想で要求された経営資産の種類,品質や量的対応力（キャパシティ）に対して，開示した資料からその適合具合を分析します。資料ではわからない部分をヒアリングリストとしてリストアップします。

【インタビューの実施】

　プロジェクトメンバーで対象パートナー企業・組織のヒアリング対象組織部門の担当者にヒアリングを行います。（それぞれ相互に行う）

【デューデリジェンス報告書の作成】

　ヒアリング結果をデューデリジェンスレポートとしてまとめ，要求レベルとのギャップを分析し，その対応策を企画検討します。

【事業計画への反映】

　デューデリジェンス結果の対応策を事業計画へ反映させます。要求レベルとのギャップの対応策としては，デジタル異業種連携戦略プロジェクトの他

のパートナー企業・組織でカバーできないか，新たなパートナー企業・組織を加えることができないか，外注などでカバーできないかなどを企画検討します。あまりにギャップが大きく，参加する意味が見出せない場合は，そのパートナー企業・組織はこの段階で外れることになります。

技術提携のデューデリジェンス

　技術提携のデューデリジェンスの対象は，デジタル異業種連携戦略プロジェクトのパートナー企業・組織の複数の企業事務局による対象パートナー企業・組織の技術部門へのデューデリジェンスとなります。プロジェクト内に技術デューデリジェンスチームをつくりますが，当然対象パートナー企業・組織のメンバーは，中立と公正を守るため外れることになります。

　メンバーは技術ライセンスの内容によって異なります。対象となる技術に関する専門知識を持った適切なメンバーを異業種連携戦略プロジェクト企業内から選定しなければなりません。もし適切な人がいない場合は，一時的に専門家を外部から登用しなければなりません。また技術部門のみならず，知財・法務スタッフ，異業種連携戦略プロジェクトの事業企画を担当するスタッフも必要となります。

　技術面では，異業種連携戦略プロジェクトで求められる技術内容とレベルを設定し，それを満たすものか否かを判断します。ギャップが存在すればそれがどの程度で，開発で乗り越えられるものかどうかを検討します。

　知財面では，ライセンスされる技術が，知的財産として特許などでどのぐらいの期間守られているのかといった権利関係や，その管理体制はどうか，他社へのライセンスや担保権などの制限がないか，制限がある場合はその契約内容や他社の知的財産を侵害していないかなどを調査します。

　法務面では，ライセンスを提供するパートナー企業・組織が，独占禁止法や他社との契約での協業避止義務や守秘義務との関連を十分に調べなければいけません。

　対象となる技術ライセンスの対価はいくらが適切かを決めるためのデューデ

第4章　戦略計画段階　191

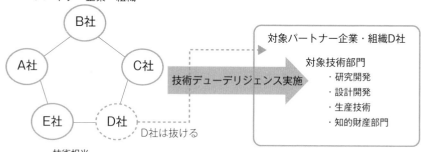

図表4-42　技術デューデリジェンスの組織体制例
D社が技術デューデリジェンスの対象の場合

リジェンスも必要です。主にはライセンスハンドブックなどを活用して市場の相場で決める「市場価格方式」や，開発に要した人件費，原材料費，その他管理コストを積み上げて計算する「コスト積み上げ方式」，ライセンスされた技術を使って開発製造された製品の売り上げに対してロイヤリティを設定する「利益配分方式」などがあります。

　その他，事業面でのデューデリジェンスも必要です。獲得した技術が異業種連携戦略プロジェクトでどう活かされ，売上と利益をもたらすのか，その点でライセンスフィーは適切なのかといった事業計画面での評価です。

共同開発のデューデリジェンス

　デジタル異業種連携戦略プロジェクトでは，事業がスタートした後に各パートナー企業・組織が強みとする経営資産を持ち合い，共同開発の形式で新技術開発が行われる可能性があります。

　共同開発の場合も技術ライセンス同様に，各社の技術が何の目的のために，どのように組み合わせられ，どのような製品・サービスになるのかをあらかじ

め想定する必要があります。知的財産上，法務上，その共同開発で組み合わされる各社の技術が，デジタル異業種連携戦略プロジェクトの運営の事業展開を困難にしないかを明確にする必要があるのです。

　法務面では，共同開発に関わる技術に関して，独占禁止法，他社との競業避止義務，守秘義務との関連を調査しておくことは，技術ライセンスと同様重要です。最も議論になるのは，共同開発した技術成果を異業種連携戦略プロジェクトに参加するそれぞれの企業が独立して活用できるかどうかの判断です。共同事業で活用する技術は各社のコア技術の周辺であることが多いので，その辺の判断が難しいところです。

生産提携のデューデリジェンス

　生産提携のデューデリジェンスの対象は，パートナー企業・組織の持つ「製造に関わる経営資産です。具体的には工場のロケーションや製造設備の能力，異業種連携戦略プロジェククトで活用可能な生産キャパシティなど「どこでどれぐらい製造できるか」の物理的，量的面の調査を行います。「どのぐらいの価格で製造できるか」の製造原価の面，「どれぐらいうまく作れるか」の品質管理面や納期改善能力，コストダウン改善能力面などがデューデリジェンスの対象になります。

　製造ノウハウもデューデリジェンスの対象になりますが，「製造委託は受けるが製造ノウハウは外部に出したくない」というケースでは，そのデューデリジェンスは難しいと考えられます。

　知財・法務面でのデューデリジェンスでは，製造委託するパートナー企業・組織からの情報漏洩や，技術デューデリジェンス同様，他社との競業避止義務，守秘義務条項に違反しないかを確認しなければなりません。

　生産提携のデューデリジェンスの場合，パートナー企業・組織が下請法の対象になっていないかも確認するべきです。また委託先の生産設備に関する環境，安全に関する点，労働環境に関する面での法令遵守に関しても調査が必要です。

販売提携のデューデリジェンス

　販売提携の対象は，デジタル異業種連携戦略プロジェクトで活用するパートナー企業・組織の販売力です。販売力は量的なものと質的なものに分けられます。量的なものとは，売上，営業利益をはじめ，カテゴリー，エリア，チャネル別のシェア，それを実現する販売員の数，保有販売チャネル数やその取引規模などです。販売力の質的面とは，販売のノウハウやスキル，広告宣伝，販売促進のノウハウやスキルです。

　法務面では，販売提携するパートナー企業・組織とその先のすでに販売契約を結んでいる企業との契約の内容にも注意することが必要です。これらの契約が，デジタル異業種連携戦略プロジェクトでの契約によってどのような影響を受けるのか，たとえば，対象となるパートナー企業・組織の商標権の登録の状況や他社からのライセンスの有無などを確認しておくべきです。また対象となるパートナー企業・組織が市場において独占禁止法違反の行為を行っていないか，対象となる販売提携でその可能性か無いかを確認します。特にパートナー企業・組織が市場において大きなシェアを占めている場合は要注意です。

　財務面では，販売先のパートナー企業・組織のマージン算定に関するデューデリジェンスが必要です。その際，在庫リスクを持つ販売店と，売り上げた分だけのマージンを得る代理店とでは，マージン率は大きく異なります。マージン率は，業界や事業によって異なりますが，類似したケースがあればそれを元に契約条件面で調整するのが一般的です。さらには製品・サービスの支払いは，製品・サービスの受け渡しの後になることが多いため，支払い能力に関しても調査が必要です。

アライアンスパートナー企業・組織の経営に関するデューデリジェンス

　前述したとおり，デジタル異業種連携戦略プロジェクトのデューデリジェンスはM&Aと異なり，パートナー企業・組織のすべてをデューデリジェンスすることはできません。しかし，合弁事業などの事業形態をとるとなると，お互いがパートナー企業・組織の経営状態を知っておきたいのが本音です。そこで

図表4-43 アライアンスパートナー企業・組織の経営に関するデューデリジェンス

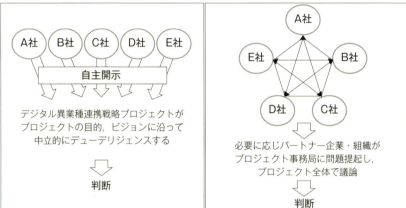

2つの方法があります。1つは、範囲を決めて互いに経営情報を開示する方法です。もう1つは、互いに秘密裏にパートナー企業・組織の経営情報を調査する方法です。

【範囲を決めて互いに経営情報を開示する方法】

デジタル異業種連携戦略プロジェクトに参加しているパートナー企業・組織の経営情報を限定した範囲で互いに開示し合う方法です。何をどこまで開示するかはプロジェクトで検討すべきですが、デジタル異業種連携戦略プロジェクトの成否に関わる項目で、開示するべき項目を特定します。具体的には、以下の点です。

- 財務情報（経営の安定性、安全性、成長性、収益性など）
- コンプライアンス違反などの法務情報
- 経営組織体制、意思決定システムなどの情報
- プロジェクトに関わる顧客や取引先との関係
- プロジェクトに関わる設計、生産、物流、顧客サポートなどの業務プロセス

に関する情報
・プロジェクトに関わる人材リソース，設備などの情報

　これらの大項目に関してさらに具体的な項目を設定し，各パートナー企業・組織に"自主的"に開示させるのがよいでしょう。もし契約して事業を開始した後に問題が生じた場合は，開示された情報に基づき，問題の所在や発生原因を議論することになると思います。自信があれば積極的に開示し，なければ開示は消極的にならざるを得ないのですが，後々のトラブルの可能性を避けるとすれば，開示する方が得策と考える方向で進めます。

【互いに秘密裏にパートナー企業・組織の経営情報を調査する方法】
　互いに経営情報を開示することに合意を得られない場合は，自社の立場で考えれば，秘密裏にパートナー企業・組織の経営情報を調査するしかありません。秘密裏と言っても，もちろん公開されている情報を基に合法的な範囲で調査，分析します。
　収集すべき情報は上記「範囲を決めて互いに経営情報を開示する方法」と同じです。公開されている情報は，体系的に収集・分析しなければなりません。情報源は主に以下のようなものです。

・マスコミ情報（新聞，経済誌，TVなど）
・業界誌，専門誌情報（各業界の専門誌）
・調査機関情報（シンクタンクレポートなど）
・企業ホームページ，プレスリリース
・事業，製品・サービスのカタログ，解説書
・販売している製品・サービスそのもの

非公開ですが，入手可能なものは以下の2つです。

・過去調査済み社内公開情報（自社内にある調査情報）
・取引先，顧客保有情報（ヒアリングによる）

その他公開されていない情報で最も重要なのは，デジタル異業種連携戦略の
プロジェクト活動での対話を通じて収集した情報です。「プロジェクトへ参加す
る人や組織」「担当する役員」の力量は，プロジェクトの要求に対するレスポ
ンスや意思決定の速さ，実行力などで推測できます。このような情報は，アイ
デアソン段階，その前の参加するパートナー企業・組織を選定する段階から収
集，分析できます。

　もし決定的な問題があった場合は，早い段階でその対象となるパートナー企
業・組織にその問題点を知らせ，改善の可能性があるのかどうかを確認し，難
しければその段階で，プロジェクトから外れてもらわないといけません。

(2)　財務計画を立てる（投資，経費，利益計画）

　デューデリジェンスを実施すれば，デジタル異業種連携戦略プロジェクトで
活用可能な各パートナー企業・組織の経営資産のレベルが明確にわかります。
また，マーケティング戦略やアクションプラン，ビジネスモデル戦略の見直し
や詳細な企画により，販売計画の基になる投資計画や費用計画がより詳しいも
のになります。それらを財務計画に盛り込んで，再度投資計画や利益計画を作

図表4-44　デジタル異業種連携戦略プロジェクトを活かした財務計画のポイント

① 売上計画	• パートナー企業・組織の顧客，販売チャネル，ブランド力を活用する • パートナー企業・組織を販売チャネル，代理店として活用できないか • パートナー企業・組織との連携で個別に営業人員を雇用するなどしない方法で販売管理費を下げ，むしろ売上成長を加速化できないか。特にネット上のリンクなど
② 投資計画	• 事務所，拠点，製造設備，コンピューター設備などの設備投資をパートナー企業・組織からレンタルし，固定費，経費を下げる事ができないか • パートナー企業・組織との技術ライセンスや共同研究を行い，開発投資を減らしかつ開発納期を短期化できないか
③ 人員計画	• パートナー企業・組織からの出向，転籍で人材採用，人件費の削減ができないか • 優秀な人材を獲得できないか。特殊な専門知識をもった人材をパートナー企業・組織から出向，転籍できないか
④ 経費計画	広告宣伝費，事務所賃借料などの経費の低減
⑤ 資金調達	• 親会社からの資金調達，ベンチャーキャピタルからの資金調達，銀行などの融資 • 親会社，ベンチャーキャピタルなどの増資割り当ての可能性

成します。

⑶　提携形態を決める（業務提携，資本提携，包括提携）

　事業構想に基づいて各パートナー企業・組織の経営資産のデューデリジェンスを行い，財務計画を作成する過程ですでに事業形態の可能性は議論していると思います。デジタル異業種連携戦略プロジェクトでは，いくつかのビジネス環境要因，たとえば，

- 各パートナー企業・組織の本業との距離感
- 各パートナー企業・組織のデジタル経営力
- デジタル異業種連携事業の収益性への期待
- 新たなエコシステム・ビジネスモデルの開発の組織・風土改革
- IoT，AIなどデジタル領域での異業種競合の脅威レベル

と，提携形態の主な要因である，

- 出資比率＝資金力→どれだけ資金を出せるか，出すか
- 役員派遣＝経営者力→狙いとするデジタル異業種連携事業をマネジメントできる経営者，ビジネスリーダーはいるのか
- 各種業務提携＝経営資産力→デジタル異業種連携事業を支配できる魅力的経営資産が存在するのか

などの総合的判断で決めます。

　提携形態は大きく，販売提携，技術提携，生産提携などの業務提携型と，業務提携と資本提携を合わせた包括提携型の2つの形態があります。

図表 4-45　提携形態を決める要因

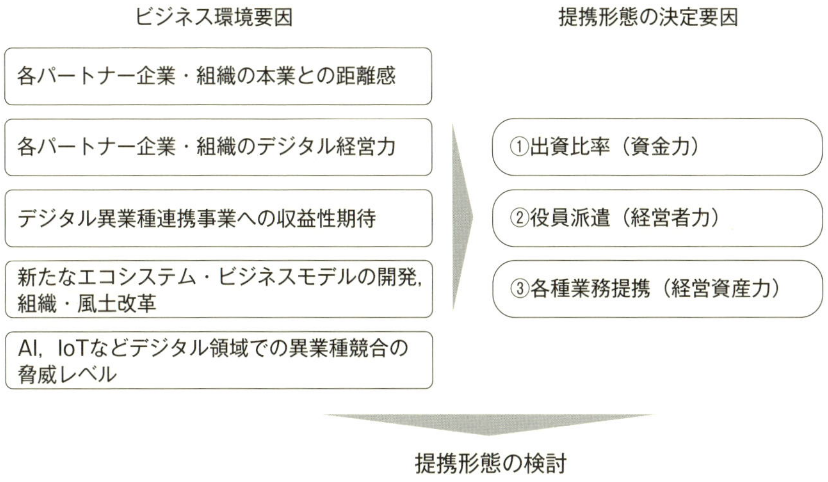

ビジネス環境要因

- 各パートナー企業・組織の本業との距離感
- 各パートナー企業・組織のデジタル経営力
- デジタル異業種連携事業への収益性期待
- 新たなエコシステム・ビジネスモデルの開発，組織・風土改革
- AI，IoTなどデジタル領域での異業種競合の脅威レベル

提携形態の決定要因

- ①出資比率（資金力）
- ②役員派遣（経営者力）
- ③各種業務提携（経営資産力）

提携形態の検討

【1：業務提携型でのデジタル異業種連携戦略】

　業務提携型でのデジタル異業種連携戦略とは，各パートナー企業・組織が独自のビジネスを展開しており，合弁会社を設立するまでではないが，パートナー企業・組織の経営資産を活用したい場合に効果的な提携形態です。

　業務提携型は，大きく2つに分けられます。1つは，各社が対等の関係で相互に業務提携するケースです。この場合は，各社が独自の事業計画を持ち事業を進めます。各社に共通したデジタルプラットフォームやそれに関連したものを相互に利用し，かつ各社に必要なライセンス契約を相互に結ぶ形態です。たとえば，電気自動車の充電方式のCHAdeMO（チャデモ）は，2010年にチャデモ協議会を組織化し，充電方式を共有化しつつ，大きな枠組みでエコシステム・ビジネスモデルの連携を模索しています。

　もう1つは，核になる1社が単独で新事業を行い，その新事業部門もしくは新会社と各パートナー企業・組織が業務提携するケースです。中心になる企業は自社の新事業展開として積極投資し，提携するパートナー企業・組織はライセンス供与などでそれを支援しながら自社独自の成長拡大を狙う場合です。こ

第4章　戦略計画段階　　199

図表4-46 提携形態の主なパターン

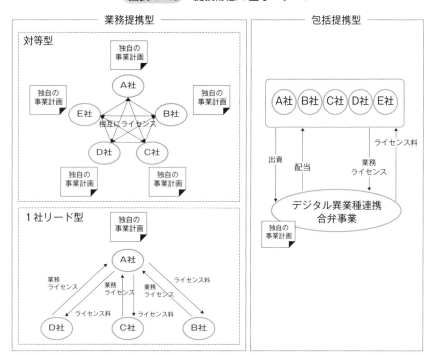

れとは反対に，中心になる会社が各パートナー企業・組織にライセンスを与え，その対価としてライセンス料をもらう形態もあります。たとえば，半導体設計ツールの英国アーム社と半導体メーカーや，楽天と楽天市場に出店するテナントとの関係が，この提携形態にあたります。

【2：包括提携型でのデジタル異業種連携】

　包括提携型とは，資本提携と業務提携を包括した提携形態，多くの場合は合弁事業となる形態です。合弁事業もいくつかの応用パターンがあります。

　たとえば，**図表4-47**の左の図は，中心となる1社リード型の包括提携です。自動車，ロボット，工作機械，建設ゼネコン，電力やガスなどのエネルギー産業，コンビニエンスストアなどの大手小売業など，川下に近く，膨大な数のサ

図表4-47 包括提携型の応用パターン例

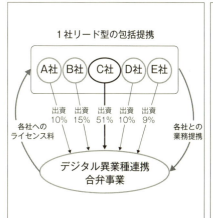
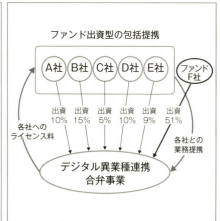

プライヤーを抱える巨大産業ではよく活用される形態です。多くはリードする企業は元々発注元で、サプライヤーであるパートナー企業・組織が出資してリスクシェアする見返りに受注を得るという極めて伝統的な形態です。ビジネスのマネジメントや採算リスクはリードする企業が負担することが多く、パートナー企業・組織は受け身になりがちです。IoT、AIといったデジタル化を中核としたビジネスでは、あまり向いていないかもしれません。

図表4-47の右はファンド出資型の包括提携です。異業種のパートナー企業・組織は各社マイノリティ出資でほぼ対等の関係です。そして必要資金をファンドに出資してもらいます。ガバナンスをどう考えるかは大きな判断のポイントですが、あえて合弁会社に独立性を持たせると考えるならば、ファンドに50％超の出資をさせ、イニシアティブを取ってもらうのも1つです。もちろん株式の譲渡制限や「株主割当増資」「第三者割当増資」などの制約条件は十分に検討しなければなりません。

(4) 実行組織体制と意思決定権限を決める（提携形態によって異なる）

デジタル異業種連携事業の実行体制は、提携形態によって異なります。2つ

第4章 戦略計画段階 201

の提携形態，業務提携型と包括提携型に分けて説明します。

【1：業務提携型の実行組織体制（コンソーシアム，一般社団法人）】

業務提携型であれば，別途会社をつくって出資するなどの資本移動がありませんので，会社形式の実行組織にはなりません。しかし，エコシステム・ビジネスモデルや，そのためのプラットフォームを共有したい場合，コンソーシアムという組織形態を使うことが効果的です。コンソーシアムは任意の団体で，法人格を持たない組織です。したがって，組織内で自由に規定を決められます。ほとんどの組織は会費制で，1社1投票権，もしくは会費の払い込み口数で総会の投票権を持つ場合などがあります。会費は組織運営と組織の主な活動に使われ，毎年決算を行い総会で報告します。会員が理事と理事長を選任します。株式会社の組織で言えば，理事長は代表取締役社長で，理事は取締役です。会計と業務の監査を行う監査役をつけ組織運営を監視します。

コンソーシアムの中にコンソーシアムの目的を達成するための専門部会を設

図表4-48　実行組織体制

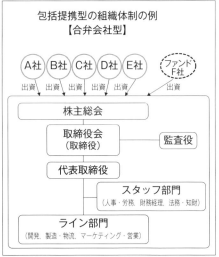

け活動します。たとえば，プラットフォームの構築と普及のために，「標準化専門部会」「技術開発専門部会」「ビジネスモデル開発専門部会」などを組織化し，そのアウトプットをコンソーシアム全体で共有します。

　実行部隊である専門部会のリーダーやメンバーは，デジタル異業種連携戦略プロジェクト活動の中で活躍した人を中心に，その知識・スキルレベルを十分把握した上で指名することが大事です。コンソーシアムは専門部会の活動が言わばエンジンですから，この人材配置が大変重要です。

　法人格を持たないコンソーシアム組織は，必要に応じて一般社団法人などの社団法人にすることで法人格を持たせることも可能ですし，はじめから社団法人にすることも可能です。ちなみに一般社団法人は事業目的に公益性がなくてもかまいません。原則として株式会社等と同様に，すべての事業が課税対象となります。だだし，営利法人である株式会社等と異なり，設立者に剰余金または残余財産の分配を受ける権利を与えることはできません。コンソーシアムを社団法人にするか否かは組織の継続性，永続性にあると考えられます。

【２：包括提携型の実行組織体制（合弁会社）】

　包括提携型の実行組織体制は，新設の合弁会社になることがほとんどであると思われますが，現在存続している会社の株式取得や出資によって合弁会社の形態にするケースもあります。ここでは出資による合弁会社の実行組織体制を説明します。

　デジタル異業種連携事業の合弁会社は，一般の株式会社と変わりません。しかし，株主が連携する異業種の企業であることが特徴です。デジタル異業種連携戦略プロジェクトのパートナー企業・組織は，連携事業に出資して株主になります。その際に議論になるのが出資比率です。前述のように大手組立加工メーカーやエネルギー，建設などで，一企業が事業をリードした方がよい場合は，出資比率を多くして支配権を強めます。出資比率は連携のスキームに依存します。

　合弁事業に独立性を持たせたいならば，ファンドなどを入れ，デジタル異業

第４章　戦略計画段階　　203

種連携戦略プロジェクトのメンバー企業の出資を低く押さえます。デジタル異業種連携戦略プロジェクトのパートナー企業・組織のメンバーのどの会社や組織から何人取締役になるかも，提携の目的，ビジョン，スキームなどに依存します。

　代表取締役は，どのパートナー企業・組織から出すのか，外部から招聘するか否かも，同様に議論すべき事項です。IoT，AIをベースにしたデジタル異業種連携戦略プロジェクトでは，連携事業の事業経営に貢献できる役員，代表取締役であるべきで，株主であるパートナー企業の影響力をもたらすのが目的でないことが多いでしょう。その辺が株主であるパートナー企業の経営陣が理解できるかどうかも実際問題として重要なポイントです。

　組織の実行部隊である，ライン部門，スタッフ部門のメンバーは，デジタル異業種連携戦略プロジェクト活動で活躍した人の中で適任がいれば配置します。まだこの段階では最終的な合意に至っていませんが，ある程度の打診や確認ができていればいいでしょう。ただし，本人の出向希望，所属会社が本人の出向を認めてくれくれること，給与などの出向条件などの確認が必要です。実行部隊のレベルは新会社の成否に関わる重要事項ですので，十分な計画と準備が必要です。

⑸　最終的なリスク分析をする

事業計画に対するリスクを２段階で分析し，対応策を検討する

　すでに事業構想企画フェーズでリスク分析を行っていますが，事業計画フェーズで作成した事業計画に対し最終的なリスク分析を行います。基本的には事業構想企画フェーズで行ったリスク分析と考え方，方法は同じですが，リスクを受ける対象を２段階で考えます。１段階目は連携事業そのもののリスクです。２段階目は，連携事業のリスクの影響からさらに影響を受けるパートナー企業・組織のリスクです。

　２段階でリスク分析を行うことで，連携事業は当然のこと，そこから発生する可能性のあるパートナー企業・組織のリスクを分析し，各社がこのデジタル

異業種連携戦略プロジェクトによる事業計画を最終検討する際の資料にします。

　リスク分析を行った後は対応策を企画検討します。すでに事業構想段階での
リスク分析に対しては基本的な対応策はとられているでしょうから，事業計画
段階で新たなに見つかったリスクに対しての対応策を検討します。

実行しないリスクをどう示すか

　デジタル異業種連携戦略プロジェクトのリスクは，事業や市場の状況によっ
て異なりますが，多くはIoT，AIをベースにした連携事業ですので，日本の伝
統的な大企業が本格的に事業展開していない領域がほとんどだと思います。た
とえばサブスクリプションビジネスモデルや，シェアリングエコノミーモデル，
スマートフォンでのアプリを使ったマッチングモデル等の領域です。つまり本
業には直接大きな影響は与えないことが予想されるが，放置しておくと完全に
出遅れてしまうといった状況ではないでしょうか。この場合，現実的には実行
しないリスクが最も大きなリスクとなります。実行しないリスクは，競合，エ
コシステム・ビジネスモデル，業界構造変化，顧客などの面に表れてきます。

　おそらく投資も，製造業に比べれば小さな規模になると思います。そうした
場合，実行する方が，ビジネス全体を考えれば競合やエコシステム・ビジネス
モデルのリスクを下げ，自社を含めた連携事業の成功機会をつくりやすいと思
います。

　実際，事業計画フェーズが終われば，デジタル異業種連携戦略プロジェクト
のパートナー企業・組織は，この事業に投資するかしないかの最終意思決定を
しなければなりません。その時，実行しないリスクをしっかり認識しておくこ
とが，意思決定において重要になることが多いと考えられます。

⑹　事業計画書としてまとめる

事業計画書に必要な項目

　事業計画書とは，事業構想企画フェーズでの事業構想書の見直し，特に戦略
構想部分の見直しに，事業計画フェーズで新たに分析し検討した結果を加えた

ものです。事業計画フェーズで新たに加えたものとは，

- 提携形態
- 実行組織体制（機関設計含めた事業の組織体制）
- 事業計画で詳細に検討した財務計画
- 上記を基に実施したリスク分析と対応策

です。これらをまとめて事業計画書とします。

　事業計画書はデジタル異業種連携戦略プロジェクトによって提案される事業に投資，参加するかどうかの判断を仰ぐものです。経営トップの判断を仰ぐという点で，事業計画は詳細版と要約版の2つを作成するのがよいでしょう。時間があまりない経営トップに対しては要約版でプレゼンし，質疑の際に資料的なものも含まれている詳細版で説明するなど工夫してみましょう。

図表4-49　事業計画書の目次例

詳細版事業計画の例

- エグゼクティブサマリー
- 事業の背景，理念，ビジョン，ゴール
- 事業環境分析と事業成功の鍵
  - 市場環境分析（マクロ環境，顧客，競合分析）
  - 参加企業のコア・コンピタンスの分析
  - SWOT分析とK・F・S（事業成功の鍵）分析
- 事業戦略構想
  - 主な製品・サービスと顧客提供価値戦略
  - 事業ドメイン，市場ポジショニング
  - エコシステム・ビジネスモデル戦略
  - バリュー・チェーン・プラットフォーム戦略
  - マーケティング戦略
  - 技術戦略
  - 参加各社の役割分担と経営資産の確認
- 組織・利益計画，リスク分析
  - 事業形態，出資比率
  - 財務目標，利益計画
  - 投資計画
  - リスク分析
  - 組織体制
- 事業開発ロードマップ
- 当面のアクションプラン

要約版事業計画の例

- 事業の背景，理念，ビジョン，ゴール
- 事業環境分析と事業成功の鍵
  - 市場環境分析（マクロ環境，顧客，競合分析）
  - 連携SWOT分析とK・F・S（事業成功の鍵）分析
- 事業戦略構想
  - 主な製品・サービスと顧客提供価値戦略
  - 事業ドメイン，市場ポジショニング
  - エコシステム・ビジネスモデル戦略
  - マーケティング戦略
  - 技術戦略
- 組織・利益計画，リスク分析
  - 事業形態，出資比率
  - 財務目標，利益計画，投資計画
  - リスク分析
  - 組織体制
- 事業開発ロードマップ

事業計画の限界

　各社の経営トップを説得するに際し，事業計画書には限界があります。その限界とは具体的には以下のようなものです。

【経営トップの環境変化，トレンドに対する認識の限界】

　事業計画書によって提案を受ける経営トップが，IoT，AIなどによるデジタル異業種連携を必要と考えているかどうかを確認する必要があります。近い将来，自社の事業領域がデジタル化，サービス化していくことにどれだけ危機感，関心があるかどうかがポイントです。

【ビジネスの失敗リスク】

　デジタル異業種連携戦略プロジェクトが取り組む事業の多くは，新市場創造です。したがって，実際市場に出してみないとわからない部分が多いのです。事業計画書をいくら詳細に作成しても限界がありますし，時間はどんどん経過してしまいます。そのため，俊敏でチャレンジングな行動力を武器にするスタートアップ企業が有利なのです。リスクがある程度読めたら実行してみる，という"踏ん切り"が必要です。

【関係者全員のコンセンサスをとることの限界】

　新事業開発，特にデジタル異業種連携戦略プロジェクトのような異業種を巻き込んだ新事業は，社内外のさまざまな人が自身の知る範囲でコメントしてきます。特殊な技術をベースにした新事業だと，その技術を知っている人しかコメントできませんが，デジタル異業種連携事業は，多面的要素を含んでいるので，どこかの部分で知っていることが見つかりやすいからです。多くの意見，コメントをもらうのはよいことなのですが，完全なコンセンサスをとるのは難しいと言えます。したがって，事業計画は意思決定する人に集中して説明し，迅速な意思決定を導き出すようにします。

第4章　戦略計画段階　　207

(7) 各社で個別に検討し合意形成をする

IoT，AIをベースにしたデジタル異業種事業の評価視点は過去と全く違う

　IoT，AIをベースにした新事業をどのような視点で評価するかは難しいことです。なぜなら，多くの企業がこれまで行ってきた過去の製品・サービスのビジネスモデルとは全く異なるものだからです。これまでの日本企業の多くは，企業が製品・サービスを企画開発，製造し，販売するというワンウエイ型のビジネスモデルだったのに対して，IoT，AIをベースにしたビジネスモデルは，たとえば，顧客に無料でアプリケーション使ってもらい，顧客の利用データを集め，必要なタイミングで顧客にプレミアムサービスを提供するといった，データ中心の顧客と企業の双方向のビジネスモデルです。収益を獲得する対象も，方法も，考え方も過去とは全く異なるのです。したがって，デジタル異業種連携事業の評価も従来の事業評価とは違ったものになります。

デジタル異業種連携事業の評価視点とは

　デジタル異業種連携事業の評価対象は２つあります。１つはデジタル異業種連携戦略プロジェクトで企画開発してきた連携事業で，もう１つは連携元の親会社の自社事業です。

　連携事業の評価視点は２つあり，１つは顧客提供価値，もう１つは市場イノベーションです（**図表４-50**）。顧客提供価値とは，これまでも議論してきましたが，独自の顧客提供価値や新しい顧客の増加，さらには顧客価値自体が加速的に増幅することなどです。市場イノベーションとは，市場の規模が拡大することや，市場の参入プレイヤーが増大すること，もしくは市場の参入プレイヤーが入れ替えられること，エコシステム・ビジネスモデル（構造）が大きく変革されることなどです。

　連携元の親会社の自社事業の評価視点も２つで，１つは戦略資産（コンピタンス）の蓄積です。戦略資産とは，新ビジネスモデル，新顧客，新チャネル，新ブランド，新プロセス，新技術・ノウハウ，新しい設備，機械新たな人材な

図表4-50　デジタル異業種連携事業の評価シート

3：期待を上回る　2：期待通り　1：期待を下回る

評価視点		主な評価項目	現在：1〜3年	将来：3〜5,7年
連携事業	顧客提供価値	• 独自の顧客提供価値	3	3
		• 新たな顧客の増加	3	3
		• 顧客価値の増幅	3	3
	市場イノベーション	• 市場の規模が拡大	2	3
		• 市場の参入プレイヤーが増大	2	3
		• 市場の参入プレイヤーの入れ替え	2	2
		• エコシステム・ビジネスモデル（構造）の変革	3	3
自社事業	戦略資産の蓄積（コンピタンスの獲得）	• 新ビジネスモデル	3	3
		• 新顧客, 新チャネル	3	3
		• 新ブランド	3	3
		• 新プロセス	2	3
		• 新技術・ノウハウ	2	3
		• 新しい設備, 機械	2	3
		• 新たな人材	2	3
	収益の最大化	• 収入源の増加	2	2
		• 単価アップ	1	3
		• 客数の増加	2	2
		• 固定費低減	2	2
		• 投資低減	3	3
		• 経費低減	3	3

どです。戦略資産と呼ぶ意味は，将来収益を生み出すエンジンになり得るからです。もう1つは収益の最大化で，上記の戦略資産を活用して収益を最大化させることです。具体的には，収入源の増加，単価アップ，客数の増加，固定費低減，投資低減，経費低減などがあります。収益は上げ，コストと固定費を下げて収益最大化を狙う視点です。

各社が個別に検討し，全体でさらに討議

　これらの連携事業そのものの評価と自社にとっての連携事業の評価は，デジタル異業種連携戦略プロジェクト全体で行うのではなく，各社で行います。そして各社なりの回答を考えます。参加する，しない，参加するにあたっての条件は何か，参加しない理由は何かなどを明確に回答します。

　もちろんデジタル異業種連携戦略プロジェクトの各企業のプロジェクトリー

第4章　戦略計画段階　209

ダーは，プロジェクト内ではある程度合意しているので，各社の経営トップや
キーパーソンを説得する立場です。彼らは各社の経営トップを説得し，参加条
件を引き出し，また，デジタル異業種連携戦略プロジェクトの全体の会に
フィードバックします。

　そこで参加できないパートナー企業・組織が出てきたり，プロジェクトとし
ては受けるのが難しい条件が出た場合は，デジタル異業種連携戦略プロジェク
トのリーダーや各社のリーダーが，それらのパートナー企業・組織に出向き説
得の努力をします。

　それでも調整しきれない場合は，その企業は離脱するしかありません。この
段階でデジタル異業種連携戦略プロジェクトがバラバラになるのを防ぐために
は，プロジェクトの進捗をこまめに各社のスポンサーである経営トップやキー
パーソンに報告しておくことや，事業構想段階で基本合意の契約書か覚書きを
取り交わしておくことが効果的です。契約書，覚書きには，法的拘束力を持た
せるか否かは，ビジネスの内容，交渉の状況によりますが，たとえば，拘束力
がないからといって，契約締結後に一方的な主張や離脱を求めることは信義上
難しく，したがって，それらは合意のための拘束力になり得ると言えます。

第 **5** 章

契約・実行・モニター段階

1 契約・実行・モニター段階とは

　契約・実行・モニター段階とは，各パートナー企業・組織の経営トップが，デジタル異業種連携事業に参加する意向を固めた後に行われる，正式契約の締結や連携事業実行準備，事業スタートアップ，実行モニタリングまでを示します。

　この段階では，スタートアップ企業を立ち上げる起業家精神的側面と，出資，契約，組織設計，業務の実行管理という，法務，経営管理的側面の2つの要素が必要です。

2 契約締結フェーズ

(1) デジタル異業種連携戦略・契約締結の2つのステップ

　デジタル異業種連携戦略の契約書とは，契約項目や条件が最初にあるのではありません。あくまでもプロジェクトによって事業構想や事業計画が契約の前に検討され，その内容に従って複数企業間で契約を結ぶという形です。デジタル異業種連携戦略というと，いきなり契約の話になることもありますが，まず

どのような事業をどう進めるかという事業の内容を詰めて，その上で契約内容を検討するべきです。したがって契約締結フェーズでは，前フェーズで作成した事業計画の内容を各パートナー企業・組織が確認した上で，デジタル異業種連携戦略の契約書という形に表現し直し，細かい契約の条件詰め，正式契約を締結する一連の作業を行います。

　契約締結フェーズは大きく2つのステップに分かれます。1つ目のステップは，デジタル異業種連携戦略の契約項目と内容の検討です。デジタル異業種連携戦略の正式契約を作成検討する前に，契約項目とその内容を前フェーズの事業計画を基に議論，検討します。2つの目のステップは，契約締結です。ステップ1の契約項目とその内容をベースに正式契約書を作成し，細かな調整し契約を交わします。

(2)　デジタル異業種連携戦略の契約項目と内容の検討

　デジタル異業種連携戦略の契約書に盛り込む項目は，**図表5-1**のようになります。

図表5-1　デジタル異業種連携戦略の契約項目

① デジタル異業種連携戦略の目的と戦略ビジョン
② デジタル異業種連携戦略の形態，組織体制
③ 共有すべ経営資産
④ 経営資産の使用範囲の明確化
⑤ 経営資産の交換条件または使用費用の明確化
⑥ 経営資産品質の保証
⑦ デジタル異業種連携戦略の期間と契約解消の方法

【①　デジタル異業種連携戦略の目的と戦略ビジョン】

　デジタル異業種連携戦略の目的や戦略ビジョンを再確認します。戦略の目的や戦略ビジョンの確認，共有こそが，契約のための前提であり，契約の内容を議論するための，言わば原点となります。戦略ビジョンには，ビジネスモデル

と共有するべき経営資産，組織連携などが大まかに示されます。

【②　デジタル異業種連携戦略の形態，組織体制】

　デジタル異業種連携戦略の形態，つまり資本を出し合って事業を行う合弁企業などの資本提携か，販売，製造，技術などでの業務提携か，資本提携と業務提携を合わせた包括提携なのかを明確にします。

　デジタル異業種連携戦略の形態が決まれば，事業に必要な組織体制が明確になり，機関設計，人員配置なども明らかになります。

　また，契約主体も明確になります。業務提携であれば，提携する会社・組織同士になりますし，合弁会社であれば，合弁会社と各資本提携，業務提携するパートナー企業・組織との契約になります。

【③　共有すべき経営資産】

　デジタル異業種連携戦略で共有すべきそれぞれの経営資産が何であるかを明らかにします。経営資産とは以下のようなものです。

- 財務資産：現金，土地，設備など
- 顧客資産：販売チャネル，顧客，ブランドなど
- 業務プロセス資産：生産，物流，品質保障など
- イノベーション資産：研究開発力，開発設計力，製品・事業開発力など
- 人・組織・経営基盤資産：人材，組織，技術，ノウハウ，専門知識など

【④　経営資産の使用範囲の明確化】

　デジタル異業種連携戦略での経営資産の使用範囲を明確にします。経営資産の範囲には，「使用対象」「使用目的」「使用地域」「使用期間」「関連組織や子会社使用の可否」，第三者に許諾できるかどうかなどが含まれます。それらの範囲条件をデジタル異業種連携戦略で使用するすべての経営資産に関して明確にします。

【⑤　経営資産の交換条件または使用費用の明確化】

　各経営資産が特定され，使用範囲が明確になれば，使用するための費用を検討することができます。どの程度の使用費用を設定するかは，過去の事例を使う場合や，取引市場が存在していればその価格を参考にする場合，または事業計画から算出する場合などがあります。いずれにせよ絶対的なものはなく，デジタル異業種連携戦略プロジェクトによってつくられた合弁会社とパートナー企業・組織との交渉となります（業務提携の場合は，提携するか会社同士の契約になるので，当事者間の交渉となる）。

　一時金なのかロイヤリティなのかなどの支払い方法も条件に入ります。デジタル異業種連携戦略とは資産の共有であるため，使用費用を支払わずに経営資産を交換する場合もあり得ます。その場合であっても，それぞれの経営資産の使用費用がどれくらいなのかが議論の前提となります。

【⑥　経営資産品質の保証】

　経営資産をデジタル異業種連携戦略の新会社またはパートナー企業・組織が使用した場合，その経営資産が成果を出すために十分な品質であったかどうかが問題となります。成果が出る／出ないは，経営資産の品質だけでなく，使用する側のビジネスやスキルレベルにも依存します。成果が出ない場合のトラブルを避けるために，経営資産の品質を特定します。経営資産の品質の特定は，技術，ノウハウなど品質レベルが比較的測定しやすいものもあれば，顧客，ブランド，販売チャネルなど測定し難いものもあり，経営資産の特性によって異なります。

【⑦　デジタル異業種連携戦略の期間と契約解消の方法】

　デジタル異業種連携戦略契約の解消を想定し，契約解消の方法を条件として検討します。デジタル異業種連携戦略契約解消の方法は，以下の4つがあります。

- 期間満了：あらかじめ期間を決めておく方法

- 同意による見直し：デジタル異業種連携戦略の状況を把握し，デジタル異業種連携戦略を見直したり終了したりすることを合意する方法
- 終結権の行使の方法：一定条件をあらかじめ設定しておき，いずれかのパートナー企業・組織がその条件を満たせば一方的にデジタル異業種連携戦略を終結できる方法
- 契約違反による解約：パートナー企業・組織が契約上の義務を履行しない場合，契約を解約し終結する方法

(3)　条件の合意形成の原則

　たとえプロセスを踏んで慎重に進めていたとしても，デジタル異業種連携戦略の合意形成はそう簡単なことではありません。ちょっとしたコミュニケーションギャップが大きな溝に繋がることもあります。そこでデジタル異業種連携戦略の合意形成の基本的な原則を紹介します。

【合意形成の基本原則】

原則１：デジタル異業種連携戦略契約の契約項目と内容の検討で合意形成が難しければ事業構想，事業計画，リスク分析などの上流に戻る。

原則２：条件のトレードオフの交渉ではなく，Win-Winの関係が構築できる創造的な問題解決を試みる。

原則３：各社のプロジェクトリーダー，担当役員を含めた各社の責任者全員での会議を開催し，トップレベルで合意形成を行う（各担当者はそれぞれのプロ意識から対立しがち。上位の組織からすると解決はそれほど難しくない場合もある）。

原則４：なかなか合意に至らなく，交渉が暗礁に乗り上げた場合は，仲介者もいれたリエゾン会議を行う。コミュニケーションギャップが合意を阻害している場合がある。また，外部の視点で考えると創造的な問題解決方法が見つかることもある。

第5章　契約・実行・モニター段階　215

⑷　デジタル異業種連携戦略契約の締結

「基本合意書」または「覚書き」の活用

　デジタル異業種連携戦略契約の契約項目と内容の合意が進んで，パートナー企業・組織間にある程度の共通認識ができた時点で，「基本合意書」または「覚書き」が結ばれることがあります。M&Aの場合にはこれらを結ぶことの方が多いのですが，デジタル異業種連携戦略の場合は，これらを結ばずに最終の正式契約だけで済ませる場合もあります。「基本合意書」または「覚書き」段階の合意は，デジタル異業種連携戦略の戦略や大まかな方向性が共有できる事業構想企画フェーズの後もしくは契約提携フェーズの初期の段階で結ぶのがよいと考えられます。なぜなら「基本合意書」または「覚書き」段階の合意とは，デジタル異業種連携戦略の枠組みの合意に留まるものだからです。したがって，法的拘束力を持たせないのが一般的です。ただし，独占的交渉権，守秘義務，その他特定の条項については法的拘束力を持たせる規定を入れることもあります。

正式契約

　正式契約とは，デジタル異業種連携戦略の実態に応じてパートナー企業・組織の権利，義務を定めることです。販売提携では，販売店契約・代理店契約・販売委託契約などです。技術提携契約では，ライセンス契約・共同開発契約など，生産提携では生産委託契約・OEM契約など，資本提携契約では出資契約，株式譲渡契約，株主間契約，合弁契約などというタイトルの正式契約が結ばれます。タイトルのいかんにいかかわらず，デジタル異業種連携戦略の内容を明確かつ網羅的に規定することになります。

　正式契約においては，すべての条項が法的拘束力を有するのが一般的です。基本合意書で決めた骨子に沿って，詳細な規定を合意することになりますが，デューデリジェンスの結果や交渉中の事情変更等により，基本合意書の内容と異なる合意をすることもあり得ます。ただし，基本合意書の法的拘束力のない

図表5-2　基本合意書と正式契約の違い

	「基本合意書」	「正式契約」
契約の目的	提携事業の規模が大きい，重要性が高い，スキームが複雑である場合，大枠について基本的な合意を書面で確認する	販売提携，技術提携，資本提携その他事業提携の実態に応じてそれぞれに当事者間の権利義務を定める
拘束力	守秘義務や独占交渉権など一部の条項を除き，合意の内容に法的拘束力は持たせない	すべての条項が法的拘束力を有するのが一般的 基本合意に従って詳細を決める デューデリジェンスなどでの結果で基本合意書の内容と異なる合意をすることもある
ペナルティ	独占交渉権に関するペナルティを設定することもある	目的，契約内容によって取り決める
契約期間	互いの交渉期間の設定による	目的，契約内容によって取り決める

条項であっても，合理的な理由なくそれに反する主張をすることは，信義則上許されない場合があります。

　基本合意書と正式契約との主な違いは**図表5-2**とおりです。正式契約では，デジタル異業種連携事業における当事者の権利義務を明確に定めることが求められます。海外企業との連携事業では，準拠法や紛争解決方法についても規定しておく必要があります。

　正式契約においては，デジタル異業種連携戦略解消時の具体的な方法を定めておくのが望ましいのですが，日本企業同士の場合は，長期的関係性を重視する意識が強いせいか，契約締結時に解消時についての詳細を交渉することは信頼関係を壊すと考え，詳細な規定を設けず正式契約をすることがあります。特に出資を伴わない場合には，外部専門家の目を通さずに法的な検討が不十分なまま契約が締結されているケースも多いと思われます。しかしIoT，AIなどをベースとしたデジタル異業種連携戦略では市場の状況が変わりやすいので，契約解消に関しては詳細に正式契約に明記するべきです。

第5章　契約・実行・モニター段階　217

契約書の作成

　正式契約書は，デジタル異業種連携戦略のほぼすべての条件について合意された段階で締結されます。法律専門家の支援を受けて作成されることが多く，つまりそれは法的拘束力を持った契約であり，デジタル異業種連携戦略に関する条件を過不足なく規定する必要があります。デューデリジェンスで発見された問題点への対応や，リスクの分担について規定することも重要です。実際のデジタル異業種連携戦略は，この契約書に基づき実行され，契約書が紛争解決の基準となります。

契約書作成にあたっての留意点

　正式契約は，デジタル異業種連携戦略が円滑に進むよう必要十分な合意内容を，各パートナー企業・組織の権利と義務を意識しながら規定していきます。デジタル異業種連携戦略が成功した時を想定して，それぞれの役割，利益分配について合意します。他方で，デジタル異業種連携戦略が不成功に終わる場合に本当に契約書が役に立つ面があるのも事実です。したがって，契約不履行，デッドロック，不可抗力などの事由があった場合や，契約条項の解釈に争いが生じた場合にどのように解決するかをきちんと規定しておくことが重要です。裁判官が客観的に見た場合どう捉えられるか，提携の担当者が変わっても解釈に違いが生じる恐れがないか，などの視点で各条項の規定の仕方を検討すべきです。また，連携事業スタートアップ実行後の権利・義務についても過不足なく規定し，実行後に連携事業がスムーズに進み，デジタル異業種連携戦略の目的を達成できるよう留意する必要があります。

3 ｜ 事業化準備・立ち上げフェーズ

(1)　機関設計

　機関設計とは，会社法に定められた「機関」を，どのように設置するかを企

画し決定することです。会社法で「機関」とは，会社の運営や意思決定について行う株主総会・取締役・代表取締役・取締役会・監査役・監査役会・会計参与・会計監査人などのことを指します。これらの機関は，必ず設置すべきもの，会社の体制によって設置しなければいけないもの，任意で設置を選べるものに分かれています。会社を設立する場合には，経営方針を前提に機関設計を行う必要があります。

デジタル異業種連携戦略では，連携企業が上場企業の連結対象の公開会社か，もしくは非公開会社かで，機関設計つまり管理の厳格さは大きく異なってきます。その他，デジタル異業種連携戦略では，連携元で株主である出資会社がどの程度デジタル異業種連携戦略に関与するかで，出資会社から役員を何人出すか，役員の中のどのポジションを担うかが異なってきます。連携の形態によっても各社の役員の数，ポジションは変わってきます。連携事業を強力にリードする企業が必要な場合は，株式の保有比率も多くなり，役員の数も多くなり，またポジションも重要なものをカバーすることになる傾向があります。

図表5-3　デジタル異業種連携戦略事業の機関設計の考え方

	出資会社（連携元＆出資者）との距離	
	近くしたい	遠くしたい
出資比率	連結対象にする （株式の過半数の取得または役員就任など意思決定の支配権を持つ場合）	連結対象外にする （支配権を持たない株式数，1人のみもしくは役員就任しないなど意思決定の支配権を持たない場合）
役員比率	できるだけ多くまたは可能な限り過半数に近く	役員を出さないもしくは管理監督程度の最小限の役員就任
役員ポジション	代表取締役などの重要なポジションの獲得	同上
管理の厳格さ	会計監査人，社外取締役の設置など大会社，公開会社同等の管理	労務管理，コンプライアンス管理など最低限の管理
事業シナジー	技術，業務，販売で直接効果のある仕組み	当面は直接的な効果を期待せず，デジタル化への参入を目指す。その過程で得られる人事育成など間接的なメリットを期待する。

第5章　契約・実行・モニター段階　219

しかし，出資会社の関与を強めると，合弁の新会社は，機動性が失われかつ出資会社のビジネスモデルに引っ張られ，ネットをベースにした激しい市場競争ではうまく機能しないことが容易に予想されます。そこで考えられるのは，出資会社の出資比率を下げ，派遣役員数を少なくするか最小限にし，ガバナンスを弱め新会社の独立性を高めることです。その一方で異業種連携のよさを活かし，新会社と各出資会社との業務提携を活用する方法があります。技術提携，販売提携，生産提携を組み込み，新会社に強力なリソースを注入し，それにより新会社の自由度を維持しつつも，成長を加速化させる方法です。

新会社と出資会社との関係は，新会社の業績が上がり規模が多くなったところで，出資会社が増資するオプションを持っておき，出資会社とのシナジーは将来本格的に企画するというストーリーが考えられます。

ただし，現実の支配権が強い場合は連結子会社とみなされる場合もあり得ますので，専門の弁護士などに相談するべきです。

(2) 会社を設立する（合弁会社の場合）

機関設計ができ，各種役員ポストの人事が決まったところで，デジタル異業種連携戦略事業では会社設立を行います。会社設立の際には設立の形態を選択しなければなりません。選択肢としては株式会社，合同会社，合名会社，合資会社があります。

一般的には株式会社は，有限責任の範囲内で出資した出資者等によって構成される会社形態で，資本（出資者）と経営（社長）は分離しており，経営者が儲けた利益を出資者に分配するというスタイル（所有と経営の分離）です。

合同会社（LLC）は，出資者全員が間接有限責任社員によって構成される会社形態で，個人事業主や合名・合資会社の場合，「事業破綻・倒産等に陥った場合は無限に責任を負う」ことになりますが，合同会社は株式会社と同様に「間接有限責任」であるため，一定のリスクは回避できるという点が特徴です。また利益を出資額と関係なく配分できるため，お金は出せないが技術，知識，ノウハウで貢献する人がいた場合，あらかじめ貢献度合いを決め，その貢献度

に合わせて利益配分できます。

　合名会社は，社員（＝出資者）が会社の債権者に対し直接連帯して責任を負う「無限責任社員」だけで構成される会社形態です。以前は2名以上の無限責任社員が必要でしたが，現在の会社法では，1名以上で合名会社を設立できます。

　合資会社は，「無限責任社員」と「直接有限責任社員」とで構成される会社形態です。直接有限責任社員は「出資金についてはその金額の範囲内で限定的に責任を負う」ということになっていますが，会社債権者に対しては「直接責任を負う（無限で責任を負う）」ことになります。

　会社形態が決まれば，商標調査などを行った上，会社名を決め，資本金を払い込み，各種会社設立登記の手続きを行います。個人で起業する場合を除けば，出資会社の総務系の専門家経由で外部の司法書士事務所に依頼することになるでしょう。会社設立登記は，準備が整っていれば10日程度で完了します。

図表5-4　組織設計のベースとなる主活動と支援活動

主活動
　調達，企画開発，マーケティング・販売，生産・物流，カスタマーサービスなどの，いわゆる事業のライン活動

支援活動
　戦略企画，人事，財務，法務・知財，研究開発などの，主活動をサポートする業務

（出所）M.E.ポーター（1985）『競争優位の戦略』（土岐坤ほか訳）ダイヤモンド社から引用加筆

第5章　契約・実行・モニター段階　221

(3) 組織を設計する

　機関設計ができれば，今度は新会社を運営するための組織設計を行います。組織は新会社の経営，ビジネス戦略，中期ビジョンなどをベースに設計します。

　一般的には事業の主活動を担うライン部門と，事業の支援活動を担うスタッフ部門を設置します。ライン部門とは，製造業を例にすれば，製品企画開発，製造，物流，販売，顧客サポートなどの事業そのものを担う機能を行う組織です。スタッフ部門とは，人事・労務，法務・知財，財務会計，経営企画，広報・宣伝など事業を支援する各機能を行う組織です。

　これらの組織構造は，会社の規模，成長段階によって変わってきます。スタートアップ時点で組織を一気に大きくすることは現実的でありませんし，事業のスタートアップ直後は業務内容，量に変動が多いため，大きな組織はむしろ仕事の質を下げます。会社が小さい内に業務の質と効率を徹底的に上げ，スケールアップしてもその状態を維持することで競争力の高い組織体質をつくることができます。したがって，組織の機能は設計しますが，スタートアップ直後は社内での兼務や外注，または親会社の機能を借りるなどして，組織規模を抑える工夫が必要です。

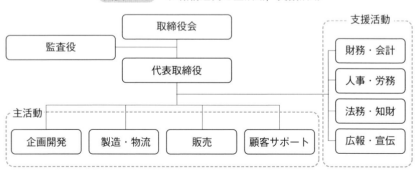

図表5-5　組織構造例と主活動，支援活動

⑷ 人材を調達，配置する

　組織設計ができたら，各組織のポストにメンバーを具体的に当てはめていきます。その際，すでに親会社からの出向者がいる場合はその方々をまず配置します。または各親会社に対しスタートアップ時点で必要な人材を出向依頼することも可能かもしません。

　親会社に適切な人材がいない場合，または出向などが難しい場合は，外部からの採用，外注，または当面の兼務を検討します。

⑸ 会社または組織の規定を作成する

　新しく会社を設立した場合は，会社の規定を策定しなければなりません。大きな企業ですと誰もが入社の時から会社の規定が存在しておりますが，新規に

図表5-6　主な会社の規定のリスト例

大分類	中分類	大分類	中分類
経営	・組織・役職管理 ・コンプライアンス ・組織・権限	技術，生産，物流	・技術開発管理 ・生産現場管理 ・物流管理 ・品質管理
人事・労務	・労務・雇用 ・労働協約・労使協定 ・給与・賃金 ・人事考課等 ・教育研修・能力開発等	リスクマネジメント	・リスクマネジメント ・機密保持 ・情報セキュリティ等
総務	・庶務 ・福利厚生 ・労働安全衛生	情報システム	・情報システム ・情報管理
財務・会計	・財務・経理 ・旅費交通費 ・関係会社等		
営業・購買	・営業 ・購買		

第5章　契約・実行・モニター段階　　223

設立した場合は会社の規定を作成し，文書化し，社員に周知しておかなければなりません。

　会社の規定は，労務規定であれば労働基準法上必要とされていますし，その他法律がなくても，会社に関わる役員，社員の遵法精神，モラルの維持向上，トラブルの防止と発生した際の処理方法などの理由で必要不可欠です。

　スタートアップ直後は，人事労務規定，財務会計，機密保持，情報セキュリティなどの必要最低限の規定があればよいでしょう。事業運営するにしたがって順次揃えていくのがよいと思います。出資会社が大企業の場合，各社に専門家がいますので，彼らのアドバイスや支援をもらえばそう難しくなく整備できます。

(6)　業務プロセスを設計する

　組織を設計しても必ずしも仕事のすべてが明確になるとは限りません。なぜなら，仕事＝業務とは組織横断的に行われるものだからです。そこで組織とその業務項目の他に，業務プロセスを設計しなければなりません。しかし，スタートアップ企業は，会社設立した直後は開発途上で，繰り返し行う「業務プロセス」が未確立かもしれません。したがって，可能な範囲で重要業務に関しては業務プロセスを仮設計し，業務を運営しながら改善し，それを業務プロセスに反映させることになります。業務プロセスが明確になれば，業績指標も設定しやすくなり，改善も進みます。

　デジタル異業種連携戦略事業では，その業務プロセスがネット上でのプロセスになる部分も多く，その場合はネット上の業務処理システムになります。そこではITエンジニアリングの知識・スキルが必要となります。

　またIoT関連のビジネスプロセスでは，コアの部分の１つが顧客サービスプロセスであることが多く，顧客側のプロセスの設計，つまり顧客経験プロセスを設計する必要があります。IoTビジネスでは，この顧客経験プロセスが非常に重要で，顧客サービスレベルを決めるだけでなく，自社への情報流入やパートナーとの情報の交換などのエコシステム・ビジネスモデルの中核部分であり，

競合との差別化部分そのものです。

(7) 設備・備品，人材を調達する

スタートアップにはさまざまな設備，備品が必要となります。たとえば，事務所や研究所，製造業であれば設計部門や生産工場などです。大企業だとはじめから用意されていることが多いのですが，スタートアップ企業は自分たちで準備しなければなりません。スタートアップ直後は，本当に必要なものだけ購入し，他は親会社やアライアンスパートナー企業のものを賃貸するなど，できるだけ資産を持たないことをおすすめします。事務所もシェアオフィスに入居すればネット環境や複写機，デスクなど事務作業に必要なものはすべて整備されていますので大変便利です。

事務所，研究所などの物理的なものも大事ですが，それと同じぐらい，事業によってはもっと重要なのが会社のホームページです。ネット時代では，検索ヒット数が注目されますし，外部の人が会社の状況を知る際は，まずはホームページやそのリンク先にアクセスします。関係する論文やプレゼン資料にホームページからアクセスしやすくするなど情報アクセス性を高めておくことが必須です。

すでに述べましたが，組織を設計し，業務プロセスが明確になって，さらに将来の業務内容と量がおおよそつかめたら，必要な人材を採用しなければなりません。採用は親会社からの出向や外部からの採用，外注などがあります。社員として採用するかしないかの判断基準は，仕事の要件に合致するかだけでなく，その人の成長可能性が重要になります。現在の仕事の要件に合致するだけなら外注する方がよいでしょう。採用となると福利厚生費や付帯コストも含めると大きな費用となります。そのリターンは，事業環境変化に対応し，新たなことを創造するノウハウやスキルになるでしょう。

4 事業モニタリングフェーズ

(1) スタートアップの組織文化をつくる

　デジタル異業種連携戦略プロジェクトから生まれた事業は，スタートアップビジネスそのものです。すでに決まった業界の既定路線を進む既存の企業とは文化が全く異なります。したがって，デジタル異業種連携戦略は独自のスタートアップ企業の文化をつくらなければなりません。業種によって細部は異なりますが，ネット時代，デジタル時代のスタートアップ企業には，大企業と異なる組織文化が求められます。それが**図表5-7**に示した「スタートアップ5つの組織文化」です。

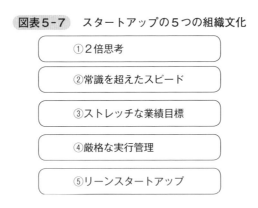

図表5-7　スタートアップの5つの組織文化
① 2倍思考
② 常識を超えたスピード
③ ストレッチな業績目標
④ 厳格な実行管理
⑤ リーンスタートアップ

【①　2倍思考】

　スタートアップ企業は既存の2倍の顧客提供価値を考える習慣を持たなければなりません。つまり，桁違いの価値を創造しなければならないのです。2倍の顧客価値を構想することで，現在の制約条件を取り払い，顧客が本質的に欲しいモノ，コトをストレートに考えることができます。

顧客提供価値だけでなく，製品・サービスのスペック，品質，開発のスピード，業務処理のスピード，顧客の支払いコスト，顧客の使用にあたっての負担コストなどビジネスに関することすべてを，今の2倍のレベルでできないかを発想し，挑戦していくことです。そうでなければ高いパフォーマンスは生まれません。

【② 常識を超えたスピード】

ゴールが見えたらどれだけ早くそこへ到達するかが勝負です。他社との競争を考えた場合，いつの時点で目標を達成していなければならないのか？　といったゴールから考えます。そうすると何を優先的に，どのような順番で課題を解決すればよいのか，最短のルートが見えるはずです。私たちは通常さまざまな無駄なことに時間を使っているものです。しかし緊急な状況では，そのような無駄は一切しません。本当にやるべき仕事の段取り，準備，練習，さらには気持ちの整理など，結果に繋がるやるべきことだけに集中します。

【③ ストレッチな業績目標】

何度か危機的な状況に陥りながらも長期間半導体業界を牽引しているインテルでは，創業のときからOKRという考えで仕事を進めています。Oとは Object＝目的で，何のためにその仕事をするのか，KRとはKey Result＝主要な業績結果目標です。インテルではこのOKRを競合よりも高いストレッチな目標を設定し，その達成に集中することを習慣にしてきました。

人や組織には経験曲線というものがあり，一度経験したことは次に行う際には高いレベルでかつ短い時間でこなすことができると言われています。したがって，常に目標はストレッチでなければなりません。またストレッチな目標を立てることで学習が加速していくことが期待できます。

【④ 厳格な実行管理】

業績のよいスタートアップ企業は共通して，結果と，その結果を出すまでの

第5章　契約・実行・モニター段階　227

進捗の管理は極めて厳格です。一度合意したらプロセスにはあまり口は出さないが，結果やその過程の小結果には厳しいのです。

結果を出すためには，結果を出すための行動を行ったかどうかです。大変シンプルな話です。

- 「やったか」「やらなかったか」
- やった場合は，最終目標の達成率は何パーセントまで党達できたか
- やらなかったらいつまでどうやるか

これだけです。結果が出なかった場合は，「やらない」「やれない」理由をすべて消していくことです。そして行動すること，実行することだけに集中できるようにします。

【⑤　リーンスタートアップ】

リーンスタートアップとは，本書でも度々紹介していますが，米国の起業家でコンサルタントのエリック・リースが提唱しているスタートアップの方法論です。具体的には，コストをあまりかけずに最低限の製品・サービス，最低限の機能を持った試作品を短期間で作り，顧客に提供することで顧客の反応を観察結果から分析し，製品，サービスが市場に受け入れられるか否か判断し，試作品やサービスに改善を施し，機能などを追加して再び顧客に提供する方法です。

このリーンスタートアップを実践することで，効果的に学習でき，最短でゴールを達成できる可能性が高まります。大事なことは結果を重視しながらも実験と試行錯誤のための行動を加速化させることです。リーンスタートアップもストレッチ目標や，厳格な実行管理と同様に，効果的にしかも直観的に行動し，学習を加速化させ，他社よりも抜きん出ることを強調しています。

(2)　月次，四半期，年間の業績を評価する

「事業モニタリングフェーズ」とは，デジタル異業種連携戦略プロジェクトの事業計画フェーズ，事業化準備・立ち上げフェーズで企画検討した事業計画

図表5-8　業績モニタリングのイメージ

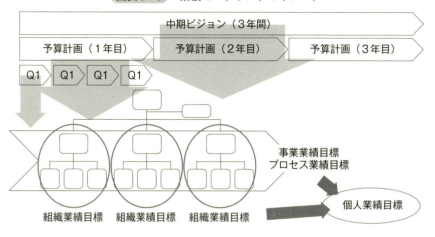

や予算計画，組織体制などに沿って，事業の業績推移や結果をモニタリングするフェーズです。

デジタル異業種連携戦略のモニタリングでは，事業業績の測定指標を明確化し，可能な限り短い間隔で，その業績結果を測定することや，業務に問題や課題があった場合は，速やかに解決する体制，方法を備えておくことが大切です。予防と早期解決がアライアンス戦略成功の鍵と言えます。

業績管理の基本単位は，月次，四半期，年間，中期計画としての3年から5年と，1企業，事業経営と同じサイクルです。担当部門組織であれば週次の業績管理，行動管理も必要です。

事業モニタリングフェーズに入れば，異業種での連携プロジェクトという意識は捨て，1つの独立企業としてマネジメントすることが必須です。したがって，事業がスタートしたらその日からスタートアップ企業としての業績管理を始められなければなりません。事業開始時点で計画が不明確な状況は極めて危険です。新規性が高い事業であっても，継続した市場調査やテストが必要であっても，やるべきことの数値目標を明確にし，その目標を達成するためのアクションがブレイクダウンされているべきです。

第5章　契約・実行・モニター段階　229

図表5-9 戦略マップシート

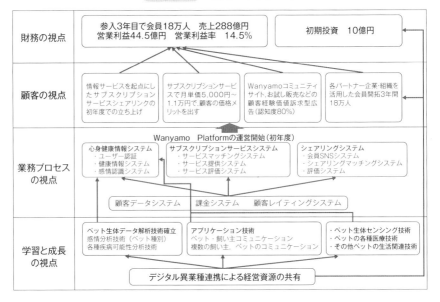

図表5-10 全社戦略マップから組織担当別の目標管理まで

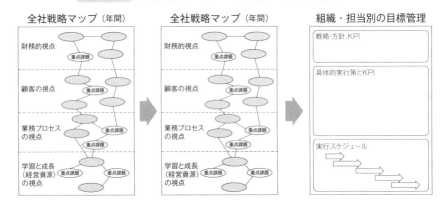

　そのためには，事業モニタリングフェーズに入る段階で，3～5年の中期経営ビジョン，単年度の年度方針，予算計画，四半期ごとの方針と予算計画そしてそれを月度展開した計画が作成されていなければなりません。もちろん，事

230

業全体の計画とそれが事業部門，機能部門に展開されている必要があります。

業績管理のためには，売上，営業利益，原価，販売管理費などの財務指標は当然ですが，戦略や方針に沿った非財務指標も必要です。非財務指標の展開には，バランスト・スコアカード（Balanced Scorecard：BSC）が効果的です。BSCは関連する書籍もたくさん出ており，財務指標との因果関係を重視しますから，成果管理の方法としては必要不可欠です。

以上のように業績評価を行うには，業績指標を具体的に展開していなければなりませんので，まず業績指標を担当者まで展開する作業が必要です。業績評価は業種，業態でその期間が異なります。たとえば消費者向けの小売などの業態では，日次，週次，月次と言った短期スパンになります。製造業向けの産業用ロボットなどでは短くても月次で，四半期や年次での管理スパンになります。

業績の「評価」となれば評価基準が必要で，達成率に応じた評価のランクを決め，さらにはそれを給与などのインセンティブに結びつけなければなりません。

ここではあまり詳しくは述べませんが，インセンティブは給与だけでなく，昇格，表彰，権限範囲を広げるなどさまざまなものがありますので，工夫するとよいでしょう。合弁事業で各社から出向してきている場合は，出向元の給与規定に沿ったインセンティブが中心になりますが，プラスの評価であれば，出向元に交渉し，ある一定範囲で金銭，非金銭的インセンティブをつけてもよいかもしれません。

(3)　業績ギャップの原因を突き止め改善プロジェクトを実行する

週次，月次，四半期，年間の業績指標が設定され，適切なタイミングで報告されれば，目標指標に対し達成状況がわかり，未達の場合はその原因の分析ができます。達成状況が把握できなければ，状況がモニタリングできないので，実施者，その管理者に達成状況の報告を義務づける必要があります。

もし目標の未達が見られたら，その原因分析を行います。そしていち早く対策案を企画し，それを実行します（PDCA・Plan Do Check Action）。ごく当

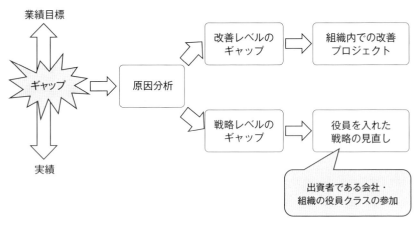

図表5-11 業績目標のギャップの原因分析と2つの対策ルート

たり前ですが，異業種連携での合弁事業などでは，特に事業立ち上げ時にはコミュニケーションが不十分になりがちなので，よく注意しなければなりません。

目標未達の原因が合弁会社の組織，経営資産，資源の範囲で対応できるものであれば，合弁会社内で解決します。この場合，連携する企業の改善力が重要です。日本企業の多くはこの改善力に優れていますので，各社，各業界の改善ノウハウを結集して改善にあたることで組織は大きく進化，成長するでしょう。

しかし問題の原因が，パートナー企業・組織の新会社に提供する経営資産レベルに起因したものであれば，契約書を基に抜本的な改善策を打たなければなりません。その結果，契約の一部見直しや，必要な経営資産を外部から調達するか，戦略を変更しなければならないかもしれません。そのような場合は，合弁事業の役員（多くは出資先の役員や経営幹部が兼任している場合が多いと思われますが）による役員会で議論するべき対象となります。

デジタル異業種連携戦略による合弁事業の改善・改革で重要なことは2つあります。1つは単純に犯人捜しをしないことです。「誰が問題か？」「どこの会社の責任か？」といった犯人捜しを始めると，連携関係はあっという間に崩れていきます。業績モニタリングとその結果のフィードバックの本来の目的とは，

問題や課題の未達の原因を探り，解決策を考え，素早く実行することです。その本来の目的が認識されていれば，早い段階での問題，課題の発見と，その各社連携した解決策の企画と実行が可能です。つまり「素早い組織学習」は組織全体の競争優位に繋がると前向きに考えることが大事です。

　2つ目は，1つ目と反対に，何かの理由で連携関係を解消せざるを得なく，責任に応じてその損失を負担しなければならなくなった場合に備えて，その責任の所在を明確にするために業績を記録しておくことです。さらにはその対応策の進捗，結果の記録も重要です。状況にもよりますが，連携関係解消となった場合には，問題発生の原因を記録しておくことが必要であり，それに基づいて責任関係を明確にしないと連携解消そのものに時間とコストがかかります。

　また業績結果の記録を残しておくことは法的観点でも重要です。たとえば，契約の内容と実態との乖離が生じた場合です。契約内容と違う取引や状態を長期に放置しておくと，後日紛争になった際に，裁判所は契約内容に変更があったと解釈する可能性があります。変更の必要が生じた際には，きちんと変更契約を作成することが重要なのです。

第6章
デジタル異業種連携戦略プロジェクトのリスクマネジメント

　デジタル異業種連携戦略プロジェクトは，1企業で行う戦略よりも高い効果が期待できる一方でリスクも高いと言えます。なぜなら，デジタル異業種連携戦略プロジェクトは必ずしも利害が一致しない企業同士の連携であること，デジタル異業種連携戦略プロジェクトのほとんどは，IoTやAIなどインターネット環境をベースにしたビジネスであるため，事業環境が変わりやすく，連携した事業そのものが常に変革，革新を要求されているからです。また，デジタル異業種連携戦略プロジェクトのパートナー企業・組織は，協調する面もあれば競争する面もあるためです。

　第6章ではそのデジタル異業種連携戦略プロジェクト特有のリスクを，各フェーズのリスクと，プロジェクト内外の環境変化によって起こりえるリスクに分けて解説しします。

1 ｜ デジタル異業種連携戦略の各フェーズにおけるリスク

　デジタル異業種連携戦略プロジェクトのリスクは各フェーズに存在しています。まずは各フェーズの主なリスクを紹介します。

(1) 準備フェーズでのリスク

　準備フェーズでのリスクの主なものは，自社や有力パートナー企業・組織の

経営トップが事業環境変化の認識が乏しいことによって，デジタル異業種連携戦略プロジェクトそのものの企画が遅れるリスクです。自社や有力パートナー企業・組織によるプロジェクトが遅れる，または実施できない一方で，他社が構築したエコシステム・ビジネスモデルが台頭し，既存市場をも奪われることがあり得ます。

　たとえば，自動車業界で言えば，配車アプリのウーバーやカーシェアなどの新たなサービスビジネスが生まれ，それらの新興企業が巨大化し，自動運転ビジネスやモビリティサービスに参入してきているにもかかわらず，その大きな環境変化を認識せずに放置し，行動を起こすまで時間がかかるといったケースです。特に日本の製造業は「モノづくりを追求していけばなんとかなる」という意識が強く，さらには経営者自身がネットビジネスでの成功経験がないため，競合企業または新興ベンチャー企業などのデジタル異業種連携戦略には反応が低い傾向があります。

　また準備フェーズの段階では，デジタル異業種連携戦略プロジェクトに参加する企業をリクルートしますが，その過程で情報が漏洩してしまうリスクがあります。プロジェクトの構想，情報は一度に出さずに段階的に出すようにしますが，結果的に交渉対象企業が参加を断ってきた場合は，提供した情報は相手の知るところとなり，その企業が競合側に回れば，自社やプロジェクトは不利になるというリスクがあります。

(2)　アイデアソンフェーズでのリスク

　アイデアソンフェーズでのリスクの主なものは，アイデアソンフェーズまでで，パートナー企業・組織がプロジェクトを抜けてしまうリスクです。デジタル異業種連携戦略プロジェクトの中心的アイデア，コンセプトは，アイデアソンフェーズで出されますので，その段階でプロジェクトを離脱すれば，その中心的アイデアを知ってプロジェクトを離れることになりますので，もしその企業が競合陣営に回れば，不利となります。たとえ機密保持契約を結んでいたとしても，アイデアソンフェーズで知り得た情報を事業に取り入れたのかどうか

の証拠は掴みにくく，損害金額も明確に算定できないことから，損害賠償の裁判を起こすのは実際問題難しいと言えます。

　同様に，アイデアソンフェーズ参加企業がいくつかのグループに分裂し，プロジェクト自体が決裂するリスクもあります。これも企業の離脱同様，情報が漏れ，かつ競合陣営として競争関係になった場合，自社ならびに自社陣営の戦略意図が競合陣営に読まれる可能性があり，リスクと言えます。

　その他のリスクとしては，他の魅力的なパートナー企業・組織が見つかるケースです。その魅力的なパートナー企業・組織が，すでに参加しているパートナー企業・組織と同じ業界で，プロジェクトの中で担う機能が同じであれば，入れ替えたくなるのが正直なところです。また魅力的なパートナー企業・組織が，自社が組織化するデジタル異業種連携戦略プロジェクトに対抗して，異業種連携戦略プロジェクトを組織化した場合は脅威となります。

(3)　事業構想企画フェーズ，事業計画フェーズでのリスク

　事業構想企画フェーズや事業計画フェーズでの主なリスクは，この段階でパートナー企業・組織が離脱すること，いくつかの企業グループへ分裂することです。アイデアソンフェーズに比較して，ビジネスモデルやマーケティング戦略など，プロジェクトの重要な事業戦略構想を企画しますので，内容が詳細で，事業そのものの話しが出てくるフェーズであるため，その影響度は高いと言えます。

　またこれらのフェーズでは，アイデアソンフェーズよりも事業として詳細な議論をしますので，各社の利害も明確になり，利害対立や衝突する可能性も高くなります。したがって，利害対立や次フェーズに進む意思決定の遅れを避けるために，事業構想企画フェーズや事業計画フェーズ段階での合意を「基本合意」「部分合意」「覚書き」などとしておく対策が効果的かと思います。

(4)　契約締結フェーズでのリスク

　契約締結フェーズでの主なリスクとは，事業構想書も事業計画書の作成もす

第6章　デジタル異業種連携戦略プロジェクトのリスクマネジメント　　237

べて済み，最終契約段階で契約しないパートナー企業・組織が出てくることです。また契約にあたって，基本合意を覆されて契約の修正を余儀なくされ，自社はじめ他のパートナー候補企業にとって不利な契約に押し切られ，最終的に変更されてしまうケースです。また契約締結までに長時間がかかり，市場競争上不利になるケースもあり得ます。

ただし，基本合意書の規定に反する行為を行った場合や契約締結上の過失にあたるような場合で，それによって相手側に生じた損害に対して損害賠償義務を負うことがあり得えます。契約締結上の過失とは，パートナー企業・組織が締結に合理的な期待を寄せるような状況になった後に，不当に交渉を破棄するというものです。

(5) 事業化準備・立ち上げフェーズ，事業モニタリングフェーズでのリスク

契約締結後のこれらのフェーズでのリスクは大きく3つあります。1つは，パートナー企業・組織の経営資産，つまりデジタル異業種連携戦略プロジェクトで約束した機能レベルが，実際には期待水準を下回るリスクです。技術開発力，設計開発力，製造力，販売力などのスキル，ノウハウは，実際の事業の中で実施してみないとその効果がわからないものが多く，それが契約上で約束された期待レベルを下回っている場合です。このリスクへの対応策は，事前にデューデリジェンスをしっかり行うことが基本ですが，実際に発生した場合は，対象となるパートナー企業・組織へ改善を要求することが考えられます。

2つ目は，デジタル異業種連携戦略で行われる事業全体の業績成果が出ない業績不振の場合です。業績不振の原因はさまざま考えられます。事業に参加しいてる経営者，管理職，社員のモチベーション低下，知識・スキル不足，新たな競合の出現，予期せぬ環境変化，計画が不十分であったことから起こるリソース不足，または予期していない増加コスト，パートナー企業・組織同士の対立などです。このようなリスクへの対応策としては，事業計画，年度計画，四半期業績評価システム，組織・個人の業績評価の仕組みなど，管理の仕組み

をきちんとつくり，問題が発生したらその対象と原因をつきとめ，即座に改善できるようにすることです。もし改善できない場合は，問題の発生源を明確にし，しかるべき組織，担当，その先のパートナー企業・組織に責任をとってもらえるようにしておくことが必要です。

　3つ目はパートナー企業・組織の経営環境変化，またはコンプライアンス違反などのリスクです。これはデジタル異業種連携戦略プロジェクトの事業形態やパートナー企業・組織の関与の状況に依存します。もし，出資比率が少なく，パートナー企業・組織にとって連結対象でなく独立していれば，このようなリスクは限定的ですが，連結対象になっていたり，連携事業の重要な経営資産が使えなくなる状況になったりすれば，それは大きなリスクとなり得ます。もし連携事業がパートナー企業・組織への依存率が高い場合は，発生した後の対応が相当難しくなりますので，事業構想企画や事業計画フェーズでのデューデリジェンスを妥協せずにしっかりと実施しておくことが大事です。

2 | その他想定されるリスク

(1) 重要なパートナーが交渉途中でプロジェクトから抜けた場合

　事業構想企画フェーズ以降で，デジタル異業種連携戦略プロジェクトに欠かせないパートナー企業・組織がプロジェクトから抜けた場合の影響はかなり大きいものになります。中心的パートナー企業・組織がプロジェクトから抜ける原因には，その企業が，

- 想定していた事業になる見込みがないと感じる
- 他のパートナー企業・組織との決定的な対立関係にある
- もっと魅力的なパートナー企業・組織が出てきて，そちらとの提携が重要と考えている

などが考えられます。このようなリスクを下げる方法は，準備フェーズからアイデアソンフェーズにかけて，プロジェクトに欠かせない重要なパートナー企

業・組織をコアメンバーと位置づけ，意思疎通を密にしておくことです。意思疎通は各パートナー企業・組織のスポンサーの役員まで含みます。可能であればコアメンバー間で基本合意の契約を結んでおくのもよいでしょう。

　重要なパートナー企業・組織が抜けてしまった場合は，プロジェクトそのものを解散してしまうか，残されたパートナー企業・組織で可能な範囲で連携事業を行うかを判断します。今日のように環境変化が急激な場合は，たとえ小さくても，事業化を早期に行った方は有利になることが多いでしょうから，簡単に諦めなくてもよいかもしれません。すかさず，それまでの経験と知見を活用して新しいパートナー企業・組織を探すのも1つの手です。

⑵　自分たちより優れた競合陣営が現れた場合

　デジタル異業種連携戦略プロジェクトで自分たちより優れた競合陣営が現れた場合は，大きなリスクになり得ます。しかし，当然ビジネスには競合は現れますし，また市場創造，拡大という点では競合の参入がポジティブな面もあります。このようなリスクに対しては，競合ベンチマーキングを行い，競争戦略を企画し，実行していかなければなりません。この機会をパートナー企業・組織の強い結束の機会と捉え，徹底して差別化戦略を企画検討するのがよいでしょう。

　また，どう見ても勝ち目がないと判断できれば，早い段階で競合陣営に交渉して有利な条件でアライアンスを持ち込むのも1つです。アライアンスの中には業務提携もありますが，資本提携やM&Aもあり得ます。この場合のM&Aは売却する側と，買収する側の両方が考えられます。

　いずれにせよ，市場全体，エコシステム・ビジネスモデルの動向を，視野を広くして見定め，意思決定をしなければなりません。

⑶　パートナー間の利害が一致せず，合意形成が難しくなった場合

　すでに本章の1で述べていますが，各フェーズ，特に事業構想企画フェーズ以降において，各パートナー企業・組織の利害が一致せず，合意形成が難しく

なるリスクは常に存在します。リスクの察知，事前対応策という点では，デジタル異業種連携戦略プロジェクト全体のリーダーやサブリーダーは，各パートナー企業・組織のリーダーとそのスポンサーである担当役員の意向を常に確認しておくことが大事です。少しでもズレがあればそれを察知し，プロジェクトの戦略を修正したり，キーパーソンを説得したりする必要があります。そのためにも，各パートナー企業・組織のリーダーと担当役員とはコミュニケーションを密にしておかなければなりません。また前にも述べたとおり，事業構想企画フェーズの段階で基本合意の契約を取り付けておくことも効果的です。

　大事なことは，いったん企画したからと常に前進するだけではなく，参加するパートナー企業・組織の意見があれば，随時，元の事業構想に返ってよりよい企画を練ることが大事です。厳しいが前向きな意見であれば，その意見が出されたことをきっかけに，デジタル異業種連携戦略プロジェクト自体を本質的に鍛え直していくことが大事です。

⑷　パートナーシップ解消におけるリスク

　デジタル異業種連携戦略による事業が立ちあがった後に，パートナーシップを解消されることがあります。その理由は大きく2つです。1つは契約期間の定めがある場合で，その満期に契約を解約するケースです。もう1つは契約期間の定めがない場合や契約期間中であっても，何らかの理由で契約を解除する場合です。どのような理由であれ，契約の解除は起こり得ます。パートナーの解約は，事業を継続する意志のある企業にとっては大きなリスクと言えます。解除される側のパートナー企業・組織つまり被解除者へのリスクの影響は「連携事業への依存度」「連携事業への投資規模」「替わりとなるパートナー企業・組織に切り替えることの難易度」などによって異なります。

　パートナー企業・組織が契約を解除する場合は，正当な理由があったとしても，一定の予告期間を設けるか，一定の損害賠償金の支払いよって契約解消が認められるのが一般的です。紛争にならないように，契約上明確かつ合理的な解約規定を合意しておくべきです。

また，契約解約後の権利，義務の処理を巡るリスクもあります。たとえば，秘密情報の返還・破棄，在庫・仕掛品の処分，付随契約の取り扱い，出向者・転籍者の扱いなどです。特に資本提携がある場合には，出資した金額の回収の問題，つまり自社やパートナー企業・組織が保有している株式をどう処分するかの問題が生じます。

第7章

デジタル異業種連携戦略の人材育成と個人のキャリア戦略

1 | 人材市場で引っ張りだこの デジタル異業種連携戦略の人材

　複数企業が連携して行うデジタル異業種連携戦略プロジェクトは，異なる企業同士のクロスファンクショナルプロジェクトとなるので，マネジメントが複雑で大変難しいものとなります。しかしその一方では，今日のようなIoT，AIなど業界を超えたエコシステム・ビジネスモデルを早期に構築しなければならない局面では，むしろ成熟した既存業界でビジネスの縮小均衡に陥るリスクを下げ，新たなエコシステム・ビジネスモデルの形成といった大きな成果が得られる可能性が高く，そのマネジメントの困難さを超えてもメリットは高いと言えます。

　実際，人材市場では，業種を超えたアライアンスプロジェクトを経験した人は引っ張りだこです。なぜならIoT，AIの普及で新たなエコシステム・ビジネスモデルの構築の必要性が高まり，人材のニーズは多いが供給は極めて少ない売り手市場だからです。

　今日，企業内での問題・課題の筆頭は，デジタル異業種連携戦略プロジェクトを牽引できるリーダーの発見・育成なのです。

第7章　デジタル異業種連携戦略の人材育成と個人のキャリア戦略　　243

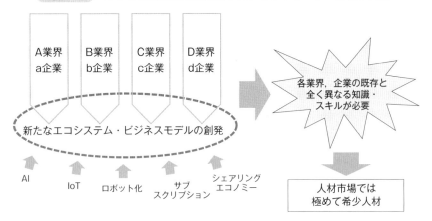

図表7-1　デジタル異業種連携戦略プロジェクトリーダーは希少人材

　新たな顧客の経験価値やそのための独自のエコシステム・ビジネスモデルを創り上げるためには，早急にデジタル異業種連携戦略プロジェクトリーダー，メンバーを発見・育成しなければならないのです。そして誰よりも先に，自社がデジタル異業種連携戦略プロジェクトを仕掛け，リードしなければなりません。

2 ｜ プロジェクトのリーダーに求められるマネジメント知識・スキル

　デジタル異業種連携戦略プロジェクトには，
- 市場調査，事業企画，事業計画などビジネス系の知識・スキル
- 連携のテーマとなる技術領域の技術に関する知識・スキル
- 知的財産，法務，ブランド，ビジネスの実行管理など，事業をスタートアップさせ軌道にのせるまでのすべての知識・スキル

など，多岐にわたる知識・スキルが必要です。これをすべて1人でカバーできる人は世の中にはいません。リーダーに求められるのはその社内外の多様な専門家をマネジメントする知識・スキルなのです。デジタル異業種連携戦略プロ

図表7-2 デジタル異業種連携戦略プロジェクトのリーダーに求められる
マネジメント知識・スキル

> ① 理念に対する一貫性
> ② 多様なものから新たなものを生み出す創発力
> ③ 市場の将来を俯瞰する力
> ④ パートナー企業・組織間のリスクバランス力
> ⑤ 異なる組織文化間でのコミュニケーション力
> ⑥ 多様で不確実な環境下でのプロジェクトマネジメント力
> ⑦ プロジェクトに関わる専門知識の理解力

ジェクトのリーダーに必要と考えられる知識・スキルを以下に7つ挙げてみました。

【①：理念に対する一貫性】

デジタル異業種連携戦略プロジェクトで最初に行うべきことは，プロジェクトの理念をつくり，共有することであると前にも述べました。プロジェクトの理念は，立場が異なる多様な業界，専門家を束ねる「要」となるからです。

多様なメンバーをリードするデジタル異業種連携戦略プロジェクトのプロジェクトリーダーは，言わばプロジェクトの憲法と言える理念に対し一貫性を維持しなければなりません。理念に対する一貫性の主な活用場面とは，

- プロジェクトの戦略を企画構想する場面
- 大きな意思決定をする場面
- パートナー企業・組織の利害が厳しく対立する場面
- 多様な意見，考え，発想を，統合された独自のものに創発していく場面

などです。このような場面で理念を基軸に意思決定し，行動できるかが問われます。

【②：多様なものから新たなものを生み出す創発力】

デジタル異業種連携戦略プロジェクトの大きな特徴は，多様なものから独自のものを生み出すことです。ある人まかな方向性を持ちながら，多様なものが

組み合わさって独自なものが生成されることを創発と呼びます。その創発力とは，具体的に以下のようなリーダーシップで組織を牽引していくことです。

- 理念にしたがってプロジェクトの大きなビジョンを示す
- そのビジョンに関連したメンバーを多様な業界，企業から集める
- 多様なメンバーが議論する場をつくり，アイデアを引き出す
- ある程度アイデアが見えてきたらビジョンに照らし限定的に意思決定し，次へ進む
- さらに多様なメンバーが議論する場をつくり，アイデアを引き出す

以上のようなことを繰り返していきます。

　創発型のリーダーシップとは，最初に答えがあって，それを達成するためにメンバーやプロジェクト環境を細かく管理することではありません。先の見通しが立ちにくく不安定ですが，その状況をも楽しみ，さまざまな偶然も取り込み，自分で考えていなかったことがプロジェクトから生まれることを支援し，その触媒になることです。

【③：市場の将来を俯瞰する力】

　デジタル異業種連携戦略プロジェクトが必要な市場状況とは，

- 既存の事業の枠組みで見ると全体像が掴みにくい
- 参入するビジネスも，デジタル化，IoT化，AI化など事業の環境変化が早い
- その結果，将来が見えにくい

といったものです。

　そのような中では，細部や目先のことにだけ目を向けることは危険なことです。常に市場の将来を俯瞰していなければなりません。しかし既存事業のマネジメントの仕事では，長くても３年，基本的には単年度でマネジメントしますので，既存事業の業務の経験だけでは，市場の将来を俯瞰する力はなかなか身につきません。

　市場の将来を俯瞰する力は感覚的，経験的な部分が大きく，ビジネススクー

ルなどで学ぶことは難しいでしょう。新規事業やアライアンス・M&Aプロジェクト，さらには独立起業など，不確実性の高いプロジェクトを自分から進んで経験することで身につけることが必要です。

【④：パートナー企業・組織間のリスクバランス力】

複数の企業の連携プロジェクトでは，一部の企業にリスクが偏ってしまうと，連携プロジェクト自体が成り立たなくなります。1企業・組織にリスクが偏っているならば，他の企業・組織がそのリスクを吸収してあげないといけません。

そのためにはまず，プロジェクトリーダーがリスクを敏感に関知しなければなりません。リスクに敏感になるためには各社の財務的視点でリスクをキャッチするスキルが求められます。リスクを金銭に置き換えるセンスと思考力です。

リスクの偏りを感じたリーダーは，そのリスクを他のパートナー企業・組織に分散させたり，またプロジェクト全体でリスクを下げる戦略を企画し，パートナー企業・組織を説得したりしなければなりません。プロジェクト全体の利益を前提に，早い段階で各パートナー企業・組織の利害を調整することが求められます。

【⑤：異なる組織文化間でのコミュニケーション力】

業種が異なれば，文化が全く異なります。そこでリーダーのコミュニケーション力は特に重要です。異業種連携でのプロジェクトの破談の多くは，コミュニケーションギャップから生まれます。特に言語の異なる海外との連携は，コミュニケーションという点では気をつけなければなりません。プロジェクト内のコミュニケーションでリーダーが意識しなければならないことは，主に下記のようなことです。

- コミュニケーションの頻度を多くする
- プロジェクトの前半でのコミュニケーションの密度を高くしておく
- パートナー企業・組織のリーダー間のホットラインをつくる
- パートナー企業・組織のリーダーだけでなく，メンバーとのコミュニケーショ

ンを重視する環境をつくる

- 各パートナー企業・組織のスポンサーの経営トップ同士のコミュニケーションの機会をつくる

大事なのはリーダーとして意識してコミュニケーションの場，イベントなどの機会を設けることです。

【⑥：多様で不確実な環境下でのプロジェクトマネジメント力】

デジタル異業種連携戦略プロジェクトにおけるマネジメントの重要点をリストアップすると，一般の社内プロジェクトマネジメントと同じようなものですが，関連する企業・組織の多さ，利害関係の複雑さ，デジタル系の新規事業企画という不確実性の高さという点で次元が違います。

- 各社の意向を汲んだ目標設定
- プロジェクト最終期限と各フェーズの期限の設定
- 各フェーズの期限での成果の確認と振り返り
- プロジェクトのヒト・モノ・カネの資産調達と管理
- プロジェクトのリスクを管理し，方向性を修正すること

最も大事なのは，プロジェクトリーダーの強いリーダーシップとマネジメント力です。これもコミュニケーション同様に，サブリーダーやメンバーの中のキーマンと協力して，1つひとつに関して意識して厳格に妥協なくマネジメントしなければなりません。

【⑦：プロジェクトに関わる専門知識の理解力】

デジタル異業種連携戦略プロジェクトは，IoT，AIはじめ最先端の技術的知識，エコシステム・ビジネスモデル戦略などの戦略知識，知財・法務などのスタッフ系知識など，実にさまざまな知識・スキルが必要です。プロジェクトリーダーといえども，必要知識の半分以上が未知のものだと思います。

その場合，プロジェクトリーダーに必要なのは専門知識の大枠を理解することと，各専門家を活かす力です。たとえ特定の分野に詳しくても，個別の専門

にこだわってはいけません。

では"専門知識の大枠を理解する"とはどのようなことなのでしょうか。それは各専門家の知識・スキルのインプットとアウトプット，それらの大まかな変換の方法を理解し，活用し，成果を管理することです。たとえば，ビッグデータ解析ができなくとも，何がインプットされ，どのような技術でどの程度変換され，結果として何がアウトプットされるかを理解し，実際に活用してみることです。

さまざまなリスクがある中で，未知の知識やスキルをどうマネジメントするかは，これからのIoT，AI時代の課題とも言えます。

3 人材育成の考え方

最近多くの企業で「ビジネスモデルを変革しないといけないが，その人材がいない，不足している」と言われています。今日のビジネスモデルの変革には，IoT，AIが欠かせませんし，社外と連携も必須です。そこで社内において効果

図表7-3 デジタル異業種連携戦略のための人材育成戦略

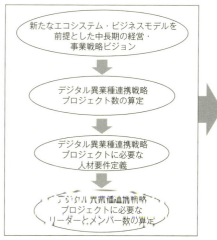

第7章 デジタル異業種連携戦略の人材育成と個人のキャリア戦略　249

的，効率的なデジタル異業種連携戦略プロジェクトのリーダーとメンバーの育成が必要となります。

まずデジタル異業種連携戦略プロジェクトのリーダー，メンバーの育成のためには，まずその要件を定義しなければなりません。ここでは，「仮説構想段階」「戦略計画段階」「契約・実行・モニター段階」など前述した段階でのプロジェクト区分にし，区分ごとで「メンバーレベル」「サブリーダーレベル」「リーダーレベル」といったグレードをつくります。これらは能力やポテンシャルではなく，実際の経験ベース，成果で評価するのがよいでしょう。

次に，どの段階プロジェクト区分でどのレベルを何人育成するかの人材育成目標を決めます。

人材育成目標が決まったら，次に教育すべき人材を選抜します。その対象は大きく5つあります。

対象１：部門横断的なプロジェクトを経験したスタッフ部門の人材
対象２：部門横断的なプロジェクトを経験した技術開発，マーケティング，設計，
　　　　生産，物流などライン部門の人材
対象３：新事業開発プロジェクトを経験した人材
対象４：アライアンス・M＆Aプロジェクトを経験した人材
対象５：上記を経験した中途採用人材

共通するのは，不確実性の高い部門横断的な社内外プロジェクトを経験した人材であるという点です。海外赴任経験者も対象に入れてよいと思います。そういった人を，まずはアイデアソンレベルから経験させていき，育成します。

新入社員や入社年次が数年の若手社員であっても異業種アイデアソンに参加させ，早い段階から異業種連携を意識させることも効果的と考えられます。

図表7-4 教育すべきリーダー，メンバー候補の選抜と育成

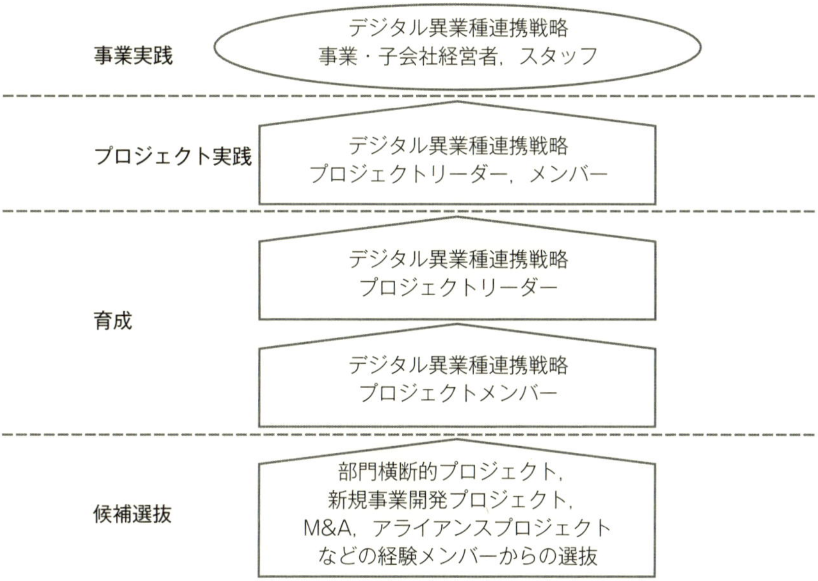

事業実践
> デジタル異業種連携戦略
> 事業・子会社経営者，スタッフ

プロジェクト実践
> デジタル異業種連携戦略
> プロジェクトリーダー，メンバー

育成
> デジタル異業種連携戦略
> プロジェクトリーダー

> デジタル異業種連携戦略
> プロジェクトメンバー

候補選抜
> 部門横断的プロジェクト，
> 新規事業開発プロジェクト，
> M&A，アライアンスプロジェクト
> などの経験メンバーからの選抜

4 人材育成研修

　デジタル異業種連携戦略プロジェクトは難易度が高いため，知識も経験もない中で実践するのはリスクが高いと言えます。やはり組織としての知識・ノウハウの獲得や人材育成が必要です。

　弊社では数年前からデジタル異業種連携戦略に関する研修を行っています。類似した研修であるアライアンス戦略に関する研修も含めれば10年以上の歴史があります。

　弊社ではデジタル異業種連携戦略研修を，大きく下記の３つに分けて実施しています。

① プロジェクトのメンバー向けの「デジタル異業種連携戦略アイデアソン研修」

| 図表7-5 | デジタル異業種連携戦略研修の基本体系イメージ |

	デジタル異業種連携戦略プロジェクトリーダー研修
デジタル異業種連携戦略研修	デジタル異業種連携戦略プロジェクト研修
	デジタル異業種連携戦略プロジェクト・アイデアソン研修
マネジメント基盤研修	ビジネス・経営戦略，財務会計，会社法，知的財産，技術マーケティング戦略，競合ベンチマーキング研修 ビジネスモデル，リーダーシップ，プロジェクトマネジメント

② リーダーとメンバー向けの「デジタル異業種連携戦略プロジェクト研修」

③ リーダー向けの「デジタル異業種連携戦略プロジェクトリーダー研修」

これら3つの研修を受講するには，できればその基盤となるマネジメント基盤研修を受けていれば効果的です。

⑴ デジタル異業種連携戦略プロジェクト・アイデアソン研修

「デジタル異業種連携戦略プロジェクト・アイデアソン研修」とは，デジタル異業種連携戦略プロジェクトのアイデアソンフェーズの部分を研修するものです。テーマは，主に主催者が設定をし，参加企業を募ります。参加企業数は3社から5社で，1社当たり3人から5人です。1回1日で合計3回，延べ3日間程度です。

異業種の参加者でテーマ仮説，アイデア出し，コンセプト企画，ビジネスモデル企画まで行います。研修とは別の日になりますが，最後に各社の幹部を集めてプレゼンテーションと交流会を行います。このような異業種での研修を機会に会社同士の交流が始まり，「取引に繋がった」「アライアンスのプロジェクトが始まった」というケースが少なくありません。

また1社がメインスポンサーになって，その会社がテーマを出し，参加企業

を募る場合もあります。この場合は，スポンサー企業は自社の戦略的に取り組みたいテーマを挙げ，この異業種連携アイデアソンでそのテーマを異業種で企画します。

(2) デジタル異業種連携戦略プロジェクト研修

「デジタル異業種連携戦略プロジェクト研修」とは，デジタル異業種連携戦略プロジェクトの準備フェーズから，アイデアソン，事業構想企画，事業計画，スタートアップのすべてのフェーズの知識・スキルを体系的に学び短期間で習得する研修です。対象は異業種連携戦略プロジェクトのリーダーやメンバー候補です。

公開研修の場合と，1社単独のセミナー形式で行う場合の2つのケースがあり，通常2日間連続で実施し，参加人数は20名前後です。研修では，知識を体系的に学び，ケーススタディ分析，または実践テーマで知識・スキルの理解を深めます。最後には自社，自部門での異業種連携戦略プロジェクトの準備を実践的に企画し，講師からのフィードバックを受けることもあります。

(3) デジタル異業種連携戦略プロジェクトリーダー研修

「デジタル異業種連携戦略プロジェクトリーダー研修」とは，デジタル異業種連携戦略プロジェクトのリーダーための研修で，内容はデジタル異業種連携戦略プロジェクトの準備フェーズから，アイデアソン，事業構想企画，事業計画，スタートアップのすべてのフェーズの知識・スキルですが，すべてのコンテンツはリーダーとしての役割と必要な知識・スキルに重点が置かれています。

特に各フェーズで起こりうる障害，問題を取り上げ，ケーススタディ形式で学習していきます。実施は異業種混合または1社単独のどちらでも実施可能です。1社単独の場合は，自社で取り上げたいテーマを題材に議論が可能です。

これも2日間連続で，参加人数は20人前後です。異業種で実施した場合，異業種で意見交換できたり，ビジネス上のネットワークに繋がったりする可能性があります。

第7章　デジタル異業種連携戦略の人材育成と個人のキャリア戦略　　253

図表7-6　デジタル異業種連携戦略研修の概要

主な研修メニュー	概要	実施形態	実施日数
デジタル異業種連携戦略プロジェクト・アイデアソン研修	• アイデアソンを異業種混合で実施 • テーマはコンサルタント側で決める，もしくは主体となる企業がコンサルタントと相談して決める • デジタル異業種連携戦略プロジェクトのカルチャーや実践的なファシリテーション，アイデア出し，コンセプト企画，ビジネスモデル構想などを学ぶ • 研修に参加したメンバーのネットワークの継続も重要	異業種混合 または 1社単独	3日間＋プレゼン
デジタル異業種連携戦略プロジェクト研修	• 準備，アイデアソン，事業構想企画，事業計画，スタートアップのすべてのフェーズの知識・スキルを体系的に学ぶ • ケーススタディ分析，または実践テーマで一部の知識・スキルを身につける • 自社，自部門でのプロジェクトの準備を実践的に企画してみて講師からのフィードバックをうける	異業種混合 または 1社単独	2日間
デジタル異業種連携戦略プロジェクトリーダー研修	• プロジェクトリーダーの役割を中心に学ぶ • 準備，アイデアソン，事業構想企画，事業計画，スタートアップのすべてのフェーズのリーダーとしての知識・スキルを集中的に学ぶ • ケーススタディ分析，または実践テーマで一部の知識・スキルを身につける • 自社，自部門でのプロジェクトの準備を実践的に企画してみて，講師からのリーダーシップとしてのフィードバックを受ける	異業種混合 または 1社単独	2日間

　研修を受講するのとしないのでは，デジタル異業種連携戦略プロジェクトの成果は全く違うと言ってもよいでしょう。デジタル異業種連携戦略プロジェクトに関する体系的な知識・スキル，起こりうる障害や問題とその対応策を研修

で経験しておけば，それらへの対処も可能となります。

(4)　デジタル異業種連携戦略研修後の人材評価

　各種デジタル異業種連携戦略研修後は，参加者のスキルを評価し，デジタル異業種連携戦略プロジェクトやスタートアップ後の人材配置に活用します。

　評価は研修講師の外部コンサルタントに実施してもらうとよいでしょう。

　研修の受講後の評価を行うことで，漫然と研修を受講するのではなく，知識・スキルアップの目標や課題を持ち積極的に参加することができます。また，万が一転職する際にも，デジタル異業種連携戦略プロジェクトの参加経験と併せて自分自身のスキルを具体的に表現するものとして効果的に活用できます。

図表7-7　デジタル異業種連携戦略プロジェクト・アイデアソン研修の知識・スキル評価

	Aさん	Bさん	Cさん	Dさん	Eさん	Fさん
異業種ファシリテーション力	5					
革新的仮説構想力	3					
アイデア発想力	3					
コンセプト企画力	4					
事業構想力・企画力	4					
・エコシステム・ビジネスモデル企画力	4					
・マーケティング戦略企画力	3					
・技術課題解決力	5					
・技術ロードマップ企画力	3					
・事業計画力	5					
・プレゼンテーション力，発信力	5					
ネットワーク力	4					

- 外部のコンサルタントによる研修後の知識・スキル評価
- 研修を通じて生み出したアウトプットをベースにした評価
- アウトプットのフォーマットの評価基準を明確にする
- 研修受講後の人材配置の資料にする

5：高い優性がある　4：優れている　3：期待通り　2：改善余地あり　1：基礎学習が必要

第7章　デジタル異業種連携戦略の人材育成と個人のキャリア戦略　　255

5 | 異業種連携力を鍛えるための個人のキャリア戦略

⑴ 「個人」が大事な時代であることを認識する

　「インターネットが当たり前」の時代の特徴は，本当に強い企業，組織，そして個人は，どんな状況であれ，外部からアクセスされます。会社や組織の規模，知名度などは以前よりも重視されなくなっています。またSNSはじめ個人能力をアピールするツール環境も以前と比べものにならないぐらい増えています。

　デジタル異業種連携戦略プロジェクトでも，会社や組織の規模や知名度だけでは参加者を選びません。会社や組織の持つ機能に加え，参加する“個人”の能力，知識・スキルが重視されます。

　具体的にはプロジェクトに貢献できるIoT，AIなどの技術の知識・スキル，新ビジネスモデルの創造力，多様な業界の企業，人との連携力などです。またその基盤のコミュニケーション力や企画力，プレゼン力などは必須です。

　2020年代以降は，IoT，AIのビジネス経験，つまり業界を超えた異業種連携での新エコシステム・ビジネスモデル開発の経験やカテゴリーを破壊したスタートアップビジネスの経験が最も重視されると予想されます。これまでの伝統的なモノづくりを中心とした事業とは全く異なり，会社ではその経験，教育の場が得られにくい中で，個人としてその経験，知識・スキルをいかに獲得するかは個人の死活問題と言ってもよいでしょう。

⑵ 個人の知識・スキルのポートフォリオを見える化する

　それでは，どうすれば個人はデジタル異業種連携戦略プロジェクトのようなプロジェクトに参加できる知識・スキルを身につけられるのでしょうか。

　会社では仕事は選べない方が多いと思います。しかし，何かきっかけがあればデジタル異業種連携戦略プロジェクトそのもの，もしくはそのための知識・

スキルを蓄積することができるプロジェクトに参加できればと考えます。その
ためには，関連する個人の知識・スキルがどの程度あるか，過去の実績を整理
し，見えるようにします。

　そこで筆者がおすすめしているのが，仕事，特に大きなプロジェクトに参加
した際に，個人でプロジェクト実績シートを作成する事です。プロジェクト
シートの項目は以下のようなものです。Ａ４サイズのシート２，３枚の簡単な
ものでよいでしょう。

- 参加の背景，目的（何のため，自分が将来やりたいことの結びつきは？）
- プロジェクト参加の役割，任務
- プロジェクト参加によって獲得すべきスキル項目とレベル（ストレッチ目標にすべき）
- 新たに学習すること，方法（書籍の購読，研修参加など）
- プロジェクトでの自分のアクションプラン
- 途中進捗と結果
- 振り返り，次回のチャレンジ

などです。

　このようなプロジェクトシートを作成しておき，プロジェクトスタート前と
途中，そして終了後に書き込んでいきます。このようなことを１年間行うと，
複数のプロジェクトシートができあがり，個人のプロジェクト参加記録やスキ
ル記録にもなります。プロジェクトで実施したことをマニュアルにまとめれば
さらに効果的です。

　以上のようなことを積みかねていけば，個人の「知識・スキル」のポート
フォリオ（個人資産のリスト）になります。そして自分がプロジェクトに参加
したいと希望するときには，このポートフォリオを，さりげなくプロジェクト
リーダーや上司に見せるとどうでしょうか。何も用意がない人よりもずっとア

ピールできるはずです。また，もし何か事情があって転職しなければならないときでも，転職活動で効果的なアピールが即座にできます。

そして何よりも，今取り組んでいる仕事を大事にし，知識・スキルに磨きをかけ将来を関連づけられるようになります。仕事はどんな仕事であれ，そこで自分を成長させるはずです。

(3)　社内外のネットワークを効果的につくる

人との繋がりはなかなか見えにくく，管理し難いものです。また，どの程度仕事や生活に影響があるのかも数値化できません。しかし振り返ってみると，自分が変わることができた，前向きになり自分の道が切り拓かれたきっかけは，人との出会いということが圧倒的に多いと思います。いやむしろ，自分の人生は人との出会いと人との関係の中でできていると言っても過言ではないでしょう。

したがって，良い人と効果的な出会いをするための努力や社内外でのネットワークづくりがとても大事になってきます。

社内外でのネットワークづくり，人の信頼関係づくりにはある程度の時間が必要です。

業界の会合，社外勉強会，セミナーへの参加，特定の目的を持ったコンソーシアム参加とそこでの貢献，大学時代の恩師や同級生との繋がり，以前所属していた会社や組織との繋がりなど，可能な限り，関係性を維持し，時には新たな目的で発展させることが必要です。

筆者はこの社内外でのネットワークづくりのことを「個人や会社の外交戦略」と呼び，重視しています。なぜなら，何か偶然にもビジネスチャンスに出くわしたらこのネットワークがものをいうからです。また反対に，私自身が，周りの方に何かあった際に思い出していただき声をかけていただけるように心かげています。もちろん損得なく，信頼関係を深めるためです。

しかし，人は誰でも1日24時間，1年365日で時間は限られていますから，

人との交流にかけられる時間も限られてきます。

　そこで大事なのは，自分自身の生き方，理念，仕事に対する目的，理念です。どのような価値基準を重視するのかが，人との交流の原点になります。人との交流の理念は，外から見ればブランドであり，それは信頼や期待そのものです。

　デジタル異業種連携戦略プロジェクトを仕掛ける際にも，プロジェクトを牽引するリーダークラスの人にとって社内外のネットワークは極めて重要で，その構築には時間がかかります。したがって，若い時から心がけておく必要があります。

参考文献

技術情報協会企画編集（2016）『IoTビジネス・機器開発における潜在ニーズと取り組み事例集』技術情報協会

技術情報協会企画編集（2017）『オープンイノベーションによる新事業創出，早期事業化とその実践事例』技術情報協会

須藤　順・原　亮（2016）『アイデアソン！―アイデアを実現する最強の方法』徳間書店

高橋　透（2006）『事業投資と資金調達のための「事業戦略計画」のつくり方―成長戦略・新規事業開発を成功させるスキルと勘所』PHP研究所

高橋　透・淵邊善彦（2011）『ネットワークアライアンス戦略―企業提携「再構築」のための実務対応』日経BP

高橋　透（2014）『90日で絶対目標達成するリーダーになる方法』SBクリエイティブ

高橋　透（2015）『勝ち抜く戦略実践のための競合分析手法』中央経済社

高橋　透（2016）『技術マーケティング戦略―市場イノベーションと顧客提供価値の創出サイクル』中央経済社

独立行政法人情報処理推進機構　AI白書編集委員会編（2018）『AI白書2019』KADOKAWA

藤本隆宏・東京大学21世紀COEものづくり経営研究センター（2007）『ものづくり経営学―製造業を超える生産思想』光文社

堀　公俊（2018）『ファシリテーション入門〈第2版〉』日本経済新聞出版社

丸島儀一（2011）『知的財産戦略―技術で事業を強くするために』ダイヤモンド社

B・J・パインⅡ，J・H・ギルモア（2005）『［新訳］経験経済―脱コモディティ化のマーケティング戦略』（岡本慶一・小高尚子訳）ダイヤモンド社

クレイトン・クリステンセン（2001）『イノベーションのジレンマ〈増補改訂版〉―技術革新が巨大企業を滅ぼすとき』（玉田俊平太監修，伊豆原弓訳）翔泳社

エリック・リース（2012）『リーン・スタートアップ―ムダのない起業プロセスでイノベーションを生みだす』（井口耕二訳，伊藤穣一解説）日経BP

エリック・フォン・ヒッペル（2006）『民主化するイノベーションの時代―メーカー主導からの脱皮』（サイコム・インターナショナル監訳）ファーストプレス

ヘンリー・チェスブロウ，ウィム・ヴァンハーベク，ジョエル・ウェスト（2008）『オープンイノベーション―組織を越えたネットワークが成長を加速する』（PRTM監訳，長尾高弘訳）英治出版

H.I.アンゾフ（1985）『企業戦略論』（広田寿亮訳）産業能率大学出版部

M.E.ポーター（1985）『競争優位の戦略―いかに高業績を持続させるか』（土岐　坤，中辻萬治，小野寺武夫訳）ダイヤモンド社

M.E.ポーター（1995）『競争の戦略』（土岐　坤，中辻萬治，服部照夫訳）ダイヤモンド社

マイケル・ウェイド，ジェフ・ルークス，ジェイムズ・マコーレー，アンディ・ノロニャ（2017）『対デジタル・ディスラプター戦略―既存企業の戦い方』（根来龍之訳，武藤陽生，デジタルビジネス・イノベーションセンター訳）日本経済新聞出版社

索　引

英数

1社リーダーシップ型 59
4つの戦略モデル 49
AIDMA 156
API 9
e-Palette Concept 19
GAFA 145
KPI 140
MVP（Minimum Viable Product） 45
OEM契約 151
PDCA 154
PEST分析 84
PoC（Proof of Concept：概念実証実験） 23
SWOT分析 180

あ

アイデアソン 99
アイデア発想 112
アイデア発想シート 114
アンゾフのマトリックス 49
異業種アイデアソン 101
異業種ベンチマーキング訪問 74
一般社団法人 202
イノベーター人材 43
インダストリアルインターネット 21
インプットトーク 112
売上計画 166
エコシステム・ビジネスモデル 3
エコシステム・ビジネスモデル設計シート 146
エコシステム構想シート 96
エコシステムレベル 95
オープンプラットフォーム 33

か

課題仮説シート 85

（右段）

機関設計 218
技術提携 149, 150
技術デューデリジェンスの組織 192
基本合意書 216
機密保持契約 68
機密保持契約を結ぶ 134
競合調査・検証シート 158
競合ベンチマーキング分析 157, 158
業務提携 148
業務提携×資本提携 153
クラウドファンディング 10
決済サービス 10
コア・コンピタンス設計シート 147
コアメンバー型 60
行動解 76
合弁会社 152, 203
顧客価値 39
顧客関係性強化 50
顧客経験価値 14
顧客資産 27
顧客調査・検証シート 157
コムトラックス 19
コンセプトシート（B to B） 117
コンセプトシート（B to C） 116
コンセプトボード 155
コンソーシアム 202

さ

財務計画 165
参加プレイヤー 41
シェアリングエコノミー 5, 6
事業構想書 133
事業の理念，ミッション，目標 162
事業領域（事業ドメイン） 163
実施項目シート 90
資本提携 148, 152
社会課題 36

収益アップ	50	バリュー・チェーン	159, 221
少数資本参加	152	販売提携	149
新価値創造型	58	販売店契約	148
新規顧客獲得	52	ビジネスプラットフォーム	18
シンギュラリティ	35	ビジネスモデル課題シート	127
人材育成研修	251	ビジネスモデル構想シート	97
人材評価	255	ビジネスモデル構築の	
新製品・サービス展開	54	4つの企画視点	123
新欲求開発型	58	ビジネスモデルレベル	97
スタートアップチーム	136	ビジネスモデルを中心としたケースの	
スタートアップの組織文化	75	コンセプトシート	118
生産委託契約	150	ヒト・モノ・カネ	66
生産提携	151	ピボッティング	46
正式契約	216	ピボット	46
製品・サービス企画シート	142	ファシリテーション	106
制約条件	64	ファシリテーター	105
セグメンテーション	154	フィンテック	7
戦略マップシート	230	プラットフォーム競争	23
相互理解，相互学習	73	フリービジネス	4
		プロジェクト合宿	74
		プロジェクト企画書レベル	98

た

プロジェクトの理念・行動指針シート	87
ターゲット顧客	154	プロジェクトマネジメント	248
代理店契約	149	ブロックチェーン	9
チームビルディング	111	包括提携	148, 153
テーマ勉強会，分科会	74	ポジティブフィードバック	78
デジタル・ディスラプター	4	

ま

デジタル異業種連携事業の		民主化するイノベーションの時代	10
評価シート	209	
デジタルネイティブ	3	

や

デューデリジェンス	188	ユーザーイノベーション	10
デューデリジェンスのリスク	189	ユーザーエクスペリエンス	14
投資計画	168	

ら

は

パートナー企業・組織評価シート	89	リーンスタートアップ	45, 140
パートナーシップ型	60	利益計画	166
破壊的イノベーション	28	リスクバランス	77
破壊的価値	33	リスク分析	172
破壊的参入	24, 56	リスク分析シート	175
破壊的参入者	14	利用価値提供型	58
ハッカソン	99	

わ

ワンストップ型⋯⋯⋯⋯⋯⋯⋯⋯⋯⋯⋯⋯ 58

■著者紹介

高橋　透（たかはし　とおる）

株式会社ニューチャーネットワークス代表取締役。

2010年より上智大学経済学部およびグローバル教育体系非常勤講師。

2016年より「ヘルスケアIoTコンソーシアム」理事。

2019年より顧客経験価値の可視化を専門とするスタートアップ企業　株式会社ソビー代表取締役。

ハイテク産業からコンシューマービジネス，官公庁までをコンサルティングする戦略コンサルタント。主に，大企業や組織のリーダーを対象に，未来を構想し創造するための"成長戦略"の企画構想とその実行支援を行っている。

役員や経営幹部だけを対象にするのではなく，グローバルリーダーシップ研修や現場起点の経営改革手法「ブレークスループロジェクト」など，従来の経営コンサルタントにはない発想で挑戦し続ける。

メールアドレス：taka@nuture.co.jp

主な著書，訳書に『技術マーケティング戦略』（単著，中央経済社，2016年）『勝ち抜く戦略実践のための 競合分析手法』（単著，中央経済社，2015年），『90日で絶対目標達成できるリーダーになる方法』（単著，SBクリエイティブ，2014年），『ネットワークアライアンス戦略』（共著，日経BP社，2011年），『GE式ワークアウト』（共訳，デーブ・ウルリヒ他著，日経BP社，2003年），『事業戦略計画のつくり方』（単著，PHP研究所，2006年），などがある。日経BP社プレミアムサイトで５年間コラム執筆。日経産業新聞WEB「企業マネジメント最新トレンド」へコラム執筆。

デジタル異業種連携戦略
IoT，AIで進化する共創のイノベーション

2019年11月20日　第1版第1刷発行

著　者	高	橋			透
発行者	山	本			継
発行所	㈱中 央 経 済 社				
発売元	㈱中央経済グループ パ ブ リ ッ シ ン グ				

〒101-0051　東京都千代田区神田神保町1-31-2
電話　03 (3293) 3371 (編集代表)
　　　03 (3293) 3381 (営業代表)
http://www.chuokeizai.co.jp/
印刷／東光整版印刷㈱
製本／誠　製　本　㈱

ⓒ 2019
Printed in Japan

＊頁の「欠落」や「順序違い」などがありましたらお取り替えいた
しますので発売元までご送付ください。(送料小社負担)
ISBN978-4-502-31851-1　C3034

JCOPY〈出版者著作権管理機構委託出版物〉本書を無断で複写複製 (コピー) することは,
著作権法上の例外を除き,禁じられています。本書をコピーされる場合は事前に出版者著
作権管理機構 (JCOPY) の許諾を受けてください。
JCOPY〈http://www.jcopy.or.jp　eメール：info@jcopy.or.jp〉

本書とともにお薦めします

勝ち抜く戦略実践のための
競合分析手法

高橋　透［著］

第1章　競争を意識した経営体質への変革
　　　　──ある大手電子部品A社の120日間
第2章　なぜ競争で負けるのか
　　　　──競争戦略6つの失敗要因
第3章　グローバルネットワーク社会での
　　　　競争戦略コンセプト
第4章　競争戦略企画のステップと実践方法
第5章　エコシステム・ビジネスモデルの開発・
　　　　実践方法としてのアライアンス戦略
終　章　日本企業と個人の生き残りをかけた
　　　　競争戦略とは

A5判・320頁

技術マーケティング戦略
── 市場イノベーションと顧客提供価値の創出サイクル

高橋　透［著］

第1章　日本の製造業の生きる道
第2章　技術マーケティング戦略の基本コンセプト
第3章　技術マーケティング戦略のステップ
第4章　技術マーケティング戦略の戦略モデル
第5章　技術マーケティング戦略を支える重要な戦略
第6章　技術マーケティング戦略における人・組織戦略

中央経済社

A5判・256頁